U0085984

照片一　民國二十年二月作者任國民政府參事時與同人合影

照片二　作者任侍從室組長時與同仁合影

後排右起：汪承楫、楊銳、朱覺非、黃文衡、陶普漢、朱景仁、姜恒基、林振鐸、陳壽民、黃家駒、謝宗平

中排右起：徐柏襄、黃翰章、張執中、高光漢、南作賓、何維新、張之單、顧成祖、王聖康、章錦楣、王采新

前排右起：林全豹、杜振亞、梅汝璇、吳光韶、何仲簫、姜超嶽、安琴、陸東亞、吳中英、陳奮、吳錫卿

中華民國三十七年五月二十日總統副總統就職攝影

照片三　作者任總統府秘書時參與總統就職大典

參加本典禮攝影人員共一八七人，此為中間一大部分。前排總統右側為夫人、依次李郭氏、孫科、鄒魯、戴傳賢、王寵惠、章嘉活佛。總統左側李宗仁、張群、居正、于右任、周鍾嶽、何應欽。第二排左起張厲生、陳啟天、陳光甫、吳忠信、鄒作華、程潛、陳其采、喬義生、許公武、姚雨平、焦易堂、賈景德、洪蘭友、段錫朋、陳濟棠、謝冠生。第二排之後左起：李崇實、劉紀文、黃伯度、劉維熾、彭學霈、李培基、俞鴻鈞、曹翼遠、沈怡、姜超嶽、朱家驊、周仲良、趙章黻、陳新燮、王烈、張維翰、雷震、梅嶙高、顧祝同、劉峙、白崇禧、龍雲、徐永昌、桂永清、薛篤弼、翁文灝、許世英、黃紹竑、魏懷、陳希曾、吳鐵城。

照片四　民國五十五年十二月九日作者在臺與當年同行北伐老友留影於天母蔣邸
右起：何志浩、蔣堅忍、姜超嶽、陳立夫、陳舜耕、周雍能

照片五　民國七十年國父誕辰雅集晚翠樓（臺北新莊五守新村姜寓）
前排左起：成惕軒、高明、毛振翔、周素梅、姜超嶽
後排左起：徐毓驎、邵德潤、曾霽虹、潘維和、姜水雅、毛君強、羅萬類

照片六　民國七十年十一月二十二日作者伉儷與三民書局董事長劉振強等友人於和元大廈前觀字留影

左起：周光德、姜超嶽、劉振強、周素梅、尚達仁、邱寶珠

照片七 作者閒居晚翠樓

照片八 作者之妻周素梅女士閒居晚翠樓

三民叢刊 286

我生一抹

姜超嶽 著

三民書局印行

新版說明

本書為姜超嶽先生自傳，原編入「三民文庫」第二十一號。書中追憶幼年，迄於遷臺後之種種，凡八目，共百九十二篇，一篇一事，短者百餘字而不失於闕陋，長者數千言而不覺其冗煩。體雖文言，然用字淺近，具簡約雅潔之美，無艱深典重之病，為習文者最佳之範本。

自傳所述雖一己之事，然先生遭逢鼎革變亂，身居樞府機要，所見者大，言多指切關鍵，堪佐國史，誠珍貴之近代史料。

先生賦性耿介，剛直不阿，出處惟義。為親友前輩立傳，不為諛頌，信實可感。及作自述，事無論大小功過，無所隱飾，直書不諱。交遊過從，進退之間，至誠至真。觀其一生，風骨文章皆足效法，今特加以新版重刊，以廣流傳。

三民書局編輯委員會謹誌

陳立夫先生序

余少時讀經書，及《孟子・離婁》篇，有如下之一節。「孟子曰：君子所以異於人者，以其存心也。君子以仁存心，以禮存心。仁者愛人，有禮者敬人。愛人者人恆愛之，敬人者人恆敬之。……」塾師以禮與仁之存心，為君子與常人之所異，詳為講解。時余八九歲，強記之而不明其理，蓋未及理解之年齡也。

民十五，余參加北伐，任職於國民革命軍總司令部為機要科長，同事中有以異字為名者，曰姜異生。余視其為人，獨來獨往，不苟言笑，敬事而信，節儉有守。知其執德宏，信道篤，久而敬之。同事中有誤認其為高傲者，余嘗為其解釋之。惟告異生兄曰：「名實相符可，但不可以異自命也。」

書法文章，可以表示人之個性，異生兄之字，有似畫梅，一筆不苟，挺勁而堅貞。其文亦如其人。余嘗謂文章價值，首在言之有物，而尤貴言出至誠。蓋不誠則有物亦與無等，雖麗辭藻飾，亦難掩其醜耳。《中庸》以「不誠無物」為訓者，確有至理存焉。異生兄《我生一抹》之作，凡所記述，無一無物，亦無物不可徵信，是即「真」之所在也。益以樸實潔純之文字，條分縷析之章法，引人入勝，如飲醇醴，是即「善」之所在也。余嘗讀後以書讚之。近以三版重刊，異生兄更進而予以增訂，補其闕漏，正其俗誤，使成為文庫中之標準本。援諸「充實之為美」之義，是即「美」之所在也。真矣，善矣，美矣，一書而三者具，誠如潔亮無華之鑽石，人人見而愛之矣。

值茲重刊將出書，余不善為文，姑亦以此「一抹」為祝。希異生兄原宥之。

吳興陳立夫於天母弘毅齋時六十一年國父誕辰

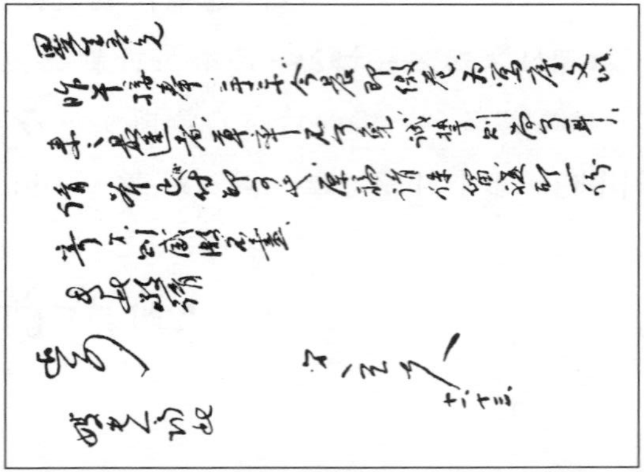

毛子水先生序

《易》文言：「修辭立其誠」。這句話雖被普通人看作論文者的口頭禪；但就我個人講，則年紀愈大，愈覺得它的意味深長。近來讀了友人姜貴生兄的《我生一抹》，知道貴生兄修辭的功夫，已進於立誠的境界，所以很高興為綴幾句話。

自傳式的記述，立誠頗不容易。有所飾固算不得誠，有所隱亦算不得誠。貴生兄這本《我生一抹》，非特無所飾，且亦無所隱。從前人有句話：「惟大英雄能本色」。我以為這句話亦可反過來講：能本色便是英雄。一個人能夠做到這個地步，乃是真正值得人們敬仰的。

貴生兄的著述，自然有垂訓的意思。我覺得這本書裏樸實無華的記述，儘有可以為後輩矜式的地方。老來常願世人多行善事，這樣一本書的行世，自是我所希望的。至如書中間有不肯闕疑的過失，如第九十三則裏述及鼠群搬家的事情，固無傷大雅，讀者能以聞疑載疑的心情去領會，便得善讀書方法了。

中華民國五十三年八月十六日毛子水謹書

成惕軒先生序

琴鶴自隨之客。家指名區。羊裘垂釣之鄉。代生奇士。今總統府參事姜異生先生。江山人也。得山川靈淑之氣。衍儒先清介之風。淬霜刃於十年。奮雲程於千仞。式輸忠藎。罔避艱危。登車攬轡之懷。孟博同其慷慨。問舍求田之志。元龍固所鄙夷。八騶不足以為榮。一介特嚴其所取。而薑桂之性。老則愈辛。葵藿之誠。久而彌切。剛腸嫉惡。人不敢干以私。正色居官。事惟求當於理。削牘之暇。著文自娛。視陰惜分。積稿盈尺。伯溫瑰意。時寓賣柑之言。廣平石心。無礙賦梅之興。頃復以《我生一抹》冊子見示。追憶平生。縷書舊事。李方叔之雜記。偶綴朋談。陸士衡之高篇。先陳祖德。不惟宏詒穀扇芬之義。抑且具觀人論世之資。至其辭必汰繁。語皆徵實。則又先生之所素習。無俟費詞者也。蜚鴻印雪。何殊到處之人生。仙蠹留春。即是他年之史料。

中華民國五十三年八月成惕軒拜序

弁言

江山異生

此予身世之崖略也。予寒家子，生當多故，苦學未成，本非長才，遑論志業。浮沉人海數十年，實芸芸中之一抹而已，因以名篇。

頻年離亂，盡喪所有，往塵歷歷，純出追憶。一二文書，則錄自樞府舊牘。全篇都為六目，一曰「幼年瑣憶」，鼎革以前事也。二曰「坎坷家道」，窮愁多難事也。三曰「初涉世途」，體驗日廣事也。四曰「別闢蹊徑」，投身革命事也。五曰「艱難歲月」，抗戰八年事也。六曰「遭時滄桑」，備歷盛衰事也。計自民國紀元前十年予五歲時始，迄大陸變色後，三十九年流寓香江止，其間幾歷五十年。至渡海以後事，則俟諸河山重光之日矣。凡此六目，率情直書，不為無病之呻吟。其有關時、地、人名、及數字者，明確無誤則載之，依稀疑似則從略，屏絕虛誕，自信真實。既竟，或詰意何屬。予曰，視為自傳可，年譜可，回憶錄可，鄉曲掌故可，燕居漫筆、或叢稿拾存亦可。

予慚庸碌，未聞大道，凡所陳列，不外庸言庸行而已。與學術無與，政治無與，社會演變無與。既無自衒之志，更無傳世之圖，實亦無足傳無足衒者。今垂老矣，偷閒作之，如勞者自歌，不求傾聽。懿親遊好，一朝相念，則藉資縷訴生平，對話家常。遺之子孫，則所以示乃翁一生憂患，雖無所成，而吾行吾素，俯仰無愧。是區區者，庶亦雪泥鴻爪之意云爾。

民國紀元五十有三年八月江山異生姜超嶽書於臺北介壽館

本書初稿，原列六目，所載截至流寓香江而止。出書後，謬蒙朋好之督勉，續記渡海以後事增訂之，因添一目曰「行都雜志」，於是全書得七目焉。

民國五十六年，三民書局收入本文庫重刊時，予就七目中再加增訂，凡百七十有五則，都十萬餘言，即本書收入本文庫後初版再版之內容也。

日月其邁，忽忽又四年矣。其閒興會所之，輒筆之於書。或溯往事，補前所未及也，或記近歷，續留鴻爪也。復得一十七則，可二萬數千言。茲值三版重刊，就中略有訂正外，即以近年所筆者接續之，再添一目曰「補續作殿」。示本書終止於此，嗣有作，當另立專篇矣。

著者附識六十年中秋於行都

我生一抹

目次

捌、補續作殿

壹、幼年瑣憶

此予五歲至十三歲，即民國紀元前二年至十年（編案：指民國前十年至前二年）間事也。予中人資，生無所異，獨於幼年身歷，諸多在憶，何為而然，不自解也。且述所憶有關家世與鄉里掌故者，備後人之考證焉。

一　居處

予世居浙江江山城西南四十里之禮賢鄉，故唐代縣治，踞錢江上游文溪東岸，為一縱狹長街之市鎮，列肆百十家，居民望族，曰姜曰周。街南端以城隍廟為關，歲時香火甚盛。廟側有古蹟曰萃賢亭，相傳明代鄉先賢，陽明弟子周任周積昆仲同為進士，曾與並時名儒，集此作文酒之會，亭額唐寅所書。北端一樓巋然，遙對城隍廟，額曰水星樓，土名則曰道堂，內供觀音，樓供文昌。街西數百步名太平寺者，係當年縣廨之遺址。入門，有龐然大樟焉，榦圍數十步，蔭地可三四畝。盤根糾結，隆起成阜，傳為千百年物，遠望如蕈狀。寺內佛堂僧舍，頗具規模，民國以來鄉校鄉公所皆設於此，惜在抗戰時毀於兵燹矣。

予生而知居處，自五歲時始。所居在道堂右鄰，為當年富戶房叔祖瑞光公之倉屋。另有故居距禮賢北五里之山村，名后亭，聚族而居，約十數家。居瑞光公倉屋時，值收穫紅薯之季，父攜紅薯歸，有似小梭而成串者，予輒取以為玩具。其時俗尚修辮，梢結玄繐為飾，予所蓄幼辮，亦要母加飾以趨時，不得，不樂也。

六歲，父母營構新屋於街上，距道堂百十步，東向，駢列二間，起矮樓，設肆營布疋雜貨，商號曰恆大。予生惟知生農家，自此又作商人子矣。當新屋之興工也，設工場於道堂，搬運材木時，予能力肩二小椽以行，見者皆讚予能。

母言，予生於清光緒二十四年戊戌九月望（西曆一八九八年十月二十九日），時自故居遷禮賢已有年。居瑞光公倉屋以前，嘗經營酒肆於樟樹弄附近，雙間門面，坐東朝西，即予出生地也。

二　見　怪

王父鴻發公之逝，予方五歲，靈堂設后亭故居。值「三七」，俗有過「三七夜」之舉，靈堂鋪苫為席，親族男女，叢坐苫次以待旦。歲寒，予蟄臥五祖母懷中，深夜覺，堂上燈燭煌然，仰視堂右柱端，赫然駢列三怪焉。巨首炭面，睜目如炬，居中者稍大，各作凭欄狀，胸以下隱而未見。予驚叫，他人則無睹，祖母掣襟蒙予首，且慰曰，兒毋恐，此乃祖歸來也。不數日，堂宇遭火蕩焉，靈幾不免。事後長老紛紛揣議，謂予所見者，殆即火神降臨云。是耶，非耶。

三 種痘

遷居新屋後不久，一日，一老者攜手包至，與父母談種痘事，隨抱予案頭坐，出細管瞄對予鼻腔吹之，予受藥味刺激而嚏，老者曰，好好。越數日，頭面四體，疏落粟起，狀如膿瘡，俗稱曰水痘。老者診後曰，通體才三四十顆，難得，難得。既愈，窮搜床笫間之落痂以去，謂備製痘苗之需。老者不詳其姓名，渾號諧音黃蒲先生，鄰邑玉山人，父老信其知醫，歲時則一至焉。

四 啟蒙

七歲入塾，用譜名時傑。啟蒙《三字經》，日一行，行二句，漸至二行三四行。當日生字，於散學時，就師座前複習之。塾師族叔鴻組先生，蓄修爪及寸，問字不識時，輒拼二爪擰眼皮以示懲，予最視為畏途。塾設土名夫人殿後之虎形倉屋，距家僅數巷之隔。一日晨餐罷，逗留不欲往，母伴送至塾，以情告。予就師前，且辯且蹲而溺，母與師皆忍俊不禁。又某日，雨，又不欲往，父強抱予行，沿途哭鬧中，所攜小花傘，撕之作片片飛，父竟莫可奈何。

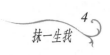

五　轉　學

方予年幼時，禮賢設帳授徒者，族叔鴻組先生外，在太平寺有青田先生（諧音姓名不詳），在姜祠有族叔祖元堂先生，均諸生也。族叔以溫厚名，青田先生以徒眾名，族叔祖以教嚴名。予啟蒙後次年，光緒三十一年，歲次乙巳，民國紀元前七年，奉父兄命，轉學姜祠。以早震族叔祖名，頗懷戒心。其時同學，姜鎮藩、胡祖興、汪光和、姜作美，皆長於予。轉學以來，曾先後逃學二次，皆在八歲時。一次，母察知予意，正譴責間，予不告而出，母倩少壯數人尾追，予北奔里許，至土名下社屋前，追者將及，予東折循田塍行，阻於水，縱身躍水中，追者之一為族叔祖元杰，急就水抱予起，及歸，母笞戒勿再爾。又一次，在塾背書不熟，被禁午歸，予乘間奪門出，師持笞尾追，附觸牆頭而仆，幸未傷。事後，父兄迫予向師悔過謝罪。

六　怪　事

予家遷入自建店屋後數年，咫尺對門之酒肆，（肆主毛姓兄弟三人增位增富增壽）有怪事焉。時予已逾十齡，當年聞見印象，猶約略可記。一日，肆內一酒罎忽無端自傾。罎數十，傍牆重疊，護以欄架，決不慮有失。肆主顧而自語曰，莫非出怪，此罎何傾。語未已，砰然一聲，他罎又傾。片刻間，瀉酒四溢，室內器物，亦有自動移置或毀損者。頓時四鄰麕集，驚惶不知所措。中有長老，戒人出惡聲，教眾善言媚稱，曰神，曰佛。祟竟少靜。同街屠戶姜長高，酗酒兇殘人也，聞而持長刃，挾火銃，昂然往，入門，亢聲曰，何物作怪。語出，而庭外飄屎著其額，並污其銃之火門，乃急退，不敢再恃強。自此肆主對空膜拜，神佛事之，朝夕供奉唯謹，室中偶爾移動器物外，無他祟，晏然相處者，彷彿歷歲月。嘗見一婦抱乳兒至酒肆，置兒於櫃臺，與肆主絮語間，其兒忽飄浮淩空，升置神龕，搖搖欲墮，此婦哀詞懇禱，始冉冉而下，見者莫不為之咋舌。後得術士指示，於曠地築小廟以安之，遂無事。說者謂此乃五通神云。嘗聞鄉耆言，遜清末葉間，邑中其他鄉鎮，亦有以類此怪事聞者。或魔人致病，或家室器物無端自焚，所以作祟者不一其道。《中庸》曰，國家將亡，必有妖孽。殆天地之大，真無奇不有歟。

七　大哥

予有長兄一，從俗呼大哥，長予十五歲，譜名時柏，學名時暘，字雨亭。幼讀詩書，嘗應童子試未售。貌清癯，一足微跛，好交遊，膽略過人，富號召力。其至好同輩為予所稔者，有楊德中、姜展才、王昌華、姜天鈞、王水根、周作楨、姜振興、姜日根、毛佳祥，及鄰鄉淤頭之毛興培、清湖之張根根等，皆一時有志維新之青年也。

八　書目

當年鄉塾課程，啟蒙《三字經》，次《百家姓》、《千字文》，此通例也。繼此如僅圖實用而止者，則加讀《五字經》，或《昔時賢文》。否則接讀《幼學瓊林》、「四書」、「五經」。予則異乎是，八歲，《幼學瓊林》既卒業，繼以《鑑譜》、《鑑略》、及《地球韻言》。九歲，始讀《論》《孟》，皆出自大哥所主者也。《鑑譜》開宗句曰「粵自盤古，混沌初開。」至今記憶猶新也。

九　新學

大哥受清末維新運動之影響，邀所暱姜展才，及族中長者廩生天覲秀才元堂二公，共創新學於族祠，併原設私塾名曰東白小學堂。以光緒三十三年丁未正月開學，設講台，備黑板，置自鳴鐘，桌椅同式，作息同時，新奇震俗，觀者紛至。一時洋學堂西學堂之聲，洋溢里巷間。同學三十餘人，予方十歲，編入初等小學三年級，讀學部制定教科書。時維新學制，春季始業，初等小學五年，高等小學四年。初等教科書第一冊第一課，文曰「我是大清人，我愛大清國。」字楷書，大徑寸。三年級上學期讀第五冊，字用三號宋體，課文長二三百字，有選自四部者。讀經一門，則以《孟子》為課本。桌雙座，與予同座者，初為姜肇基，後姜淑英，即今徐之圭之夫人也。春夏間，大哥嘗率同學旅行東鄉石門，下榻石門小學堂，大哥學友毛文錦先生所創辦者也。是行也，同學著白色操衣，窄袖束身，袖口環黑條三，褲管兩邊垂直黑條一。予登時新黑色鑲綠邊高統靴，見者咸讚體態最可愛云。

一〇 四　鄰

禮賢雖為市鎮，夜閒無市，每值盛暑，沿街居者，咸以街為庭院。竹榻短椅，縱橫雜陳，四鄰老少，常萃止納涼。予幼年，對相習婦嫗，或姨之，或嫂之。彼為嫂姨者，常撫予首問曰，爾長大後將何養，姨問則答養姨，嫂問則答養嫂。暑夜無事，常以此問資笑談。稍長，能負薪矣，見姨嫂治事之力不勝者，多樂為之服勞，如汲水擔物，視為常事。因而諸姨嫂者，皆甚愛予，得佳食，必留以相貽焉。姨嫂之在憶者，有鄭嫂名采菊，居對面，夫名明德。姜嫂瓊雅，居對面，夫壽松。毛嫂明月，居右鄰，夫昌隆，即亡友毛世才之母。我姨母名根，居毛嫂之右，姨夫早故，姓名不詳。又常聞母言，當予尚在襁褓時，房寡嫂淑翠，房姑金芝（適張根根妹金桂適朱雲光），視予如己出。製履繡帽，抱負提挈，不辭其勞。此皆最可感念之親族，然已早作古人矣。

一一 兩　嫂

大哥年二十五，光緒三十三年也。是年冬初，娶同里諸生周大龍女為室，名心桂，年十五，聞帶病來歸。時予十歲，大哥作客時，母嘗令予伴嫂眠，因知其患氣喘甚劇。翌年清明前後，嫂竟病故，時大哥方代人授讀於土名瓦灶頭毛祠私塾，母遣予往報，殮後停靈於道堂門外，旋葬市後山之西。逾年，民國紀元前二年，大哥再娶清湖孀婦續弦，婦母家夏口，姓夏，名寶友，年三十，長大哥二歲。來歸未久，挈其前夫所生女名吉香養於家，自是家中時起勃谿聲，無何，分爨，別居於同街樟樹弄口之一店屋。

一二 己　酉

清宣統元年，民國紀元前三年，夏曆歲次己酉。時予十二歲，東白小學已停辦，大哥自設改良私塾於族祠之前堂西廂，學生約二十人。予在塾中喜於簿籍封面，題己酉二字以紀年。文課能作百字左右之短篇，偶有清順文句，大哥輒欣欣然持示父老曰，吾弟將來，吾所弗及也。同學中唯一之女生楊紫芝，即其後黃嘉馨之夫人，亦即後日助予升學楊德中兄之胞妹也。予肄業大哥私塾，為時二三年，專讀三孟。常命予客前講解，同學有不能解者，亦常命余作範解。父執楊作孚又昌先生，即德中兄之尊翁，大哥師事之，先生亦時至塾與大哥閒談。一日夜閒，大哥請其為講《左傳》〈鄭伯克段於鄢〉，凝神靜聽，甚感興趣。當時同聽者四五人，僅憶周朝宗一名。

一三　僻性

服飾之欲其鮮華，常情也。予幼年僻性，獨奇厭之，而惟整潔是求。凡衣履之鮮華儼然者，著之若芒刺，坐立不安。稍長，則藉故沾污，冀由滌濯以損其鮮色，屢遭答責，終不改。此一事也。農家餐饍，率多疏簡，偶於飯蔬羹湯，見有砂礫蟲蟻之跡，輒廢箸而退。易時易食，復見復如之。雖不獲他食，忍飢猶飽，此一事也。又歲時偶詣親故，有餽錢物或糕餌者，往往固卻弗受。母在側，多代受之，否則雖強之，亦弗受也。舅氏周，居同里。某歲歲首，父遣予齎一束往，舅母見予至，急出糕餌相貽。予掉首示卻，則闔門不令行。無奈，佯為摳襟接之，舅母欣然送予出。俟其門闔，躡足折返，傾所貽者，堆置石檻殆滿。於是重叩門，喚聲舅母，門啟，予且謝且告別而颺，時年方十二三也。其後每臨舅家，常道之以為笑談云。

一四　童　媳

予十三歲，母以鑑於嫂夏氏之不淑，領一湖前鄉徐姓九歲女為予童養媳。冀於教養歲月中，能致骨肉之親，而予則深不以為然，雖腹非之，亦莫可奈何。女名金亭，舟人子，歲首，父挈予往其家拜年，越二宿而返，聞接所及，似亦清寒之家。有長老名國賢，年九十餘，蟄居室中，予入室致禮，見其倚榻而立，身高僅與予等。女頑，不得母歡，無何遣之歸。母有淑女難求之歎，予則深以難求為大幸焉。

一五　市　飯

禮賢長街南北向，近北端一段，約百步遙，為豬墟所在地。豬墟者，即乳豬之定期集散地也。所謂墟者，即毗連鄉鎮相約為市之地也。通例，聯五鄉鎮更番輪流為墟。凡鄉人之需買賣者，輒雲集於墟，俗曰趕墟，過午則散。禮賢所聯之鄉鎮，東為石門，西為淤頭、賀村、新塘邊。每五日一墟，逢二七之日為禮賢墟期。臨期則負販擁塞街頭，行人如潮，喧囂震耳。日中，遠近販客，多買醉或取飽於此。故凡傍墟居者，無問營商與否，則以堂室權充餐館，市飯煮酒，藉博蠅頭。予家於此，固亦常為之，幼年喜靜，罔悉生事之艱，頗以此為困擾也。

一六 鄉 風

故里禮賢，年有賽會，期在舊曆五月望，蓋城隍神之誕也。凡鄰鄉之赴會者，俗曰「趕五月十五」。當地人士之於此會，視為大典，整街巷，潔庭院，備衣飾，如度歲然。會期三日，正日十五。至期，鄭重供祭及演戲外，以迎神一舉，最稱盛事。親朋雲集，家有嘉賓。迎神，恭舁神象出巡也。置神轎，精雕彩繪，金碧輝煌，需舁人四。象、繡袍銀冠，倚皋比，莊坐儼然。出巡時，儀仗、鳴鑼、喇叭、及民間游藝如高蹺台閣等前導，士紳則盛服提香爐扶轎相隨。行列長里許，間以鼓樂，一時沿街沿途，觀者潮湧，喧聲聾耳。神轎所過，有合十者，有備祭案於門者。所謂「趕五月十五」，即觀此盛況也。高蹺，接杆於脛而行，高可八九尺，膝齊簷，觀者仰而視。嫻於此者，跨步自如。行時粉墨著戲裝，生、旦、淨、丑，一隨其貌之所宜。台閣者，集幼童飾戲中人物於小台，形似方几，中置坐椿，可容五人至七人，選健者八人舁之，聯若干台以成群焉。予幼年白皙姣好，常飾小生，或麗服公子，或簪花狀元，高踞台上，頗自得，而父母亦以此為歡。惟久坐日曝，感不耐，隨行大哥則張傘以蔭之。往事如烟，而印象未泯，追憶及此，不勝隔世之感。

貳、坎坷家道

此予十四歲至二十歲，即民國紀元前一年，至紀元後六年間事也。入世以來，惟此六七年間，變故最頻，家計亦最艱，不有人助，困窘曷極，故曰坎坷家道。

一七　輟　學

予自幼受大哥督教，日所受書，一句一字，不許絲毫疏忽。應對進退，從不輕假辭色，畏之甚於嚴師。凡嬉戲諸事，一聞大哥至，即悄然而止。詎一日自外歸，驟聞大哥對母有不遜之言，憤不可遏，竟持梃擊其踝，事出大哥意外，大哥因而大慟。四鄰見者，莫不驚為咄咄怪事。予亦不解其所以然，祇有深自痛悔而已。自此遂輟學，隨父從事畎畝山林間。途遇親故父老，輒笑謂吾父曰，爾真細傢伙粗用矣。蓋惜予之棄學而農也，時予十四歲耳。

一八　分勞

自大哥析爨後，生事所資，惟父是賴。予既輟學，凡田功之輕便易為者，如割麥、刈稻、送饁、輸茶諸務，父常命為之。惟偶有擔負，從不令踰二斗。耕耘施肥，沾污近穢，絕不令輕試。蓋憐愛兒嬌軀之不宜習此也。秋深日暖，閒亦隨鄉里樵童，拾薪於山。率以飯後行，結伴六七，負簍執筢，穿梭茂林深谷間，集取衰草、枯枝、落葉以歸，葉以松針為多。此種松針，經霜則赭，風動漸凋，以其形似修毛，故俗曰松毛。日可得十數斤至二十斤，時值斤一錢。同伴年相若，因為之有素，所獲往往溢簍加倍，束之聳然如峰，俗曰飯尖。有時將歸，眾見予僅足實簍也，一聲呼嘯，合力為助，片刻間，予所獲者，亦儼然飯尖矣。當年伴侶之厚情，垂老而不忘。又近鄉有業製紙偶者，偶高五六寸，作戲中人物，備習俗弔喪之用。八偶為一組，售錢三四十，精者或倍蓰。予朝夕觀摩，嘗倣製之，試售於市，得錢二十。計彩紙所費，利可數倍，狂喜。暇即致力於此，不半載，盈利三四金。為數雖無多，亦為父分勞之一道也。此事甚博二老歡，嘗語人曰，孺子衣食，差能自給矣，佳兒，佳兒。

一九　學　徒

予既輟學，雖能稍分父勞，然無補生計，父母決遣予習一業，問所志，以醫對。於是賴世交王昌華兄之介（王兄業製銀時在城中造鳳樓為銀師），於民國元年歲首，入縣城名藥舖永年堂為學徒。入堂之初，先辨藥，丸、散、膏、丹、草、木、蟲、甲，一一識其名，知其性，記其藏所。次習鍊藥，即碾研塊粒之物使成粉屑也。法用金屬槽一，以其形似船，名曰藥船，長二尺餘，中置鐵輪，徑盈尺，橫貫以軸，長稱之。用時，置船案側，傾物於槽，足踏軸之兩端，手扶案，踏之使前後滾動，反復碾研，適可而後已。予於此二事，皆為之若素習。時予十五歲，堂主王先生縉紳夫婦，方中年，僅一子（名宗棠），喜予可教，視如己出。有遠行，必囑夥友善視予。因而夥友周開紅、徐為凱，及懸壺於堂中儒醫王鍾驤（即同學王蒲臣之尊翁）、常客鄭祖禧兩先生，亦另眼相看。如此際遇，原可晏然處之，而卒其所業。不謂某日晨，因取宿置客室榻下之溺器，不知器滿而沾手，一再洗滌，穢氣不去，遂放聲嚎哭，不別而行，至昌華兄所，具以情告。越宿，隨一擔石灰者，繞道大山底村而回禮賢。先是，大哥知予為學徒，極不謂然，至是乃令予復學。

二〇　復　學

復學後，每遇農忙，仍隨父隴畝間。是年秋，通家楊德中兄自城歸，兄為縣立模範小學校長，大哥與之懇商，以予及堂弟時俊寄讀該校四年級，俾於年假畢業。兄允所商，隨即試予之程度，謂可得優等。及入學，成績冠全級，同級同學三四十人。畢業作文試題「少年愛國說」，視學鄭紀文主試。榜發，名列最優等第二，第一毛繼和。予譜名時傑，此時房兄天鈞為改名超，堂弟名卓。舉行畢業式時，由予答詞。知事王遂鎏聽畢鼓掌，予愕然，蓋尚不知有此禮節也。

二一　升　學

邑中唯一縣立高等小學校曰文溪，俗名書院，蓋以原有之文溪書院為校址者也。學生近二百人，泰半住校。僅繳膳費月一元六角，並無所謂宿費雜費者。予之升學文溪，在民國二年舊曆正月，時年十六，士林中多知予為清寒子弟，願資助為學者若干人，人各一二金不等。初，入學試分二次，初次試私塾出身者，題「說春雨」，姜方才冠軍。再試初等小學畢業者，題「少年當努力求學說」，祝甘潛冠軍，予亞軍。當時校長周邦英先生，學生共五班，班三四十人，其中有逾冠並已婚者。新生班可五十人，姜紹謨同班（中途躐等升中學去）。二年級班一，三年級班甲乙各一，毛人鳳即在甲班，其時名善餘。沿清制四年級班一，戴笠雨農即在此班，其時名徵蘭。教員除國文教員一人獨任一班外，餘皆一人兼任全校各班。修身周邦英先生，歷史毛英先生，地理姜履淄先生，算術周仲英先生，理科毛鴻機先生，手工汪作霖先生，圖畫毛舉鵬先生，唱歌體操戴潤山先生，農業徐鴻文先生。新生班國文教員姜履淄先生，負文名於一時者也。其時國文教員猶今之級任。所謂國文者，習字、作文、默文皆屬之。第一學期學業成績，甲等三名，祝甘潛第一。予本應第二，因曾與同班汪國材互毆，記大過扣分，故降第三。第二毛繼和。予升學之明年，學校公告獎學之規定：凡成績在同班中首二名者，膳費從免，每學期八元。因而各班名列前茅之同學，對此事競爭至烈。予清寒，爭勝之心尤切。奈因緣不濟，終未如願。當年懊喪，思之可笑亦可憐。

二二　游　藝

民國三年舊曆三月，城區小學有游藝會之舉，以文溪高等小學為主體。游藝者，即學生當眾競演其所長之課程也，假孔廟為之，構棚於堂前祭壇為演台，觀眾則列坐台下。演時依節目而行，人數及時限，視節目而異。時予肄業高小二年級，初演習字，即席揮毫，寫四尺聯，文曰「振衣千仞岡，濯足萬里流。」次演作文，題「游藝會記」，值暮春，即套用〈蘭亭序〉前半文調，至「信可樂也」句完篇，約百餘字。後演手工，則與同班堂弟卓合作紙製操帽模型，具體而微。因三目同優，獲頭等獎獎狀焉。是役也，在當時所以開風氣，使社會得覘新教育之內容，而於學生之所學，亦可增進其興趣，磨鍊其膽識，意至善也。尤足稱者，學校此舉，至費周章，而未增學生家長一文半錢之擔負，其視今日為何如。

二三　哥亡

大哥性躁，意有不遂，輒失眠，因得咯血症。分爨以後，時發時愈。民國二年春暮，病漸重，乃復回家合居，延至舊曆五月十二日凌晨即世。先一日予聞病危，自校告假歸，呼予榻前，教以上進及整頓祠產之道，戒以當為所當為，勿放棄責任以自外。得年僅三十有一。續弦後曾生二女，長名閏月，歲餘夭，幼才數月，於大哥亡日暴亡。

二四　良師

民國初年學制，高等小學三年，予在文溪二年級時，素有文名之國文教員姜履淄先生去職，徐志澄先生繼任。徐先生亦績學之士，為人頗認真，督教國文特嚴，知予清寒，關愛逾恆。時課程中，列有默文一課，國文教員於每周末，就本周所授各文，平均千數百字，挑選某篇之某段，令以小楷默寫之，以驗所讀之熟否。予以精讀而書疾，得滿分為常事。偶爾停筆凝思，先生即至予前，以指畫案上，暗示予意。有時見予筆禿，即以新筆相贈。國文以《古文辭類纂》為選本，每星期精讀二三篇。嘗出「曾國藩洪秀全合論」、「文天祥史可法合論」等題，令予與少數優秀同學習作，所以鼓勵求進者甚至。某次作文，姜元豪先生代理，題「讀書記」。予將所讀修身史地心得及感想，夾敘夾議，綴屬長文。先生用寸楷批文末曰：「有此天資，予奇器之。」云。

二五　結　社

民國紀元之初，結社之風甚盛，吾江山尤然。能憶其名者，有自由黨、國民黨、共和黨，稍後有求是學社，各立門戶，各競其事。風氣所扇，文溪高等小學中，亦盛行黨與焉。曰青年會，戴雨農為魁，其時名徵蘭，凡同學之倜儻不羈者附之。曰競學社，黃雲騤為魁，其時名龍驤，凡安分好學者附之。時予年十六，則隸青年會。及戴於民國二年年終畢業離校，青年會無形瓦解。其後，至好同學姜方才、姜瑞渭等，與予密議，另圖結合，曰同志會，揭旨「勵志修學團結互助」，得同志約三十人。立規章，刊《同志錄》作誓約。事雖新興，實為青年會之蛻化，瑞渭主文牘，方才主會計，予主事務。時值癸丑二次革命以後，袁氏緝捕所謂亂黨者甚急，予等進行此事，皆在極秘密中為之。猶憶為刊《同志錄》事，予曾於深夜越牆出校，情懇王氏祠之刻譜匠以木刻活字排印，事洩，校長汪作霖先生大恐，夤夜密究底蘊，嚴誡予等不得再有此舉，曉以利害，並窮搜有關字跡火之。對予等此舉本擬懲處，以防生枝節，不敢聲張，事遂寢。迄今迴思，衡以當時情勢，萬一聲張，其吉凶確乎不可測也。

二六　畢　業

民國四年冬，予十八歲，文溪畢業。全班三十人，甲等五名，乙等十名，餘丙等。予名列甲等第四。第一毛繼和，第二祝甘潛，第三毛春翔，第五周家範。時方袁氏稱帝，改元洪憲。校長汪作霖宣佈，將採用特印洪憲年號之畢業證書。予與同學中年相若者，力爭不可。以為吾等修業期間在民國，而證書當然應以民國為合，卒就印有中華民國年號之證書上，加印洪憲二字小戳以了事。畢業同學能憶其姓名者，尚有姜方才、姜達緒、姜宗禹、王訪漁、周杲、何增譜、嚴作清、楊學耕、楊學達、楊學詩、楊學範、楊承宗、汪以屏、汪國材、祝先德、祝軼群、祝開三、王蒲臣、王炬明、王繼先、毛才天、毛巽來、姜卓等。祝甘潛為當年北鄉名士祝甘蘆之弟，積年成績，均稱最班中。將畢業，恃其才高學優，自分冠軍無疑，及榜發失望，大恚而歸，竟不與畢業典禮，以示抗議。後升中學後不久即物故，英年英才而早凋，惜哉。

二七　補　習

大哥亡後之四年，予十九歲，弱弟時檀十六，尚在學。四口之家，悉賴老父一人力田所入以為活。予既無力再升學，方擬從事教書，得通家楊德中兄暨房兄天鈞之助，代予籌畫於暑假時，應考衢州舊府屬共立之聯合師範。應考前則就宿儒王畫連寅谿先生補習國文。先生精熟經書外，於《文獻通考》、《綱鑑》、《莊子》、《世說新語》諸書，亦深研有素，時執教於本鄉禮賢太平寺小學。予遂致力於文史之進修，日夜攻讀，得先生之教益者良多。是年舊曆正月，予作客邑城德中兄家。兄自清末盛倡維新以來，致力興學外，出其餘緒，設肆於縣前大街忠義祠前，曰樂群書社，當年邑中唯一經售新舊出版物之書肆也。予此次作客，原請其為決進退，其尊翁又昌先生，聞而力主從事教書。兄事親孝，佯不敢拂其意，而密籌再助予升學焉。一日，有里人某，擔空籮過肆，兄瞰父外出，急取肆櫥中《綱鑑易知錄》、《史記菁華錄》等書，裹以塞籮中，囑某逕攜予家，而其尊翁始終不悉也。兄當時一意助予上進之苦心，及倉皇贈書之情景，感人至深。故雖事隔五十年，而仍歷歷如昨也。

二八　代　課

民國五年舊曆五月，予補習文史於宿儒王畫連先生四閱月矣。有通家周作楨兄者，出身法政專校，鄉名士也，執教於鄰鄉淤頭文昌閣小學，將晉京應文官高等考試，商予為之代課。自惟學淺年輕，何敢為名士倩代，夷猶不決者累日，後以師友之慫恿，長老之督勉，乃毅然就之。試教未匝旬，居然聞不虞之譽。竊竊自喜，以為天下事未為之以為難者，為之不過如斯。是役也，為時近二月，得識同事徐君文藻，當地富紳毛興詩與堂昆仲。學生僅憶毛炳輝，其兄炳南，予同學也。按淤頭乃毛姓聚族而居之地，亦人烟稠密之市鎮也。鄉校開班二，班二十餘人，採複式教學。教員二，年薪均為六十元，另由學生家長輪流供膳。每戶三四日，周而復始，清寒者免。近則就膳，遠則送食，賓主以禮，融融如也。校地位鄉北端，堂宇虛敞，古木環蔭。予與同事徐君隔室而居，風雨之夜，人靜燈闇，恆惴惴不敢獨寢。廟祝兼齋夫者，忠厚老農也，樂與予同榻為伴，心甚德之，而視若長者焉。時予年十九，其鄉人士，多稱予曰小先生。

二九　災　劫

民國五年舊曆七月杪，赴衢應考聯合師範。考日上午國文，下午史地算術。國文題

「君子和而不同論」，予知語出《論語》，而不憶「同」何義，遂就題之上截立論以完篇，並附短序述其由。文中論及當時南北對立事，呼籲各方以國家人民為重。出場時得報，家於晦日毀於火，晴天霹靂，不知所措。意欲廢考奔災，同行鄉友，力勸考畢再言歸。午後入場，心神搖蕩，草率了事。星夜馳歸，知被鄰災之殃，一片火場，殘書滿地，餘燼未熄。火發時，父在田，母外出，家無一人。凡衣食起居所資以為生之具，盡付烏有。見父母，相對無言，呼天而已。應考事，自分孫山，越旬報來，竟以第十二名被錄取，喜出望外。

三〇　巧　事

赴考師範時，寓衢城下街頭全安旅館。同學戴雨農，時名徵蘭，亦自杭歸來應考，寓鐘樓底集咸旅館。考前一日，予偕鄉友六七人，聚於戴所，戴出一書示予，展視，則北京陸軍大學之同學錄也。大約取自鄉前輩毛鵾先生者。序若干首，皆當時軍政首要如段祺瑞、趙爾巽等所作，駢散文均未標句讀。戴見予信口讀來，了無礙滯，問予曰，得毋讀過否。予對曰，是何難。於是大聲呼予名曰：「姜超，此次應考，自分第一非我莫屬，今遇君則我第二矣。」（予原名超二十五歲始改今名）榜發，戴果第二，惟第一則為毛繼寶。事後查悉，毛因得宿讀名師周思兼所撰同題之範作也。否則，戴第一矣。

三一　窘　境

家遭火後，蕩然赤貧，稅居街中一店屋，父改營小貿，弱弟時檀，則廢學入清湖某過載行為學徒。予賴通家楊德中兄力為支持，及其他親友之助，得升學師範。校長杜寶光先生，教務主任陳其宗先生，國文教員二人，汪慶祥先生教經傳，周可棠先生教時文。首次作文，述里居家況，予振筆疾書，述及哥亡親老家毀諸事，颭以感嘆憤發語，教員汪先生閱後，即拔以冠軍，長批中有「發迹可期」之語。將寒假，因風潮被迫退學，旋得部視學朱章寶先生之斡旋，又悔過復學。斯時弟在清湖，兩手患凍瘡甚劇，遇熟人即哀哭。父母聞而不忍，招之歸。父所營小貿，資金僅三四十元，某次，盡以易布，得數十疋，寄宿本鄉族人店中，竟為宵小所乘，穿窬竊去，一縷不留。火劫以後，復遭此意外，父幾因此厭世，經親友之多方慰解始免，事後查知竊者為素識毛松高所窩藏。不久毛為竊者所殺，父老皆謂果報云。（是年舊曆九月城中大火自安和坊起向北延燒至城隍廟附近向南至達道門止）

三二　泣　夜

家毀於火，父母年已六十。火後所賃店屋，寬纔方丈有半，雖營小販，室無長物。起居其間，蕭然如荒野之逆旅也。是歲暮，予既因故退學，悤遽言歸，不及襆被俱。抵家後，寢則與二老同床共被。被隘，僅足覆二人，父乃和衣而睡，取母及予之卸衣覆其身。中夜夢回，輒探予暖否，而未嘗自言寒也。一夕，牀塌驚夢，三人同墮。父先起燃燈，則見所謂牀者，係支長短板拼合而成，鋪薦為褥，兩端承以條凳，中疊磚石支之。屢經震撼，磚石失其重心，板遂隨而塌矣。於是一燈如豆，父母子三人，載檢載整，重復其舊。初時，二老尚苦笑，繼而黯然，又繼而泫然。滅燈復寢，但聞聲聲歎息，良久不已。此時距大哥之亡四年，距火災之劫適四閱月耳。予倚枕沉思，亦不知涕泗之何從也。

三三　好　勝

當肄業文溪時，與戴雨農同學一年，有一事受其影響至深，而獲益亦至大。時戴為青年會會長，又為校中唯一沿清制之四年級班班長，在校中以才學著稱外，最以作文不屬稿名。予少好勝，竊慕而思齊焉。磨鍊經年，居然亦優為。及升學師範，連次作文，皆繳首卷，皆得冠軍。同學或疑為巧遇宿作，則就同題連作數文以逞能。其時作文時間，通常限二小時，某次題「張良從赤松子遊論」，成而僅及限時之半，乘興復作一文，仍有餘晷，更仿王安石〈讀孟嘗君傳〉格調，再成一文，教員汪慶祥先生閱後嘉之。又一次，另一國文教員周科棠先生，命題「業精於勤荒於嬉論」，予強詞奪理，一味持翻案之說，謂嬉者所以調劑身心，而徒勤則有害健康，結論謂韓氏誤盡天下後世讀書者。卷上，周先生曰，氣盛詞暢，文章雖好，而犯詆毀先賢之大忌。既而評畢發還，文末長批，多訓誡之辭。全文加重槓而不改一字，然給分仍壓卷也。自是驕氣漸萌，恆視儕輩為餘子碌碌，動輒逞能求勝以驕人。因而招忌日深，知好日希。痛省悔悟之餘，乃知好勝之弊，易流於驕。實則截然二事，一則勵己，一則慢人，勵己所以求進，慢人適足自毀。世之為父兄為人師者，於子弟少年之好勝而驕，其三致意焉。

三四　徙　家

民國六年舊曆正月，自禮賢卜遷城中孝子門巷何姓舊宅，屋矮而仄，所謂陋室甕牖者近是。與耆紳造鳳銀樓樓主璩明珠，前清縣衙房總何儒珍為鄰。時予方冠，弟十七，二老六十有一。四鄰不以予家貧，而皆樂與二老相過從。何媼且與母氏結為姊妹焉。是年舊曆清明，予自校告假歸，欲一觀所謂閏年迎燈大會之盛，及會終返校，原有聯合師範，已成陳迹。蓋省立第八師範宣告成立矣。校長奉化韓華復儒先生。

叁、初涉世途

此予二十一歲至二十八歲，即民國七年至十四年，畢業師範後連續任教母校八年間事也。

三五　執　教

予年二十一，畢業於浙江第八師範講習科，同科同學五十餘人，泰半年已二十五六，且有三數逾三十者。能憶其名姓者，江山，毛繼寶、祝雲鳶、毛兆和、毛世貞、毛簡、劉西庚、洪世志、汪以屏、朱光宇、朱斌臣、嚴之望、姜長馨。衢，方繩祖、袁謙洪、戴德元。龍游，李泉、葉鏡明、王棫。常山，江金斗、徐世祥等。予以自第一學期始，皆居榜首，甲等僅予一人，被校當事留校任附屬小學教員，月薪十元。同留者為名列第四之江金斗，予級任，江專科，同室而居。膳費每月二元四角。日有嘉肴，魚肉無闕。

一日，有學生質庖人，師生膳費等耳，何以異其遇。庖人曰，請勿怪，異時君來為教席，亦如是也。相與一笑。年假將歸，託相熟舟人購年糕於蘭谿，費銀圓一番，得四十五斤。

三六　參　觀

此補述師範畢業前事也。民國七年春間，浙江舉行第一屆全省運動會於省垣。畢業同學全體參加，寓西湖飯店，每日膳宿費三角。時督軍楊善德，省長齊耀珊，曾徧贈與會同學以邵芝巖所製名筆各若干枝。會後赴滬參觀教育，對尚公、萬竹兩小學之印象最深。前者以規模設備勝，後者以整齊活潑勝。觀尚公時，適逢課外活動，全校師生，皆有所忙，一片蓬勃之氣，洋溢校中。所見壁報，載一校訊，記憶猶新。某班某生答師問，中國人口為三萬萬九千九百九十九萬九千九百九十九人。師問何所據。答曰，本為四萬萬，但昨夜我家隔鄰死去一人云云。此行率領者，師範教務主任張德海，附小主任徐霖兩先生，寓北站甬江旅館。予生初次遊滬，數日勾留，凡所聞接，深感洋場社會，人人倉皇奔走於烏煙瘴氣之中。視平昔居處，別成一世界。

三七　驚　新

「五四運動」興，予執教之次年也。同輩中受運動之激蕩者，惟予居先。南北出版之新書刊，如《新青年》、《新潮》、《每周評論》、《解放與改造》、《曙光》等，皆按期購讀之。對《新青年》李大釗〈青春〉一文，約近萬言，喜其學博而詞鬯，雖皇皇長篇，讀之幾可成誦。對《新潮》蔣夢麟〈人生究竟為什麼〉一文，指示慎思明辨之道，影響生平行詣者至深。當年談文學，談教育，談禮俗，凡有所談，莫不惟新是騖。操觚為文，必從白話，往時舊籍，均屏而弗顧。又以苦無餘力廣購書刊也，復約三五至友組織書報販賣社，不在牟利，而在多獲折價之讀物耳。

三八　訛言

北鄉某富孀，膝下僅二女，已及笄矣，揚言但得佳婿，貧窶無妨，得則析產若干為妝奩。時予年二十一，方充母校省立師範附小教席，士林中言苦學有成者，大都知予名。邑紳璩明珠，居毗鄰，知予家世尤審，與孀家有舊，舉予以媒。孀重紳之為長老也，遂倩其撮合焉。既成議，臨文定而悔之。緣予有族人某者，年相若，嘗同窗，貌陋行劣，鄉里不齒。邑中徐某，知其人，而不予識。孀家與徐為親故，文定前夕，以告，徐臆斷即其所知之人，以為被紿。於是孀家急急請媒者罷議。鄉好聞者，不究其竟，僉以如此翻覆，欺人太甚。或諷二老舉訟者。二老曰，吾有子，何患無媳，允其請而罷之。事後乃悉訛言之祟，張冠李戴，誤以族人某即為予耳。此民國七年秋冬間事也。

三九　訂　婚

民國八年夏初，由父母作主，與邑紳楊文正金銘公次女名雨亭（歸予後改名素亭）訂婚。時予執教衢州，毫無所聞。事後，父以貿布過衢乃悉顛末。媒介者楊春華先生。從中力予促成者，通家楊德中兄也。金銘公，邑中望族，喜究子平術。營糖坊，家擁厚產，時俗稱為富戶者也。居室在縣前大街達道門，內通模範小學，予民元寄讀此校時，中有一課堂，即假其曠室為之。因得早審予家世，並習見予所作之課藝，後又常聞予之任教衢州省立師範事，故得楊先生春華一媒即諧。而最可異者，此為媒之楊先生，與予家素乏因緣，且自始無媒意，祇於街談巷議間，略聞予為苦學青年，近遭某姓之悔婚事，偶與金銘公閒話及之，而遂締此姻緣耳。初，媒者言於父母，父母以貧富懸殊，堅不可，經德中兄之善為說辭，乃得諧，一時傳為佳話焉。

四〇　矯　情

予生有隱痛至深，追悔莫及之事焉。當年卒業師範時，值災劫之餘，父為貿販，弟鬻裱藝。予雖留教母校，菽水有資，而家境固猶貧困也。斯時，邑紳楊公金銘，門祚鼎盛，方以富厚雄邑中。竟力屏俗見，慨然妻予以愛女。貧富聯姻，風聲獨樹，是生我者父母，知我者外舅金銘公也。衡以恆情，為其壻者，應如何曲盡半子之道，以報知遇之恩。乃訂婚未幾，里巷間，竟傳有見予母自外舅家懷金而出者，言之若有其事。予大恚。竊思兩家尚無過從，已惹此嫌，後必有甚焉者。藉令異日果能振家聲，致富厚，此嫌不絕，豈不貽人口實，遂作矯情之想。成婚後，凡公所命，皆忤其意而行。不拜其戚串，不赴其鄰好之邀宴，兩家相距密邇，非歲時不趨其門庭。婚後次年，寒假自校歸，屢過其門而不入。一日，外姑在門，遙見途過，頻頻喚予，漫應之，仍掉頭他去。如是者亙數年，致室人屢以此而飲泣。其實外舅姑無負於予，予亦無慊於其家，所以如此者，在示人以自強，彼之富，與我無與。三數年後，家道少蘇，溫飽無虞，識者亦漸諒區區之苦心。於是外舅門庭，足迹、漸密。洎予隨軍北伐，薄負鄉望，方期所以告慰於外舅姑，聊贖少不更事之愆。孰料橫禍突興，外舅金銘公，竟以莫須有之冤，鬱鬱而逝。時民國十六年八月杪也。屈指已四十年，外姑及先室楊夫人，去世亦已二十餘年矣。往事縈迴，深悔孟浪。當年之逞性使氣，實愧對外舅姑。懷恩未報，前愆難贖，此生隱痛，不知何了。

四一　趨時

「五四運動」後，隨之而興者，有「國語運動」。文字發音，一以其時之京音為準。吳稚暉、王璞、趙元任等倡之於前，周盤、陶知行等繼之於後，於是民國九年暑期，南京高等師範有國語講習所之設。國內教界之趨時者，紛紛就學。予得校方資助，亦偕同事毛兆和、江金斗赴寧與焉。至則學者雲集，以千百計，同事戴德元後至，已患人滿，與予同榻。所長周盤教注音字母，胡適教國語文法，劉伯明哲學，張諤語言學，陶知行教育，顧實語音學，皆一時名士也。月餘畢業，返校後，即從事傳習。自此南腔北調，時出於口，亦時觸於耳云。是行也，衢人士同習者，有沈保之、林長清等。

四二　完婚

予婚期在民國九年舊曆八月二十一日。卒業南京高師國語講習所南返時，衢校已開學，不及返家，故至婚期前二日始歸，家已新遷貼鄰璩承開巨宅，坐西朝東，北首廂房三間，即予家所在地也。時受「五四運動」之影響，滿懷鶩新思想，於俗之靡費而又近虛文者，頗欲力予革滌。如迎親張宴之鼓樂也，堂室內外之加飾紅箋楹聯也，一是可省。語出，而長老眾親譁然。謂部署已定，不可遽更，況事涉兩方，尤不可獨斷。不得已，婚禮之舉，一循舊俗，惟改跪拜為鞠躬，並提前拜見親族於堂前耳。按俗例，拜見親族之禮，係於次日午宴前行之，名曰「還三表」，宴曰「三表酒」。所謂「還三表」，又名曰「還大小」。舉禮時，先拜直系尊親，次及內外親族之長者。親族受拜，必出一紅包置案頭，名曰「拜見錢」。一請一拜間，不免有謙遜辭讓之事，為新人者，多以此為苦。予則於當日堂前接行此禮，拜見父母後，恭請眾親族並列堂中總行鞠躬禮而退。事後，曾聞有人竊竊議其非云。此次喜宴，約二十餘席，每席包價一元二角。

四三 拜師

第八師範舍監兼國文教員奉化毛思誠勉廬先生，篤學君子也。北伐後，歷任國民革命軍總司令部文書科長、國民政府秘書、監察院監察委員。總統蔣公之《自反錄》，及《民國十五年以前之蔣介石先生》二書，即先生所手編，於抗戰時病故於籍。當年執教第八師範，予曾與同事數年而接疏。在民國十年春間，校當局因謀編紀念刊物，有向師生徵文之舉，先生主其事，見予作，立約晤談，謂所作可投登名刊，鼓勵備至。初試《教育雜志》，果一投而售，得書券值三十元。一稿之酬，優於月薪，深德先生之知遇，因拜之為師。先生青睞有加，許為可教。自此滬上報刊，時見予文，薪金之外，兼有稿酬，頗

令儕輩歆羨也。(《教育雜志》在周兼善主編時曾刊予所作〈小學訓詁問題〉〈個別訓詁〉〈國語教學報告〉等篇)

四四　改　名

予自模範小學畢業時改單名曰超，即以原有譜名時傑為字。其後讀史，嘗致意於歷代名臣大儒奇士偉人之名號，而悟人名不可徒名，應寓人生意義，庶聞聲見字而資警惕。因曾讀西哲尼采「超我即超人」之學說，一度改名超我。其時疊刊於《教育雜志》之論文，皆用此名。年二十五六，目擊人心澆薄，世態炎涼，深感涉迹、社會，非具奮鬭、精神，必難免為社會之俘虜，因又改名超嶽。蓋取《孟子》「挾泰山以超北海」之反義，所以示以奮鬭為人生，知其不可為而為之之意也。並就孔融〈薦禰衡表〉，「維嶽降靈異神騈出」語，取字異生。數十年來，以言奮鬭，實愧吾名，而異生之異，差堪俯仰自慰。不願苟合苟同猶是也，不願自欺欺人猶是也，不願枉尺直尋，不願媚悅取容，亦猶是也。或有箴以所自異者，皆為讀聖賢書者所當為，何足為異。其言誠然，奈舉世滔滔，其能有所不為以自異者幾人。言念及此，不覺莞爾自喜矣。

四五　得　女

予婚後之明年，民國十年也，家又自璩宅遷西塘塍同族里峰宅，自民國六年遷城以來，至此三遷矣。越二年，民國十二年，舊曆正月初五日，長女琴心，即出生於此。先四日元旦，予偕妻與德中兄作郊遊，自西山目蓮庵、程公祠、而羅漢大壯、須女泉，繞北門東郊自東門歸。妻懷身，鼓腹而行。是年秋後，又卜遷柴家塘頂徐國香之宅，坐東朝西，予居南廂，此四遷矣。

四六 加 薪

予執教母校之五年，月薪已遞增至三十元。民國十二年學制革新，凡同一地區之省立中學、師範，合併曰中學。故予所在之第八師範，改名曰第八中學師範部。是年暑假，予之堂叔岳楊公文洵，以教育廳第二科科長，調充第八中學校長，即於假中接事。予適為六七學生留校補習遲歸，因襄助新校長處理教務不少。開學時，增薪為三十餘元。逾年，兼補習班國文，復兼師範國語教學，增薪至四十八元五角。其時黃金價每兩三十元。膳食月二元四角。時予年二十七，家鄉父老，恆以予之成就為談助也。

四七 戰 禍

軍閥時期齊（燮元）盧（永祥）之戰，民國十三年秋間事也。是年暑假，少時同學姜方才畢業於武昌師大，王學素南京高師，姜宗禹北京工專，皆集八中任教，故人相聚，歡樂可想。及戰事作，大軍雲集，弦歌習禮之堂，一變而為刁斗森嚴之地。幸交鋒即決，盧去孫（傳芳）來，逾月事定，即照常開學矣。是年舊曆元旦，曾遊景星山，探賓陽洞，妻抱琴兒相隨，及頂，琴睡，寄某尼庵少時。徐承道同行。歲暮，妻生一男未育。

四八　詩童

昔予執教時，於教學之法，多不囿於書，又不喜襲恆蹊，而學子之獲益，往往有出意表者。民國十三年冬，一日，大雪，上作文課，小學六年級也。予於課前，率學生冒雪緩步校園一周，坐定，對諸生曰，今以雪為題，任意作之，不拘何體。頃間，一鄭生名紹忭者，呈首卷，則五言詩也。詩曰：「雪花飄飄飄，冷得不得了，獨有那八哥，還在樹上叫。」予問何速，曰，八哥之賜耳。予曰，意與造句均佳，但「樹」字不甚切，因其義含樹身整體言。曰，然則易以「枝頭」二字如何。予甚讚賞之。又一生徐姓，忘其名，席位最後，距門咫尺，予見其攢眉凝思，久久不下筆，方欲問故。其門砉然自啟，雪隨風入，徐生徐起闔之，俄而舉手呼曰，老師，吾得之矣。及呈卷，亦一詩也。「北風哥哥，你為何這樣恨我，偏要把雪花一片一片吹進來，使我冷得無地可躲。」二生皆童年，並皆中人資，予頗喜其得此佳作也。後揭之於壁報，或疑為教師所潤色，而不知真正兒童之天籟也。當時同班約三十人，出色之作不少，而於此二詩之印象獨深。回首四十年，此二生亦已望六人矣，他日得見此文時，不識尚能追憶童年故事否。又予執教經驗，以為教育之道，果得良師，能化腐朽為神奇，先哲「取法乎上」之訓，至理所在，可忽乎哉。

四九　好　友

家遭災劫後五六年間，予得親友之助而難忘者，上舉楊德中兄外，別有數人焉。當災劫之餘，瞻念前途，正苦旁皇，文溪同窗姜方才寓書相勉，曰：「吾境雖窮，吾志不窮也」。此二語，所以鼓舞予之上進者無限。其後執教為生，勉供菽水，及既有室，家用漸繁，拮据之苦，往往不免。相善友好，知情而貸貲於予以濟緩急者，則有嚴之望、徐承道、王霜渚、鄭錦標、璩承開諸君。之望師範同班，家居西鄉之南洋村，距城一日程。某歲歲暮，為踐其代予籌資之約，冒大風雪而至。承道文字交，家非素封。某次因予有急，竟私押其寡母之金飾以應。霜渚、錦標、承開鄉鄰之誼耳，亦有類乎此舉者。雪中送炭，末世所稀，特記之示不忘。

肆、別闢蹊徑

此予二十八歲至三十九歲，即民國十四年，投身革命後，至二十五年間事也。此十二年間，踪跡徧南北，極覽名山大川之壯觀，欣沐俊士豪客之風概。株守自逸，決不足以語此，故曰別闢蹊徑。

五〇 思遷

予二十一歲畢業師範，留母校任教後，七八年間，自小學而師範，月薪自十元而增至近五十元，論待遇已足驚俗，而蒿目四方，終感株守。乃競事投稿，署名則冠籍江山，人或訾為自鬻，實則志在嚶鳴。民國十四年間，適有參觀杭滬寧教育之舉，值國父逝世之後，過杭、過滬、過寧，均巧遇當地之追悼會。搜集有關主義之刊物，纍纍盈篋。歸後數月間，思遷之志，時縈夢寐。此次參觀教育，係與師範畢業班學生同行，能憶其姓名者，僅毛麟書、徐之初二人。一日，在杭滬車上，閱當日《申報》，其自由談版，適揭予文一首，題曰「心理作用之種種」，同行數十人，爭相傳閱云。

五一　入　粵

民國十四年舊曆中秋節後，暑後開學月餘矣，忽接毛師勉廬發自黃埔陸軍軍官學校之快郵，邀赴粵任事，越日，電又至。予方有志思遷，益以知遇之感，毅然棄教南下。行前校中歡送盛會，附小主任建德余光凝冰心先生致詞，惜別外兼含箴規之意。謂師友中嘗有呼予超嶽之名諧音驕傲者。予聞斯語，深印予心。靜焉以思，未嘗有驕心，而以疏慵成性，往往得驕名，是亦無可奈何事也。同行南下者，同學嚴之望，學生陶果人，另有熟友王庚白、徐之初後至。過滬，寓民國路泰安旅館，旅滬族姪則張曾見訪話別。抵黃埔後，以書記名義，助毛師從事校史之編纂，及文稿之撰擬。新識秘書處同事沈開寰、沈紹珠、袁同疇。時三期學生將畢業，其中有師範同學龍游李泉不期而遇。黃埔距省城四十里，日有專輪往返，其時朱雲光丈任廣州市黨部秘書，寓太平沙。(玉山周紹武同寓)周念行兄任某縣籌餉局局長，寓德宣路。每逢假日，彼此過從歡敘，因漸知鄉人之南來者不少。蔡鳴皐最早至，因取道閩粵邊境，千里勞頓，至而病，病而死。鄔與點黃埔一期，中途廢學。毛芝衡三期，毛人鳳、姜鎮坤、周毅夫，潮州分校。楊宗勵黃埔職員。洎予隨北伐軍出發後不久，聞風而至穗者，有姜水紋、徐承道、毛應章、汪子明、戴笠、何增誠、祝某等，皆以受予之影響而投身革命者也。水紋以保定八期生任黃埔教官。

五二　得　子

予棄教赴粵時，妻懷身已六七月，明年春初，接岳父楊公金銘函告，妻於舊臘月二十二日，立春前一日，即國曆民國十五年二月四日，誕一子。並告按生辰八字，「乙丑己丑癸亥庚申」五行缺火，為取名坤炎。予復函改炎龍，蓋取揚子《法言》「炎炎者滅隆隆者絕」成語，隱含置之死地而後生，所以示「以奮鬥為人生」之意也。易隆為龍，諧其音而舍其形耳。

五三　新　交

予以民國十五年五月，自黃埔秘書處奉調國民革命軍總司令部秘書處，為上尉書記。當廁身黃埔時，初與同事上尉書記蕭吉珊結至交，旋又得交吳興陳立夫先生。其時，先生新自美洲學成歸，任黃埔軍校校長蔣公之中校隨從秘書，時相晤於公室。一日閒談，問去省乎，予漫對去則需資，以誤失校證，罰扣月餉，故已久不去矣。逾日，即袖中央新鈔二十元見貽，予婉卻，先生正色曰，我等革命同志，何分彼此，今日我有則君用，他日君有則我用。予感其誠摯，受而藏之，餉發，出藏璧還，謝以書。越日覆至，可數百言，大意述其對予為人之觀感，箴以不可傲岸自高。殿語曰：「交淺言深，古人所戒，吾言止於此。」讀後肅然。頓念「友直」，聖賢所尚，知先生非常人也。又念聖人無常師，自此心焉師之，而畏友視之。投身革命以來，此為第二新交。後因先生之故，而先後識曾養甫、梁鼎銘、蔣堅忍、劉世英諸先生。七月，隨軍北伐，又識同事秘書周雍能，處員潘宜之，書記張桓、徐慎獨、龔葆。其時秘書處處長馬文車，文書科長吳醒亞，機要科長陳立夫。

五四　北　伐

北伐軍以民國十五年七月九日，自廣州誓師啟行，總司令部行軍總指揮上校金佛莊。行傍晚，發自西郊黃沙粵漢鐵路車站，一時歡呼聲，鞭炮聲齊作，若已在勝利慶功者。行前，每一官佐，配給軍服、行軍袋、地球牌水筆、及紅藍白三色帶等。此帶象徵三民主義，用以繫於領下，作黨軍之標識者。並規定校級官配勤務一，馬匹一，無馬則給代金三十元。尉官二人合用勤務一，予之勤務，曾瑞生，湘人。

抵韶關，為首站宿營地。自此以北，徒步山行，人馬旗幟，蜿蜒百十里，盤旋於崇巒疊嶺間，踞高俯瞰，蔚為奇觀。總司令蔣公，或輿或馬，越陡嶺，則隨眾徒步。眾見元戎之共甘苦也，益奮勇往邁進之氣，故雖盛暑遠征，不聞有言勞者。過樂昌時，電務員李錦威罹痧症斃途中，同事之死於行軍者，此為第一人。湘粵之交，世稱五嶺者也。仰其峰，峭然插天，竊揣度此或履夷矣。及巔，又一峰峭然，再及巔更峭然。如是者累日，恍似登天。初時惴惴於峻不可階，而邁往不舍，終越險阻。天下事未為之以為難者，為之未必不易，皆可作如是觀。

入湘境後，即宜章縣轄地，縣治所在，無城防，小街一行，如尋常鄉鎮然。居民不繁，往來悠悠，若罔知國家已興戰伐之事者。小休一日，續向北進。自此而郴州，而衡陽，前線捷報，頻頻傳來，大軍前進，勢如破竹。及九月初，總部移駐岳陽，而陽夏告克矣。當總部駐衡時（設道南中學），適虎疫為厲，軍民死亡相繼。予以不飭於行，亦為虎疫所乘，因而臥病郊外軍醫院（設省立三女師）者半月餘，因醫護人員加意診治，得慶死裏逃生。後曾撰〈虎口餘生記〉以志之。

陽夏既克，總司令督師攻南昌，另設武漢行營於漢口，主任鄧演達。九月杪，予在岳陽軍次，奉調行營秘書處為處員。行營設逆產魏聯芳宅，西式樓宇，高三層，頂置花圃，其他豪華陳設稱之。堂中高懸紳民所獻紅底金字巨匾，曰「萬家生佛」。魏長鄂省財政，又為吳佩孚之軍需處長，顯赫人物之被頌生佛，世態然也。予住二樓，與參謀處科長張元祜鄰室而居。其時武昌尚在圍城中，敵將劉玉春頑守不降，黃鶴樓頭之殘礮，對我偵察機，猶亂施轟擊。城破前數日，我航空隊於近黃昏時，自南湖機場起飛往察，彷佛僅一二架，高不逾千尺。隔江居民，多登屋頂遙觀，敵發礮後，則見朵朵濃煙，點綴上空，而飛機之盤旋晏如也，如是者五六日，若按時演習然。及十月十日城既破，予偕同僚入，十室十空，無異死城。僻巷荒地，待殮餓莩，柴瘠不似人形，想見其垂斃前之慘。城北一巨塘，泥爛如新耕，聞居民言，本蓄荷藕，糧盡則掘藕，藕盡則窮搜其他可供飽者，恐草種亦絕迹矣，云云。

是役也，督軍陳嘉謨，守將劉玉春同被俘，囚蛇山，默坐一空室，垂頭喪氣，狀至可憐，固一時之雄也，不知國家，不知潮流之下場如此，為之一歎。行營遷武昌督署後，經司事者重新部署，軍門氣象，別有一番風光。予於公餘撰《從軍北伐漫筆》，逐日刊於

《大漢日報》。後復印單行本問世，衡陽王祺淮君先生署耑。

五五 漢 居

行營遷督署後，秘書處事，對外由中校秘書蕭吉珊負責，內務則由予主之，夙夜在公，日不暇給，乃電邀往歲師範同學同事之戴德元西上相助。又適自粵來漢之鄉友周君念行將出宰黃陂，急需佐理人員，亦由予電邀鄉親徐鶴林、胡藥中、姜寶書等，結伴而來。於是吾妻楊素亭懷周歲龍兒，隨伴自家至滬溯江而上。稅居督署附近之民房，二房一廳月租四元。未幾朱雲光丈自粵至，吳乾慶、李廷鈞、鄭克昌、祝雲鶱、王琳、毛應熊、張廷芳先後自江山至，常集予寓暢飲為樂。時當地買賣，猶以錢計，日用所需，數文數十文為常事，多則數百文，論千則豪矣。雲光丈抵漢後，負重黨中，一度代理中央政治會議書記長，邀予撥忙相助，因得交太倉狄君君武。

五六 迎 養

民國十六年三月二十三日，南京克復。予於四月初，挈眷偕至好姜穎初，隨武漢行營專輪東下。我國民政府以四月十八日明令宣布中外，奠都南京，朝野歡騰。總司令駐舊督署，即太平天國天王府遺址。時秘書處人員，併集來自南昌、武漢行營，及廣州後方者，共達八十餘人，勤務傳令等倍之。處長李仲公公出，由機要科陳科長代理。予晉級少校，仍以處員名義，襄助處長處理處務。按組織法，秘書處僅設處員一人。因事務加繁，奉命特設處員辦公室，掌理處中總務，並兼辦公報事。乃汲引故人徐承道、毛世才為助。予曾揭「要杜閒言，一切公開。」二語以相勉云。

予自前歲離鄉，恆興陟屺之思。抵京數月，乃謀迎養。時稅居西華門慶雲里一民房，因有餘室，鄉友徐鶴林、李廷鈞先後雙雙家予家焉。七月中，夏正六月上浣也，知二老挈予女琴心，及五甥毛士盛，已自江山抵杭，予即請假赴杭奉迎至京。妻懷龍兒相隨。二老素習艱苦，見乃兒往歲執教，菽水無虞，而今從軍，則養親於都邑，言談閒，自喜有子。予亦以得朝夕承歡為慰。在杭時，姜穎初、姜瑞渭、戴文周、戴德元、鄭克昌諸友，陪予侍二老漫遊西湖諸勝蹟。當年三潭印月、及靈隱寺之遊踪留影，頻歷浩劫而猶存，為吾生迎養留一僅有之紀念，亦奇緣也。

八月中旬，總司令蔣公，為促成寧漢合作，而毅然宣告下野。孫傳芳野心未死，乘隙集其殘部，直逼浦口，礮聲震耳，日夜不絕，京中謠言蠭起，人心皇皇。予挈妻兒奉母返浙，老父則願與諸鄉友留居京寓。予返浙後，小住西湖畔杭州飯店。適陳立夫、蕭吉珊兩兄亦遊杭，因時作深談。及九月初，龍潭之戰既決，孫部殲，首都安，應立夫兄邀，約徐承道、吳乾慶、集上海拉都路三一一號「觀我廬」總司令寄寓之所（即吳公忠信住宅）整理文電。予眷住聖母院路，旋遷甘世東路之振興坊。是年二老七十一，予三十，妻二十七，女琴心五，男炎龍不足二歲耳。二老於歲暮回江山，稅居南門大街孝子門巷口璩祠耳房，此為予家自民國六年遷城後第五度遷居。

五七　噩　耗

龍潭之戰，予方有事於滬，某晨，詣立夫兄，適有轉電至，「父病故速回」。霹靂之耗，驚惶無措。立夫兄亦愀然為予突遭閔凶而惜，並出金相饋，予婉拒心領，急急辭出。時盛傳我軍大捷，京滬鐵路正謀分段通車。予以急於返京奔喪，冒險搭首班試車行，途次濡滯，當日宿鎮江。詰朝續行，鎮江以西，高資、下蜀諸站，路毀中斷，載行載止，天色云暮，始抵下關。驅馬車直奔城內寓所，入門，則見父與諸鄉友方圍坐飲酌，笑語聲喧，蓋慶龍潭之捷也。當時予驚呼，竟有此事，竟有此事。眾不知何云，具告以故，相與啞然。出電詳審，電係江山內弟楊學耕所發，病故者乃妻父楊公金銘也。因電文過簡，受戰事影響，展轉傳遞，發電地址又欠明，致此噩耗，有張冠李戴之誤。然以此而得睹戰場之實景，亦書生之罕遇矣。當過龍潭時，距戰火之息僅隔夕，放眼山野，人馬屍骸，縱橫狼藉。車站小屋，殘敗過半，環站數百步之地，躺臥傷兵，密密駢列，不可指數。滿身血污，莫辨面目。值酷暑，驕陽似火，身乏片葉之蔭，肌苦蠅蚋之襲。呻吟者，掙扎者，奄奄一息者，令人不忍聞，不忍睹，不忍想。此事距今已逾四十年，偶爾迴溯，猶惻然於心。深感革命事業之百折千迴，與流血犧牲者之不可勝計也，後死者其知所勉否。

五八 行 軍

從軍北伐以來，行軍之時日，與所歷之城邑，以「濟南慘案」後之間道北進為多。初，民國十七年一月，總司令蔣公東山再起，予於四日扈駕自滬晉京。翌日，總司令宣告復職，重組國民革命軍總司令部。部址設中正街三元巷河海工程學校舊址。（按中正街東西向後拓闢為白下路另有中正路者係新闢子午線之中段）內部組織，均沿襲前總部成規，惟秘書處則改稱總司令辦公廳。吳思豫為辦公廳主任，陳立夫為機要科長，毛思誠為文書科長，沈玉仲為總務科長，朱梓玖為人事科長，予為中校機要秘書（同官李濬三高淩百羅時實）。尋接眷至京，居西華門四條巷光裕里二號，劉民畏居東廂，予與徐鶴林居西廂。

三月，重張北伐之師，部署既成，總部人員，於月杪隨總司令移駐徐州，駐址已忘，祇憶當地大街亦有名中正者。四月七日攻擊開始，會戰於濟寧，十六日告捷後不久，總部自徐州沿津浦線北移兗州。未幾，又移泰安。五月二日夜闌，進駐濟南之舊督署，不謂曙色方動，近城槍礮聲起，而「濟南慘案」作矣。因係五月三日，故又名「五三慘案」。日軍恃強逞暴，無可理喻，我總司令忍辱負重，不得已下令撤出濟南，別圖善後。薄暮，總司令暨各路總指揮集黨家莊，謀間道北進。此為津浦線上一小站，一時人馬雲集，站周數里之地，憧憧往來，澈夜未休。越日，有別組行營之命。以第五路總指揮朱培德為行營主任，由第一集團軍總參謀長楊杰暫行兼代。予奉命以秘書主持機要科兼辦文書科事宜，並指揮無線電台。又調隨軍服務之軍事委員會秘書顧耕野、王澤湘相助為理，共有官兵四十餘人。時總司令暨總部人員，皆駐列車上，忽南忽北，逡巡軌上者幾逾旬。車為鐵甲，盛暑烈日，揮汗從公，如坐蒸籠。五月十四日，總司令回京，行營官兵，乃舍火車行軍，日行五六十里，或七八十里。歷汶上、東平、東阿，館陶、茌平、高唐、恩縣、而至臨清，駐此半月餘。行營所在地，彷彿為一基督教堂，院地遼廓，機要科獨居一院。在行軍途中，以行動迅捷，井井有條，受賞識於兼代行營主任楊杰氏。詢知予非出身軍校，而能部勒嚴明，不誤戎機，頗表驚異云。

及六月六日，京津告克，北京改稱北平，行營奉命北遷。於是仍率屬摒擋行軍，離臨清，歷高唐、恩縣而至德州。改乘津浦車行，七月初抵平。顧王二秘書，先期回京。行營設鐵獅子胡同總理紀念館，原為顧維鈞宅。楊杰真除為主任。時總司令亦在平，科長陳立夫，以總司令印信，親交予手，鄭重叮囑，「毋負使命」。計自三月杪啟行離京，至此僅百日耳。傳云，王者無敵。其惟我革命軍之謂乎。

是役也，有一事攸關歷史文獻，特補述之。總司令復職之四日，國民政府明令蔣公為「北伐全軍總司令」。並頒大印及官章各一。惟先日所發命令，一以「國民革命軍總司令」名義行之，中途更張，恐滋紛擾，故此新頒印章，始終未用。此一公案，鮮有知者。

是年八月，行營部署事定，予乃遣隨從李家雲南下接眷，既至平，奉行營主任楊公特准，以行營後花園之花廳作眷舍。安居於此者，歷一年有四月。

五九 泰 山

當總司令蔣公復職後之重張北伐之師也，有一事最足覘當時之士氣。凡從軍人員，皆視勝利為必然，但知有進，不虞有退。故同僚諸君子，於駐地之勝蹟，得閒輒結伴暢遊。徐州之九里山、燕子樓，曲阜之孔林，泰安之泰山，俱獲一覽其勝。名為從軍，無異旅遊也。所歷勝蹟，於泰山印象獨深。自麓及巔，循磴道而上，為程四十餘里。道寬丈許，雇山兜代步，其形似畚箕，舁者齊步並行，乘者面側向，陟不仰，降不俯，令人悠然意舒，久坐不勞。朝發暮返，銀幣五圓。沿途多石少土，巖罅間挺生蒼松，龍蟠夭矯，若示其永壽。獨怪根無厚土，何以生長。有名五大夫者，岸然駢立，望之而未即。將達極峰，山間石壁，多鐫詩句或警語，見峰下「一覽群山小」五字，恍覺身臨天際。萬夫莫陡嶺如欹壁，舍兜，扶鐵索拾級仰登。設關曰天門，臨門俯瞰，真有一人當關，敵之概。上有岱祠、碧霞元君祠，規模可觀，香火亦盛。一明代銅碑，上半碑文，猶可辨認，腰際以下，經歷代遊客之撫摩，則平滑鑑人，碑在何祠，不復憶矣。尚有所謂沒字碑者，彷彿鄰近二祠，龐然巨石，係磨崖而成。斑剝曼漶，已失碑形，傳為秦時遺作。峰之最高處，叢巖如阜，覆以廟宇，額曰「玉皇頂」。事隔四十年，往往恍惚其境，因追記一二。倘天假以緣，再履此土，當偕良伴重尋舊夢也。

六〇　機　緣

國民政府奠都南京後，南京之有日報，自民國十七年《京報》始。當發行之初，彷佛僅一二張，日銷數千分。尋以持論之切中時弊，與夫消息捷、副刊新，行銷劇增，一時有紙貴洛陽之概。其為社會所矚目，滬上諸大報不及也。主辦人陳立夫先生，社論中署名陳正者，即先生也。時任總司令部機要科長，予為秘書，朝夕相處，備蒙拂拭。其創始《京報》也，正軍書旁午之秋，見其寢食在公，日無暇晷，令人肅然起敬。一日晨間，眾僚未至，惟吾二人在，先生謂予曰，吾辦《京報》事，經理一職，惜君不能分身，君有熟友可為此否。予隨薦至好姜君穎初，固一幹才也。先生曰何在，曰，方在滬有事《中央日報》。然則電邀之何如。越日而姜至，與先生晤談後數日即接事。歲餘，因報務偶有周折，先生致書於姜曰：「弟以對異生者對兄，亦望兄以異生之對弟者對弟。」云云。凡此本尋常交遊事，而予於此，時輒興感於懷，歷久而不休。蓋先生之於姜，素昧平生，以區區一言之介，遽畀以重任，而精誠相見，似此信人不疑之古道，幾見於今日。又冥想斯時斯事，而由予為之，則予今日或仍為新聞事業而致力，亦未可知。人生機緣，在幾微間，窮通榮枯，亦繫乎此，機緣機緣，微妙矣哉。

六一　救　囚

當總司令駐徐州時，予嘗以一介軍中秘書，憑一牒陳情，保釋所謂圖謀不軌之師長一千二十人。時予年三十有一，事後迴思，深感當時長官見信之深，與革命官吏處事之捷，特追述顛末於此。緣有旅滬鄉人周樹人者，本名柳五，係幫會中人。不知藉何因緣，受其時東北軍人自稱直魯聯軍第某軍軍長董芳亭之委派，任所謂直魯聯軍第某軍第五師師長之職。在魯境集有游勇散卒若干，出沒於郯城台兒莊諸地，皇皇布告，殺敵安民。志在乘機游擊，以功求官軍收編。事為我軍中某所偵知，某固與周有隙，遽以圖謀不軌報上峰。時我軍會戰濟寧，軍情方張，上峰遽出令緝之，抄其所謂師部者，逮師長以下一千二十人，寄囚於銅山縣獄。予與周素昧平生，因得至好姜穎初、黃雲騤代呼求援書，始查悉其實情，總部有董求編之案，而未予置理。衡以恆情，斥其投機猶可，罪之不軌似酷。因念白人之冤，義所當為，乃於軍書旁午中，上牒陳情，願為負責保釋。牒上，當蒙獲可。予即持牒詣囚所，守卒引至一室，寬丈餘，半為長坑，一千雜居其中。予自報姓名後，中坐者立肅予入，即所謂周師長也。見其目示左右退，眾即旁門立，餘二人侍，承介一為副官朱仁五，一為秘書汪世昌，朱舊識，汪知名。予告以已蒙上峰開釋，眾聞訊歡噪，師長目止之。隨令眾擗擋隨予出，予饋金二十，勉以好自為之而別。竊思此人，亦綠林之流，身在縲絏，猶能施其權威，具徵其御眾部勒之才。倘天假以機緣，未始非國家干城之選。甚矣，人生際遇之難也。又此事幸得長官見信之深，不夷猶而即決。否則何時得釋，渺不可期。甚矣，人生際遇之叵夷所思也。

六二 珍 味

當「五三慘案」之作也，我總部即於旁晚撤離濟南，距進駐才隔宿耳。是日亭午，予奉命率電務員吳國權，攜密電二巨篋，先往黨家莊。當以銀幣二圓之昂價，覓雇人力車載以行，予與吳尾隨，出城南發，大軍塞途，改循山徑，遇坡嶺，輒合力推挽，薄暮始抵其地，則津浦線上之一小站也。集者漸眾，咸苦不得食，暮深，人馬擁至，並水亦難致矣。時同僚皆枵腹，幸得第五路總指揮朱公培德之眷顧，飭給斗米為炊，成稠粥盈桶。飢者易為食，官兵數十人，爭取啜之。或言得鹽為佐則佳，中有勤務某，忽憶昨在糧車，曾檢拾醃蕪菁一，急出而分之，人得如半指，食之津津，珍味不翅也。足徵物無貴賤，宏其用則寶矣。按黨家莊，距濟城二十里，受命先行時，科長陳立夫，曾囑抵達後即回程為導，而以紆道誤時，致未如願。君子重諾，終覺有負所囑，縈迴往事，猶耿耿也。

六三 回 京

北伐告成，國民革命軍實施編遣，軍旅新制，以師為最高單位。往昔軍長總指揮總司令諸崇銜，頓成陳迹。北國駐軍將領中不逞之徒，與野心政客，互相勾結，陰蓄異志，對行營有所誅求，妄圖另創局面。時行營主任楊氏，窮於肆應，命予夤夜回京，以實情密報總司令，一面先行電陳。予乘津浦特快車南下，抵京後，即晉謁總司令於官邸。邸在中正街三元巷總部之東院，副官引見於室內，約二刻許退。獻身革命以來，與領袖私室對談，此為第一次。代表長官有所公幹，亦為第一次。時總司令以十萬火急電，速主謀某氏剋日南歸，不逞之徒之異志，遂不得逞，偌大亂萌，無形消弭。予於事定返平，知當時不釀事變者一間耳。未幾，楊氏求退，何成濬以參軍長名義主持行營事。又未幾，何氏南調，方本仁接代行營主任，此民國十八年秋冬間事也。

六四　科　長

行營全稱，原為國民革命軍總司令行營，東北易幟，統一告成後，改稱曰陸海空軍總司令行營。重定編制，機要科直屬主任，予於十八年一月，真除為上校機要科科長。無何，行營主任奉命兼理國民政府駐平辦事處事，原為軍務發號施令之地，一變而為南北軍政機要之樞紐，科中工作自此加繁矣。同事有謝士模、吳光韶、王袓宙、周一匡、張希疇、姜天鈞、周運鎬、鄒文、邊竹軒、毛世才、邊清辰、夏淑慎、伍家襲，士兵王正福、毛士盛、李家雲等。是年龍兒四歲，春間，寄養香山慈幼院，保姆王姓粵人。當辦畢手續將出，主持人熊芷女士謂予曰，自今始，此兒教養由本院負責。妻聞語，泣不可仰，蓋惜母子之遽離也。旅平鄉友中，與毛以亨、王訪漁二兄，過從最密。秋間，妻入翊教女子中學，插二年級肄業。歲終，得家報，置房產於城內道姑寺弄。予購置《萬有文庫》第一集。

六五　識韓

韓者，韓復榘向方也。予之識韓，在民國十八年之六月。其時韓與石友三同為馮玉祥之部將，以不滿馮之擁軍自雄，倒戈反正，中央委以主豫，因派其參謀長李宗弼，謁北平行營主任何公，有所報陳。何公呈准總司令，派予以代表名義赴豫一行，察其脫離馮氏反正後之情形。予獻身革命以來之為主官代表，此為第二次。初至開封，盤桓數日，赴許昌晤馬鴻逵，赴鄭州晤石友三。偶閱石之公文，知其幕下有參軍名義之設，當時頗疑何以自大至此。因參軍一職，惟國民政府主席屬下有之。各級軍事首長幕僚，僅有參謀而無參軍，最高統帥亦事同一例。石氏設此，自大可見。此行得毛以亨兄為伴，結交韓之親信劉熙眾、柴春霖（東生）二兄。在開封時，柴兄曾啣韓命，傳語韓喜予書生本色，欲有所借重。予以身為代表，不便談私，婉辭謝之。詎竟因是而更益其見重之心。

六六 歸省

予以十九年春初，自平挈眷回籍省親，徐光明、李家雲隨行。龍兒剛五齡，體態挺拔，滿口北音，見者讚為岐嶷。惟留家之愛女琴心，於予抵家前一日夭（舊曆正月初九日），適逾七周歲，骨肉之親，不及一面，何緣之吝也。其時家已遷入道姑寺弄新置之住宅，二老雖已七十有四，矍鑠依舊，正為籌畫整葺新居而忙，堂屋部署甫告定妥也。（老友蔡齡姜剛鳳夫婦稅居家中）居數日，復至故鄉禮賢訪舊、祭祖、掃墓。太平寺小學開會歡迎，校長姜承智為予述校務困難之癥結，予乘便邀父老毛昌隆、姜登昌等商醵資整頓事。予當捐基金百元，圖書費四十元。一時響應輸將者甚踴躍，歡聲滿堂。父老以予造福故鄉，讚不絕口云。

六七 旅漢

十九年省親事畢，北上過京時，接北平行營結束別設武漢行營之報。予留眷於京，而自赴武漢。主任何成濬奉准調予為機要科長。乃接眷住漢口寧波同鄉會三樓，與沈開寰同樓而居。北伐後，武漢之設行營，此為第二次，蓋以平隴海線上馮玉祥部之亂者也。營址設漢口華商總會，何區何路已失憶，彷彿入門必登層階，規模可觀。機要科在一大客廳內，可容十數人從公，壁爐几架，俱為上品。參謀長朱傳經，辦公廳主任徐承熙，皆皖籍軍人也。昔與同事，今為僚屬，於公務之處理，遇有歧見，格於體制，又不得不屈己以苟同，然於心終怏怏也。洎隴海大戰將作，何應欽繼何成濬為主任，行營人事，一時大更，予被調為秘書，固辭不獲，置身閒曹。涉世以來，初嘗苦悶之滋味。隴海戰事方酣，湘鄂共黨乘機蠢蠢欲動，武漢三鎮日在風鶴中。值大暑，常在華氏百度以上，龍兒出疹，幾為庸醫所誤。秋間，戰事既定，何成濬以鄂主席復兼行營主任，予復任機要科長，惟深感其地政風之違予志，於十月懇辭科長，挈眷回京，仍住西華門光裕里二號，適徐承道結婚於杭州，予往與婚禮，並乘便一觀海寧錢塘潮，時中秋後二三日也。

六八 命官

予自武漢回京後，嘗謁舊長官前行營主任楊公耿光，問將何圖，對以倦於戎行，有志臺閣。楊曰，魯主席韓向方在京，吾將邀宴，試為道地如何。對曰，與有舊，固所願也。乃不逾半月，而拜命國民政府參事矣。時為民國十九年十一月十九日，予年三十有三，投身革命以來，隸籍命官自此始。當年故事，凡省主席之就任也，得保薦其省之負聲望者一人，為府中參事，以備元首之諮詢。韓之薦予，即援此而為者。然以予之於魯，自來毫無因緣，參事之不限省籍自予始。時同官十數人，沈鎔、水梓、王汝翼、王恕、庫耆雋、成濟安、蕭翼鯤、陸匡文、歐陽暄、彭晟、馮百平、祁雲龍，皆各省俊彥也。泰半中年以上，如予者數人而已。（其後因遞禪而至者有林競李鴻文譚伯羽沈礪陳名豫陳屺懷魯岱周介裪張貫時張維翰張慕先徐朝桐顧忠琛殷汝驪張曉山王次甫程起陸熊逸濱熊斌李效朋等）

六九　定　居

民國二十年春，予既廁身中樞，即作定居南京之計，幾經謀畫，築廬於玄武門馬家街觀音庵，門牌曰觀音巷十七號。承建者南京名營造廠應美記，設計者工程師朱葆初。廬為西式樓宇，占地十方，外牆凹凸曲折，不同常格，四院修竹，擅幽靜之勝。時此地尚為僻鄉，舉目田園，雞犬相聞。吾廬之建，乃為其地開闢之先聲。落成時，適值「九一八」事變，瀋陽告警，舉國震動，予以沉重心情，自西華門光裕里遷入新居。徐承道妻寄居予家。自興工至此，監管諸事，相助為理者，有舊屬鄂城王長庚，鄉友姜恆基。是年予年三十四，鎮江星命家袁樹珊，遙批予之流年，有「有作有為，勿怕勿慌。」之語。此一年中，公則兼國民會議及剿匪總部剿匪宣傳處之職，私則愛兒炎龍一幾死於急水之撞舟，再幾死於逸仙橋小學門前之車禍。舊曆歲盡，室人素亭，浣衣池畔，失足落水，池深水寒，不死者又幾希。星命之說，殆可信歟。遷入新居後，漸感因築廬而致多累，故以累名廬，曾撰〈累廬記〉，闡廬名之所由來，書之以張諸室。勝利東歸，舊物蕩然，重書張之。自大陸變色，其付劫灰必無疑。文短易記，追憶其文如次。

累廬記

歲丁卯，國民政府奠都南京之五年，予以元戎扈從，備位廟堂。退食之餘，營居室於城北觀音庵，落、而榜曰累廬。或異其義，予曰，經之營之，殫精極慮，此勞累也。糜貲盈萬，舉責乃了，此虧累也。今而後將銖積寸累以彌之，此積累也。涉世以來，勉贍事畜，一朝廬成，若示富厚，此造累也。親老里居，猶時累於生事，忝為人子，焉能無動於中，此念累也。先哲有云，天下之物，凡可為吾有者，皆足以致累。予既非士大夫世祿之家，初無苟有苟完苟美之志，偶成區區，深慮後昆或以是而累其身，此戒累也。尤巧者，予號巽，妻名素，綴二字首尾，適成為累，此又廬主夫婦情愛之徵也。作累廬記。

自吾廬揭右記後，累廬二字，遂成予居處之專稱。親友言談之及予家者，不曰某家某宅，而曰累廬。當年自揣，山野之性，不宜服官，妄欲憑此發軔，冀贍溫飽，而免折腰。六載經營，院地漸擴。先後已得六區一七三二㈡分段（權狀補字第零肆捌玖號）、一七三五㈡分段（權狀陸字第壹玖陸號）外，又續購東南隅沿馬家街畸零公地數分。合計所有，駸駸乎幾達「五畝之宅」之境云。

七〇 閒散

「九一八」事變後不久，而有上海「一二八」之役，此民國二十一年間事也。我國民政府為應變而西遷洛陽。凡機關人員之未奉命隨行者，一律支國難薪，簡任七十元。斯時南京淪為危邦，予遣眷取道京杭國道回籍，而自留累廬。同事陳名豫寄居樓下。日永無事，則假書報治圃以自遣。五月，「淞滬停戰協定」成立，接母氏京居月餘，母氏劬勞一生，見乃兒立業京華，克紹箕裘，歡愉之情，時溢言表。十二月政府還都後，予以國民政府參事之職，奉命兼任政務官懲戒委員會秘書。此會新成立，委員七人，張人傑、張繼、黃復生、葉楚傖、陳果夫、楊樹莊、經亨頤，皆以國民政府委員兼任。葉楚傖為常務委員。主任秘書謝健，以國民政府秘書兼。秘書四人，王汝翼、王恕、程起陸及予，皆以參事兼。時奉雙親命回籍一行，謀於後院西牆正對土名蔡宅衖原有門址，闢門通街。經熟友劉一崑律師勘定無妨，遂鳩工進行。老友蔡齡姜剛鳳伉儷，邀予乘隙一遊西鄉嘉湖，及鄰邑玉山之西巖雲巖諸勝蹟。聞名未歷，以為奇觀，實則就巖建廟，內供佛像而已。又過自幼習聞其名之八都，江西玉山縣轄境之一小市鎮耳，老友周紹武生長於此。遊罷返京，臘已盡矣。予在此一年，皆在閒散中。南京素以產花生米名，市價每元十數斤，予此次言歸，嘗攜數十斤分饋親友。

七一　雙　險

此言海途觸礁而又逢盜劫之險也。民國二十二年，即予兼任政務官懲戒委員會秘書之明年，三月下旬，奉派為國民政府查案委員，調查海軍部部長陳紹寬彈劾案。案中事實，皆與海軍駐閩陸戰隊（負責人旅長李世甲）有關。於是率隨從李家雲至滬，乘三北公司五千噸級之甬興輪南下赴閩。以國民政府參事兼政懲會秘書名義，假考察政情之名，初寓福州南台三星大飯店，小住數日，再循陸路，歷長樂、（縣長饒鳴鑾）連江、羅源、寧德、霞浦、福安等縣，凡陸戰隊駐防之地，足跡殆徧。所歷各地，紳民相接，能操國語者，幾如鳳毛麟角，有時則藉筆談以通其意。因而凡遇學校之請講演者，輒以提倡國語運動為題，乘閒則探當地駐軍之實情，往往能獲可貴之資料。然而人固不知予為中央特派之查案委員也。

四月杪，由三都澳乘逸仙軍艦回福州，候輪返京。原擬搭太古公司之捷新輪行，適甬興再度泊福州，又將北開，輪上執事，逆旅重逢，歡然道故，堅邀仍作甬興客。登輪後，於月之三十日午後起碇，浪靜行速，薄暮竟追及先開之捷新輪而超越之。兩輪相鄰時，甬興執事，拍掌遙呼老爺船以譏之。不謂次日淩晨，漫天濃霧，過溫州洋面之磨盤山而觸礁，轟然一聲，天地為之震撼。頃刻間，輪身欹側，逐漸下沉，旅客三百餘人，哭喊驚呼，騷動遙起，幸值潮落，擱淺礁上，船主籲眾安靜，謂頂層決不遽沉，保可舢渡近島待援。於是在風狂雨驟中，賴僅餘之二小舢（原有四舢一沉一飄去），更番運登孤島。乃驚魂甫定，槍聲突作，嘯彈噓噓越頂，老於航海者，知為海盜將至之示威。既至，劫物擄人，紛擾數小時。凡服飾容止之儼然者，無一漏網。予以形容未飭，鬚髮同茂，敝衣在身，盜首身懷雙鎗，胸懸大銀牌，上鐫周相公三字，過予側，審視再再，竟獲倖免。是日為五月一日也。海上風寒，度夜如年，共難諸友連背相倚，瑟縮一團，互聞鑿鑿齒戰聲。至次日向午，有海軍礮艦逡巡遠處不敢近，適捷新輪至，乃由礮艦渡登捷新作難民，無滴水之飲，粒米之食，幾將二日矣。昨日譏之以老爺者，今乃依之以救生，世事無常，往往如此。當船身將沉，船主乞予另電京求援。予隨就電台口說電文，疊用險字作結。拍發垂了，而報機告壞，竟不及具名。電文有頭無尾，亦可記事也。

抵滬，寓大馬路匯新旅館，越宿返京，親故紛紛慰問，此行雙險同遭，萬死一生，如同隔世，時予年三十六耳。當時上海各報盛載予之歷險經過，有誤傳為政懲會秘書長者。值內親中大學生楊學上新故未久，於其師生集會追悼之日，予之輓詞中，有「生命等浮雲，廿七日前，我亦幾乎登鬼籙。」之句，即指此事言也。下聯「負薪望遺腹，兩三月後，天將有以慰君靈。」聞其後果得子云。

是役也，遭險而脫險，有不可思議者存焉。初，自滬啟行前，隨從購票於公司，大餐間票價四十元，出示護照，執事知為公幹，謂設有專室，例當免費。既登輪，船主以下諸執事，意甚殷懃，數日相處，情若故舊。鄰室實習生，水產學校畢業學生靖江人張協和，句容人韋振椿，及諸茶役，執禮尤恭。既抵福州，予給小費一如其票價之數，受者感謝不置。後月餘公畢，竟又巧遇於逆旅，因又重作甬興客。及出事之頃，人則逃生不遑，予獨得執事茶役實習生之加意照拂，初則為備救生之具，繼則與以敝衣，喬裝貧民，竟以喬裝而免海盜之劫擄，一時遇合，繫乎生死安危，其間不能以髮，豈非不可思議之事乎。當情勢之險迫也，予納公文與服務證於懷而綑紮之，意在死而不果魚腹，使得屍者，知有此人而已足，他非所望。及海盜湧至，隨從聞槍而哭，予能呵止之，並嚴囑乘間為之所。貪生畏死，人之常情，然臨危不懼，則為予平生最可寶之體驗也。

又此行行李盡失，脫險抵京時，衣履且不全，而調查資料獨完整無缺。其中因緣，不無可述者。當首途赴閩，預感似將有事，時萌戒心。因而所訪各地，有得，即筆之快郵京寓，先後六七次。其不及付郵則懷之。及島上盜警作，急埋近身窪下之地，以紙厚墨深，浸漬時暫，字蹟未泯。故雖歷雙險，而使命無虧，誠始料所不及者也。預感之於人，誠微妙矣哉。然孰令致之，亦不可思議矣。

予既慶生還，略事休養，挈眷歸省。又往故里禮賢，祭祖，掃墓，以慰親族，以報先人。京寓累廬西院，添建平房一幢，作再生紀念。工程諸事，得鄉友朱君得憲相助為理，工竣，耗資三千元。當有湘人鄧君深澤，粵人張君民權稅居其中。

鄧有叔名篤申，嘗撰贈嵌有廬名之聯句，文曰：「累葉功名高耿氏，廬山面目見匡君。」此事以頻歷世變，已髣髴不詳。五十四年九月，邂逅張君民權於行都，溯及當年，乃得巔末，遂記之以志因緣云。

七二　門　訟

予自二十一至三十七歲間，有數事為鄉里所矚目。民國之初，各地所謂省立學校者，最受社會之重視，予畢業衢州師範，以名列冠軍，而留校任教，一也。累代耕鑿，家無宿儲，弱冠議婚，竟膺當時富紳東牀之選，二也。山野小子，出身寒微，方逾而立，遽能僭跡樞要，三也。其尤為父老所樂道者，則以家園因鬩門而涉訟，終化戾氣為祥和，僉譽為具大人之風焉。初，二老在籍所置住宅，南鄰有王某者，素健訟，慊予家闢門不先得其諾，大不悅，橫施阻撓，勸解無效。其意擬藉此以揚其聲價，終至訟於官。及予既得直，為息事寧人，並倡睦鄰計，不惜委曲求全，饋金以寢之。此民國二十三年春夏間事也。時二老居京，訟事始終，一以委之族叔鴻勃先生云。

七三　袁　案

民國二十三年六月中，奉命調查北平市長袁良彈劾案，率隨從李家芝乘津浦車北上。抵平後，先後訪前市長何其鞏、參議會議長周肇文作懇談，得知此案癥結所在，純為府會職權之爭，當事者意氣之爭，實無真是非可言。竊怪國難方殷，無異燕雀處堂，身負重寄之人，何以尚不知相忍為國耶。北平為予舊遊之地，此次踪跡所之，幾無不有日人在，觸目驚心，較北伐當年，別成一世界。時首都南京，正為所謂藏本英明失踪案，而風聲鶴唳，不遭戰禍者，間不容髮。事後返京，家人追述當時情勢，不寒而慄。是年春間，迎養二老居累廬，姜剛鳳偕行，七月回籍。十月，樓下住客，湘籍青年錢衛華病故廬內。妻唐氏，妻弟名敵，字豈文。

七四 遊 春

府中同官顧君忠琛，蘇錫聞人，於二十四年春間，邀僚好作太湖之遊。於是以三月二日，與許靜芝、朱文中、周介祹、徐朝桐、吳治普、徐劍虹諸君結伴行。抵無錫，寓大中華旅館。其時當地工商鉅子榮君宗銓，於次日中午招宴於其家。入門，見一粗服老嫗，方持帚掃院，經榮君之介，即其主中饋人也。旋觀其堂室器物陳設，純為國產。主人言，為倡用國貨計，並嚴戒子弟有重舶來之習云。宴罷，以汽艇導游湖中，上下天光，一碧萬頃，驚氣象之浩瀚，感吾身之微渺。沿湖勝蹟，遊屐殆徧。小磯山，濱湖小渚也，山名而非山，彷彿為榮氏之別墅。榮氏有兄名宗敬，昆仲齊名，皆能以孝事其親，為表孝思，特築念劬樓於此。樓似崇閣，飛簷巖巖，雄峙泓渺波光間，數里外可見。梅園，植梅成林，雜以竹樹，惜花訊已過，僅見疏落紅英，點綴林間而已。蠡園，設門票，遊客納票而後入，迴廊複軒，花木掩映，舊時巨室之庭院耳，傳為范大夫之遺蹟，是耶，非耶。寶界橋，榮氏所捐建，落成未久，堊色猶鮮，寬丈餘，長約里許，遠望波渚間繫以長帶者，即此橋也。據稱初擬招商為之，需費近二十萬，後雇工自督，僅及半云。開源寺，廟宇也，亦榮氏獨資所建，門廂堂奧，龕位佛像，一循名剎之古制，特延高僧住持之。主人言，自來私有園林，往往不數世而斬，勝地寺院，則多歷千百年而不替者，所以建寺之義即在此。黿頭渚，乃湖岸之一吐巖，以形似而名，其紋其色，儼然逼真，波濤衝擊，作澎湃聲。當時遊伴十餘，登頭觀濤，相與談笑間，同行朱君為攝一影，迄今猶存，予立頂端俯而語，許靜芝兄則在予前仰而聽，所語何事，渺乎忘矣。遊罷回京，予曾撰文記其事，投刊於南京之《朝報》、上海之《人民周報》（老友蔣堅忍兄創辦）。文中於榮氏為桑梓舉公益，而不居其名，不謀其利，深合老氏「不自是故彰，不自矜故長。」之道，以偉大之精神讚之。四月九日，偕妻素亭遊虎邱，內弟楊學樵隨行。

七五　參　議

國民政府之有參議，自民國二十四年七月始。時汪兆銘氏長行政院，為謀緊縮，於府中預算，核減若干，其意在某項款額，而不在某職。府中執事，遽藉以改參事為參議。從此實職變閒差，但予仍兼政務官懲戒委員會秘書。當參事改制之議之初興也，文官長魏公子杞，出精製冊葉，傳知同仁，親為之題。礎潤而雨，同仁逆臆賦驪在邇，各撰詩文書其上，頌德惜別，兼而有之。予則題「君子寧以剛方見憚，不以媚悅取容。」二語以報，末署朽人某某書。時予年三十八，見者愕然。是年深秋，奉命赴保定，調查河北民政廳廳長魏鑑彈劾案（案中涉及支道三其人），因得交其時民政廳主任秘書，今考試委員馬國琳先生。

七六　狂聯

予年十五時，嘗為邑城名藥肆永年堂之學徒。堂主王先生縉紳，商而紳者也。當予薄負鄉望時，恆以學徒中有顯達自銜。民國二十四年春間，先生六十稱觴，堅拒儀物之饋，而索一聯為壽，予乃書「壽世老人欣逢花甲，當年季子曾坐春風。」二語壽之。見者或誚謂有狂態，而先生則視為至寶。三十一年春，予自蜀東歸省親，詣先生，尚見此聯高懸堂屋。先生指謂予曰：「此乃吾所珍，聞日寇西竄，風聲漸緊，即將收藏穩處去矣。」云云。屈指二十餘年，世事滄桑，於今為烈。遙想伊人縱在，而其所珍者，定付浩劫無疑。

七七　親　壽

父母二老齊歲，民國二十五年，八十雙誕，予於舊曆清明，為稱觴於籍。因長老親故所饋儀物之盛，及賀客之眾，一時轟動鄉里，資為談助。有言福人者，輒舉二老為式。先是，予自通籍後，薄負鄉望，常念二老畢生劬勞，乃兒既差幸獲有今日，理宜乘時有以慰之。誕期原在深秋，予以歷歲清明，須回籍掃墓，遂以清明為期。然貧賤吾素，不欲鋪張驚俗，私念僅於期前求我元首及二三長老賜題紀念為已足。乃風聲既洩，展轉相傳，不逾月，饋贈珍儀者百數十起。詩文佳作，琳瑯滿堂。壽序六，府僚合贈古文一，文書局許局長撰，印鑄局周局長書。山東省政府韓主席駢文一，秘書長張紹堂撰並書。朱雲光丈、李直表兄、毛子水先生、王扶生先生古文各一，皆情文兩至之作。詩聯尤多，曾於事後輯印《雙親八十介壽集》五百冊，分貽親友（杭州葉季青印老友朱得憲校）。中有建德才子王韌先生，時在邑纂修縣志（縣長周心萬先生主持），特為邑紳撰「渭水年高不聞雙壽，郎峰春好同慶千秋。」一聯，切人切時，切事切地，傳誦士林間。儀物中以國府主席所頒匾額曰「大耋齊眉」，幛語曰「椿萱並茂」，軍委會委員長蔣公所賜「遐齡駢福」

中堂，及韓氏所贈各物，最震駭世俗。韓氏壽序錦屏、壽詩堂幅外，紅緞絲繡麻姑一軸，八仙二幅，博山玻璃屏風全堂，龍鳳金銀絲百壽杖成對。遐邇來觀者，經年不絕。是年回籍三次。其間因參與國大代表初選，約鄉友朱子爽同行外，餘皆偕眷行，一為二老稱觴，反京途中，曾作無錫之遊，過梅園，觀太湖。一為母氏之病，歸侍湯藥。母病在冬初，因跌傷膽，臥床數月。時有大軍駐城郊，軍醫亦有聞風而助診者，以年邁，終不起。

七八　競　選

吾江山在民國紀元前後，人才輩出，稱盛一時，獨惜黨與崛興，彼此傾軋，愈演愈烈，終至互相殘殺，積仇日深，其影響地方建設與風氣者至巨。北伐告終，予廁身樞要，薄負鄉望，妄欲為桑梓謀興革，嘗邀三數至好，謀所以進行之道，初擬自整頓教育入手。適陳先生布雷，長吾浙教廳，乃與朱雲光、姜紹謨、朱君毅聯名，函薦王蒲臣為江山教育局局長。詎就任後，以其他人事之周折，預期種種，不獲施展，功敗垂成，輒引為憾事。洎民國二十五年，憲政將啟，中央定期召開國民大會，各地紛紛籌選代表。按法令規定，每省畫為若干區，每區由若干縣合選若干額，初選複選後，報由中央圈選之。予念選舉大事，競選者，一是循正道而行，亦足以轉移風氣。因約旅京鄉親朱子爽、朱君毅、戴夏民、李直、朱希成集議，為憲政樹楷模，為桑梓謀福利，應為朱雲光競選為代表。議既定，不待雲光同意，各就所宜，分道進行。予則偕子爽犯暑行旅，游揚雲光於各地。先至本籍江山，揭櫫三事。一、一切為桑梓，絕無私圖。二、賢能至上，不問黨與。三、但求光榮，不計成敗。次及鄰邑衢、龍游、常山諸縣。或訪父老作懇談，或臨稠眾宣來意。初選既了，雲光以高票數當選，複選時亦然。中央圈選辦法，中途廢止，複選當選者，即作代表，終得參與其後之制憲國民大會焉。此事始終，純出道義，選者與被選者間，絕無絲毫利害之心。不特為吾江山創立新風氣，抑可愧煞世之專賴勢利奔競而得者，予述此事，有望於吾鄉後進者深矣。

伍、艱難歲月

此予四十至四十八歲，值抗戰軍興，以至勝利東歸，即民國二十六至三十四年間事也。此近十年間，無公無私，劫難重重，愁悶所侵，或興蹙蹙靡所騁之感，故曰艱難歲月。

七九　喪　母

母氏周，名珠，生長望族，富膽識，能果斷，人多讚為巾幗丈夫。垂老而曠達，七十以後，殮用所需，一一早為之備。二十五年冬間，既告病，自謂有子願已足矣。醫至拒診，藥至拒服。及予挈眷歸侍，婉言為乃兒處，不可不盡人事。中醫不效則西醫，又不效則並進，時起時伏，纏綿又逾月。終於明年一月十日，即舊曆丙子十二月初六日丑時棄養，享壽八十。送終者，老父及予夫婦外，大姊愛桂、姊夫毛遠文、弟媳秀梅、三歲姪炎雲、堂兄時元、義妹姜剛鳳等。當電京令弟時檀，及吾兒炎龍，即日奔喪。越日大殮，殮後半月，安葬於故里禮賢鄉，土名市後山之王哨嶺，坐西朝東，遙對山村名曰東岸。禮賢距城四十里，葬前一日，自城移靈往，執紼者途塞。薄暮，經淤頭鄉過渡時，兩岸觀眾之盛，如與賽會。既抵禮賢，停靈道堂前，觀者祭者，深夜不絕，皆曰福人福人。此次喪葬諸事，得諸親友之助力者良多。如通家楊德中、王昌華二兄，義弟謝朝俊、義妹姜剛鳳，奔走謀畫，備極辛勞，皆令予不能忘者也。

八〇 兒書

予之獨子龍兒，自小學三年級始，課之餘，由予授讀《詩經》，作為歌唱，可解者解之，否則令信口唱之，至能熟背而後已。民國二十五年秋，即授讀第三年也，〈國風〉已卒業。一日，嬉於庭，家中豢犬名特利者，聳耳揮尾，昂然過其側，予指謂兒曰，爾能引詩句狀之否。隨口答曰，「盧令令」。予曰，此僅言其項鈴之聲，而未狀其態也。思有頃曰，「赳赳武夫」，予嘉之。未幾，雙十二西安事變作，予方在籍侍母疾。迨我領袖蔣委員長安然返京，通國歡騰，如醉如狂，旋接吾兒書，闢頭首句曰：「這幾天來，整個南京城，都沉浸在鞭炮聲裏……」此是佳句，亦力句也，時吾兒才十有一齡，鼓樓小學五年生耳，私心良慰。因乃父生不逢辰，有志於文，而不獲深造，引為憾事，吾兒庶幾繼予志，而彌予之缺憾乎。乃入中學後，偏好英文與數理，視文章為表達言語思想之工具而已，於予前所教者，盡棄之而弗顧。是知凡事之不在己者不可強為，不獨教子一端然也。

八一 遠　旅

瀋陽事變後，我朝野上下，怵於國難之日亟，深感非埋頭建設不足以圖存，國防交通，著著猛進。於是而有西南公路之闢，二十六年春間，而有行政院京滇公路周覽會之舉。中樞各院部會，選一二代表與焉，予奉命以國民政府代表往。會中當事，則集群車成隊，組代表曰團，正名曰行政院京滇公路周覽團。行政院秘書長褚民誼為團長，名醫師伍連德副之。以四月五日，自南京勵志社啟行，大車檻檻，蜿蜒相望，歷蘇、皖、贛、湘、黔、滇、桂、川、等省，公路行程萬數千里。六月返京，曾就周覽所得，挈其要端，以書面報告主席林公，曾得主席之嘉獎，謂「留心治理，考察周詳，所陳各節，尤有卓識。」云。報告原文自樞府舊牘中錄出如次。

上林主席報告書

竊職前奉派代表本府，參加行政院京滇公路周覽會，業已事畢歸來。計自四月五日啟行，本月一日反京，共歷五十有八日。歸程自滇回貴陽後，一行百餘人，分南北兩路，南路出桂林，北路入川。職係取道北路，總計公路行程萬二千五百餘里，以久犯風沙，兩目腫痛，故遲遲未報，日來漸愈，謹就身歷所得，挈要陳之。

第一公路：所經路線，俱有足取。言路基之堅實則惟湘，晴鮮揚塵，雨無泥濘。言路線之繁密則惟贛，縱橫交錯，日必數見。言工程之艱鉅則惟黔，危巖崇嶺，盤旋上下。言敷飾之美觀則惟滇，夾道采土，遠望如帶。言運輸之發達則惟川，成渝道上，往來頻繁。

第二民生：皖黔最窮，川贛次之，湘殷實，滇安定。此於人民之服飾居處，行旅多寡，與夫城邑之繁榮如何，可以見之。

第三災情：川滇黔均苦旱，川尤甚。例如蜀黍，最能抗旱，而所見黍苗，高盈尺矣，亦漸就枯萎，他可想知。幾處秧疇，百十里而一見，婦豎提壺擔桶，遠道取水，更番澆沃，祇供潮潤，令人不忍睹。

第四人物：贛主席熊式輝，識見抱負，兩俱不凡，硬幹精神，洋溢治下，使社會由靜而動，邁向進步之途，此則難能可貴者也。惟予智自雄，恃才傲物，居其下者，不免有仰承鼻息之感耳。湘主席何鍵，老成持重，省委廳長，多屬幹練之才。惜中下級公務人員，染習官氣，於本身責任，或有不肯多負者。黔代主席薛岳，年富力強，充滿革命精神，求善求進之心，恆見於言見於事。故一般情形，從橫的方面視江南諸省，誠多落後，從縱的方面視其本省之沿革，則種種進步，一日千里。滇主席龍雲，胸藏城府，統治有方，庶政興革，頭頭是道。傾向中央與擁護領袖之誠之切，亦不亞於其他各省。顧其軍旅建近衛之名，燕居置雕龍之室，封建思想，昭然若揭。川主席劉湘，於國於身，志不在小。奈體健較遜，終恐魄力不濟其志耳。至於皖，以行程所經，僅西南一隅，接觸官員，寥寥無幾，故從略。

第五禁烟：以目覩事實言，種植之盛黔為最，北路一帶，車轍過處，漫山徧野，罌花爛縵。（聞東西二路沿公路兩旁均於於事前剷去）出產之盛滇為最，自貴陽赴昆明途中，嘗遇烟商，策馬千百匹，載烟數十萬斤。（每馬載二箱每箱裝二千四百兩）推銷之盛川為最，所經轄地，士紳相見，輒以苦於官方之強迫攤派相訴。惟有一事大足喜慰者，即一般士庶，咸知最近未來，種販吸食，必禁絕無疑，上下官吏，亦在作禁絕措施。此足證中央法令，無遠弗屆，統一基礎，端在是矣。

第六駐軍：戍黔東者曰羅啟疆旅。道過鑪山之重安江時，適江水暴漲，濁浪洶涌，群車渡江而不失事，皆該旅士卒出死力相助之功。觀其與怒濤搏鬥情形，未有不心驚膽寒者。今日之對暴水如此，他日之禦強敵可知。戍黔西者曰楊森軍。協助地方建設，功力頗不少。郝夢齡軍戍黔北。利用兵工，開築公路，嘗見千百為伍，鍬者擔者，耶許山陬，車過其地，一聲軍號，齊立為禮。此等景象，不啻為我中華民族復興之反映，故雖小事，亦舉以聞。

第七特點：湘境公路，油桐夾道，亙數十百里不絕，馳行其間，如入公園，既添風景，又裨生產，此路政中之特點也。昆明市街，闊埒本京之成賢路，兩旁人行道，亦具體而微，去者來者，各走一方，熙熙攘攘，秩序井然，此城市中之特點也。成都習俗，多尚早起，曙色方動，街中即有開市者，六時前後，大小店肆，均已紛紛整貨待沽矣。娛樂場所，每晚散場，不逾十時，此種早起早息之習慣，竟於一省首善之區見之，此民情中之特點也。

第八通病：凡本會周覽車轍所過之地，或特闢大道，以壯觀瞻，或廣徵徭役，俾供差使。食宿之所，則踵事增華，惟恐不及。鋪張過盛，遂不免有勞傷之弊，且示民以粉飾功夫，似非所以為治之正道也。

要之，各地建設事業，俱在突飛猛進中。上述諸端，僅就職個人所得主觀之印象，坦率而陳，亦知無不言之意耳。至其他關於事業部門之考察，行政院理當有翔實報告，不再贅。

謹呈

主席林。職姜超嶽呈。民國二十六年六月十日。（本報告書已編入《實用書簡》覆報類）

八二　守　約

京寓累廬後院，有曠地數畝，原擬造果林，闢菜圃。二十六年夏，一素識營造商王某，慫恿就地建屋以牟利，意為動，稍事張羅，遂與立約興工，擇西北隅起西式假樓四間。中途，而抗戰作，王某鳩工庀材，欲罷不能。予感其意善，並憫其遇，不忍毀約，按期付資，逾二千金。及告成，淞滬戰事已逆轉，乃委而去之。後為日軍拆移他用，片瓦不留。當時耗資於此，明知虛擲而復為之者，求心所安，不願人之為我而受累耳。

八三　急　難

當「七七」抗戰之作也，和平已臨最後關頭，政府為表示抗戰之決心，於八月初嚴令疏散，一時人心皇皇，播越載途。時樞府同官，天水王汝翼鷺洲先生，鰥居京華，而有幼兒名培桐，方十齡，遙自西北來侍未久。疏散令下，對此兒行止，日夜躊躇，遣歸則途梗，隨身則累重。時予眷正摒擋待發，見先生公室盤桓，搔首無策，自忖讀聖賢書，豈可不急人之難，毅然邀之隨眷行，先生驚喜萬狀。遂以月之五日，遣人護眷取道京滬杭轉浙贛鐵路回江山。既受友寄子之託，戒家人必視如己出。自此違難相隨，安危與共，子畜之者十有二年，自小學而大學，以至成材為國用，始返家團敘，外人鮮知非予之骨肉者。三十七年六月，此子卒業復旦大學時，曾獻學士照一幀，迄今尚存。其背面題詞曰：「是你們十多年養育教誨的結晶，也是我多年夢想初步的實現。然而當我戴起這頂方帽的時候，我的心情，卻是無比的沉重與慚愧。因為我必須得不折不扣的對得住你們啊。敬獻給伯伯娘娘。兒培桐一九四八，六，一八謹志於上海復旦。」當收養初期，乃父屢書懇囑，謂既子畜之，即姜氏之裔，應為之易姓正名為是。予念急人之難，原屬義行，而以為己子，迹近自私，且違素衷。故雖子畜之，而其本姓本名依然也。

八四　難　園

抗戰前二年，予嘗以妻素亭名義，購地於南京和平門外瀋陽村，賣主歐永義二畝有奇、胡廣興一畝有奇，合計三畝餘。東沿通路，路旁有井，背山面湖，擅茂林修竹之勝。當抗戰初作，南京空襲頻仍，旅京親友、朱雲光丈、戴夏民、李直、何繼存、李廷鈞、徐承道、鄭國士諸君，恆相將避難於此。因醵資七百金，招工急建小築三椽，作避難所。適逢月盈，卜晝卜夜，旬餘工竣，予榜曰難園，稱共難者曰難友。狄君君武亦時至，並戲為予豫擬謚號曰起田公，意謂為後人治產於此耳。時炊爨灑掃諸事，各就所擅分任之，雖在難中怡怡如也。惟居息於此，不逾月，即星散，而難園亦不久毀於戰火。後在陪都曾追撰《難園記》一文，布之報端以為紀念云。

八五　泣　書

予平生因感於幼時無書之苦，得閒輒喜買書。自民國十八年始，至抗戰軍興之年止，陸續購置商務出版之《萬有文庫》第一集，與第二集中之《十通》、《佩文韻府》，及大學叢書中之全部文史，復預約《四部叢刊》，及中華之《圖書集成》、《四部備要》等巨籍，先後耗資數千金。累廬書室，環壁殆滿。上海「八一三」戰事作後，尚有分期出書之預約書籍，按期遞至者，以空襲故，未及啟封，原箱置之。當政府之將西撤也，若彼蒼有意掩護，連日重雲漫天，冪冪黰黰，空襲聲寂。難友親故，聚居累廬者十數人。書室藏書，紊然失序，且多散置樓上下之各室。予於離京前夕，澈夜未眠，集之整之，使復其舊。凡目所接，手所及，輒不勝依依之情。既蕆，曙色已動，予信筆書一條告揭於室門，「要取我書者，務請整部取去，拆零可惜。」揭後，潸焉淚下，掩面而泣。雲光丈見而喝曰：「異生何痴，行則行耳，吾身在，惜何為。」予遂忍淚別吾廬別吾書而行。

八六　亂　離

民國二十六年十一月，淞滬戰事既不支，國民政府定十八日西撤，予則先一日，偕難園難友戴夏民、李廷鈞、徐承道離京。取道江南鐵路之京宣線，自京經蕪湖至宣城，轉新築之京贛鐵路，至徽州之涂家埠，再循徽港舟行，經淳安建德至蘭谿，改乘公路車抵江山。一路流民擁塞，途次艱難，非身歷者不能道。離京前，曾奉府令，分發贛省效力抗戰。十二月中旬，南京淪陷後，杭江路上，謠言繁興，予乃告別父老，沿浙贛路西行。隨行者妻素亭，兒炎龍，友之寄子王培桐，養姪女秀珍，舊僕李家芝，難友李廷鈞連予七人。抵南昌，值轟炸之餘，滿目瘡痍，較春閒過此時盛衰迴殊。聞接所及，知無可為者。時已歲暮，小住數日，逕之長沙，初寓通商旅館，食宿每人三角。流民雲集，逆旅日擁，旬餘，以鄉友何芝園之介，稅居南門外天鵝塘旭鳴里四號余宅。是年予四十，舊曆度歲，即在於此。

八七　赴　漢

定居長沙後，見抗日軍事節節失利，中懷如焚。自顧昂藏，報國有心，宣力無由，乃以讀書教子自遣。時中樞重心，已移武漢，老友吳光韶，方有事於此，迭書慫恿北上，遂於二十七年三月中旬大雪之後，隻身赴武漢。初下榻武昌光韶家，旋應老友沈開寰伯展之邀，遷漢口「寧波旅漢公學」與伯展聯牀話舊，以室中有漏管沿壁而入於地下也，嘗戲作〈漏室記〉一文，書以贈之。一日，訪陳立夫兄於教育部，商行止，堅囑返湘，謀諸其時長民政廳之胡次威，從事地方行政，非予素志，強而後行。及所謀未遂，乃挈眷別長沙，而作客武昌，稅居蛇山之南，門牌曰雙柏廟前街十號，月租十六元。客居無俚，奔走空囊外，讀書教子益加勤，龍、桐兩童，經數月之嚴督，於古文一道，已粗窺門徑矣。居無何，通家楊德中兄長子宏道，義妹姜剛鳳，自江山間道來投止，於是予家一行共九人矣，甘苦相共，融融如也。初至時，當地金價每兩法幣百元，日常用品如蔬菜果點類之計價，尚有以錢為單位者，十錢換銅圓一，不日而單位以銅圓計矣，又不日而以分計矣。每分換銅圓三。

八八　鎩　羽

涉世以來，執教從政，莫非知遇之緣，未嘗藉八行請謁於前途者。有之，則抗戰當年，一度欲為湘省地方官耳。民國二十七年三月，予自籍閒道抵漢皋，承陳兄立夫之雅意，勉為地方行政而致力，囑持書謁之於其時新長湖南民政之胡次威氏。時東南諸省，風聲日緊，濟濟多士，雲集於湘，以省府改組伊始，遂趨之若鶩。當事為求甄別也，而有考詢之舉。聽鼓者以百計，知名之士，歷歷可數。考詢日八人，或十人，予序列首日第二人。就省府之敞廳為之，設座作半環形，秘書長陶某居中，民、教、財、建四廳長則左右焉。既入，面立無座。詢者莊坐儼然，各執筆與冊子，注視予身，且視且記。中坐者詢後，以次及左右。予在答詢前，曾坦率陳詞，備員中樞，雖粗諳政務，不離翰墨，地方行政，從未問津。今之來，志在效力抗戰，而非慕榮求官。冀於行知相長之中，略盡書生報國之道。答詢時，知之為知之，不知為不知，頃刻即畢。視坐者雖巍巍然，而心則藐之，因反詢可一言觀感否。座上曰諾，予乃正色曰，諸公之所欲求者人才也，循此以求，似非其道。事前登記申請之規定，今日應詢如法庭之受審，又如雇主之相傭保，皆令身受者感不快。媿非人才，尚有此感，人才於此，將何以堪。中坐者聞言色變，撫髭搖首而言曰，何道之由，願聽高見。予曰，求才貴以禮。黨政重鎮，知人必多，曷不廣事徵詢，請其舉賢以薦。諸公就其所薦而察訪之，選其尤者而用之，不亦愈乎今日之所為乎。予退，知不可有為，遂襆被返漢報命，作入川計。不久，湘省通知展轉至，內有「有遺珠之憾」語。自惟下駟，不善逢迎，不喜夸誕，其遭鎩羽，乃在意中。生平八行謀事之所歷者如此，時年方彊仕也。

八九　入　川

客武昌二月，保衛大武漢之聲起，予一行即搭商輪溯江而上，志在追隨政府。至宜昌，須另易小輪，登岸所見，一片流亡圖，頓感身世之飄零。幾經周折，始得成行。抵重慶後，賴故舊戴德元之先事周章，假館於中一路黃家埡口二七四號隆蔭別墅三樓（對室劉民畏遺孀邱亞傑女士），大小八人，叢居一室，如寄身逆旅者然。舍館既定，赴教育部任特約編輯之職，得先後與部中主任秘書張廷休梓銘、秘書段天炯熙仲訂交，皆飽學持正之君子也。部址在川東師範，龍、桐兩童，於暑期考入初中部肄業。二十八年初，教育部設立戰區教育督導委員會，委員十餘人，職員稱之。委員由參事秘書司長及其他高級人員充任。主委由主任秘書張廷休兼，司長顧樹森副之。予以委員兼秘書，代主委主持會務，任重事繁，特招老友沈開寰伯展為總幹事。五月三四兩日，敵機狂炸陪都，教部疏遷青木關之溫泉寺，予眷亦遷於關下。未幾，予將有事於軍門，伯展出示予前旅漢時所撰〈漏室記〉一文，堅囑為寫條屏志別，並撰序言足之。文短不易忘，特追錄於此。

漏室記 有序

抗戰軍興之明年，予自京間道抵漢皋，故人沈君伯展，方主事航空建設協會，堅邀聯牀話舊。以所居有排水漏管過室而時發妙響也，屢囑撰妙文記之，予唯唯，竊苦無以報也。一日凌晨，倚枕未起，妙響續續至，激越可聽。頓時文思勃然，起而振筆疾書，頃刻而就，倘真所謂文章本天成者耶。是耶，非耶。

伯展所居，陋室也，亦漏室也。陋者何，蕭然一室，無几榻以外之陳設也。漏者何，室上層樓，有排水漏管過室而入於地下也。陋無足說，而漏管則有可記者。一管黝然，範銕為之，徑六寸，沿壁橫斜，露室中者二丈許，上通更衣室，遇有更衣者，則自管中一發聲焉。初時訇訇然，如洶浪之決巨隄，繼之潺潺然，如陡澗之奔幽谷，其聲自遠而近，近而遠，遠而渺，渺而寂，早晚人靜，倚枕聽之，令人悠悠興遐思。伯展嘗語人曰，斯雖陋室，得此妙音，陋乎何有。雖然，室矮而陰闇，未雨而潮，未熱而蚊，自今之士大夫視之，必以為不可一日居也，而伯展居此寒暑矣，己安之，今其友亦安之，所謂士果自得，將何往而非適者歟，抑立己以立人者也。

伯展姓沈甬籍，英年飽學，孤芳自賞，與予以義合，昔嘗露頭角於政工，近則致力於航空事業之建設。其所居室，即今漢口寧波旅漢公學之教員室也，予嘗下榻於此，故為之記。

九〇　逞　氣

入川後，嘗為客卿於某部，次長某，年方壯，以學者通籍，自負才華，盛氣淩人，僚屬敢怒而不敢言，予固尚未與接也。一日，方在寓午膳，忽有部吏至，出示次長親筆條箋，上書予姓名，字大徑寸，下文曰，午後某時某刻赴某所為某事。予閱畢，憤其逕書姓名，而不綴稱謂，並「君」字「請」字亦吝之，慢人太甚，即面來吏撕之，且告曰，歸報某，姜某不受命。時老友張君廷芳居士在座，箴予曰，昨日之我，非今日之我，今我又非明日之我，何必逞氣傷神。予三思，氣終不平，立函首長某公告辭。越日接覆，責以大義，國難當頭，不可因細節而逞氣。予乃返部，同僚知予所為，咸竊竊稱快云。此抗戰當年事，迄今迴思，深愧涵養。彼之慢人，固嫌無禮，予之撕箋抗命，亦無禮也。人非聖賢，孰能無過，焉知其非一時無心之疏失，而遂視為不可恕乎。《書》云，有容德乃大。逞氣一事，於人未必有損，於己徒示人以不廣，追惟平生，愚亦甚矣。

九一　建議

樞府西撤時，當事於各級執事，酌留若干，餘則資遣分發，何地何方，聽由自決，實即疏散也，分發具文耳。戰都既定，疏散人員，絡繹雲集於川境，當事資濟不絕，月給國幣五十、八十有差。無何，時勢日亟，集者日眾，生計亦日艱，所得不足以為活。患難流離，嘗作將伯之呼。當事允為盡力，但頒令必得地方機關「供職無給」之證明而後可，祇求有證，事之虛實不問也。斯令出，夤緣請託之事，層出不窮。迫人於偽，非議紛起，予立上書文官長魏公，建議對疏散人員，可給以事，而一其待遇。於新頒辦法，痛言其不可。中有「作偽欺人，我黨政領袖且嘗懸此為厲禁矣，明知其不免，而復公然令為之，是何異教子弟以忠孝，而迫其為盜竊也。」之語，僚友見者，皆許為快人快語快事。而竟接復書，則謂陳義甚高，苦於窒礙難行。此民國二十七年夏秋間事也。然不逾年，迫於情勢，所建議者，終蒙採納云。上魏公原書及同時致文書局許局長箋，於往歲整理府存故紙時得之。同一卷內復得同年十月，為同僚所作關於待遇之陳情書，事同建議，亦當年有關掌故，特併錄之。

上魏文官長建議書

文官長杞公賜鑒：或言於公者曰，人有以忠孝教其子弟，而迫其子弟為盜竊，公將許之乎，抑斥之乎。乞恕狂瞽，願以此說進。本處對疏散人員之最後辦法，大致可謂告一段落，其間事迹，以不才所聞，頗有類乎此者。夤緣請託，公欲之乎，作偽欺人，公欲之乎，非特公之不欲之也，我黨政領袖且嘗懸此為厲禁矣。然而今日本處之疏散人員果何若，明知其不免，而復公然令為之，是何異教子弟以忠孝，而迫其為盜竊也。以愛護始，以陷溺其夤緣作偽終，此豈公之初衷乎，又豈我領袖之所望者乎。造端誠微，影響可慮，睿哲如公，詎待不才之喋喋。《書》曰「惟厥攸居，政事惟醇。」為今之計，曷若罷偽報之令，召集各員來渝，別組服務團可，抽調府中助理亦可。生活費一律支給，不分等差，願者限期來，不願者聽。公則俸不虛糜，私則人盡其力，一舉而兩美備，不猶愈乎相尚以偽，而惹多士之議其後乎。素審我公子弟僚屬，愛之惟恐不至，際茲抗戰建國之秋，使僚屬得獻其能於國家，想必我公之所樂為也。猥以駑朽，久荷覆育，未能仰贊海嶽，其心媿恥，若撻於市，不敢面瀆，敬陳愚見如右。公將許之乎，斥之乎，待罪，待罪。肅叩崇安。職姜超嶽拜呈。二十七年八月二十二日。（本建議書已編入《實用書簡》論辯類）

致許局長箋

靜芝局長尊兄勳鑒：弟對處理本府疏散人員事，向文官長有所建議，詳上文官長書內。固知實行時，必有困難相隨而來，然深信決不至如今日之毫無代價，甚且埋伏若干意外之惡因。願兄以斬麻斷臂之手段，處置此事，公私皆蒙大利。所有上文官長書，至祈代為考慮之。如以為書獃見解，留中可也，棄之可也。悤悤恕不莊不具。弟姜超嶽上八月二十三日。（註同前）

上魏文官長陳情書

杞公文官長鈞右：晨禽不以迅風陵雨而謬察，寒木不以勁陰殺節而凋心，於是錚等有所請矣。竊錚等廁身樞府，幾逾十稔，間道而來，匪徒避賊。乃蹉跎至今，莫展半籌，遙望鄉關，深嗟顛沛。雖蒙明公之曲施迴護，資濟不絕，而薪桂米珠，勉贍一己。祖國未亡，已迫途窮日暮之感，天良尚在，豈甘蠅營狗苟之謀。伏乞明公婉陳我元首，俯念往昔束身備員微誼，准予恢復上年九十月間之待遇。苟承鞭策，願悉力赴之。世變方亟，允宜各盡其用，莫非讀書種子，孰無程業雄心。今日之所費可觀，而他日之效於國效於公者，詎可量也。臨池慷慨，佇候大命，肅叩崇安。職沈錚、陳名豫、成濟安、姜超嶽、庫耆雋、徐朝桐、馮百平、徐潤如呈。二十七年十月二十四日。（本陳情書已編入《實用書簡》陳情類）

九二　調職

民國二十八年，予入川之第二年也。眷住青木關時，鄉友吳健鄰室而居，朝夕歡晤，幾忘客中。六月杪，忽奉調軍事委員會委員長侍從室人事處少將組長。此係新成立者，主任陳公果夫，副主任羅公良鑑、劉公詠堯。（後劉公他調蕭公贊育繼之）處下設秘書室，及調查、登記、考核、分配四組。羅時實秘書，濮孟九長調查，侯鼐釗副之。（後楊錦昱為組長左曙萍副之）予長登記，何仲簫副之。羅時實兼長考核，梅嶙高副之。（後梅升組長劉蘭陔張迺藩先後副之）孫慕迦長分配，方少雲副之。（後鄧翔海為組長王鏡清副之）另設專員四人，萬君默、黃鐘、仲肇湘、劉靜文。（後遞嬗而至者施公猛廖寶賢陳粹勞）處址在南溫泉花谿別業，山明水秀之鄉也。未幾，處名循侍從室原設第一、二處之序，改為第三處，（世稱侍三處）組名亦循原已設有六組之序，調查改名第七組，登記第八組，考核第九組，分配第十組。予所長之八組，職員二十餘人，上校三，吳中英、吳光韶、黃應昌。職員中吳光韶、李廷鈞、宗之洪三人，予所薦舉者也。時予眷仍遷回重慶黃家埡口，龍、桐兩童，於暑期考入南渝中學。

九三　三遷

重慶自奠為陪都後，疊遭敵機狂炸，徧地焦土，公廨民居，毀者無數，而所寓隆蔭別墅，巋然尚存。不謂二十九年四月十八日，竟遭鄰災之殃，值予在公，又深夜，妻從睡夢中，挈老友姜穎初寄養之子一匡，養姪女秀珍，自三樓冒濃煙奔衝而下，死裏逃生。亂離中僅有之箱篋器物書籍等，盡付一炬。承同鄉王學素、徐達之邀，遷其落成未久之牛角沱新居暫棲。部署甫定，又遭轟炸之劫，居毀於彈，人則因匿深巖而免。時方盛暑，悤遽間，再遷南溫泉之逆旅。此乃依山建築，龐然巨廈，無林木可資蔭蔽，寄家其地，終懷惴惴，不得已，又再卜遷民宅曰怡園者，與楊萃一、梅嶙高二家共樓而居。怡園負山瀕溪，隔巷曰青年會。其會舍依巖坡而築，層層相承，望之如崇樓傑閣，居處之勝，當地首屈一指。予遷怡園後，有見鼠群自會舍越巷而入怡園者，盛傳鼠輩搬家，或兆災異之變。不久，敵機狂炸南溫泉，青年會果中彈被毀，蕩焉為墟，怡園則慶無恙。幺麼之物，亦具靈感，誠怪事已。此數月間，因頻遭災劫，三遷其居，為違難以來最艱苦之歷程。其後楊他遷，溫晉城教授繼住。當初遷怡園時，適值暑假，家中予夫婦外，男女童六人，炎龍、培桐、秀珍、一仁、一匡、楊宏道。一匡年方八齡，因其母毛以容與其夫姜穎初仳離，故於歲初寄養予家。當年物資奇竭，日常衣著如革履膠鞋之屬，率視為珍品。吾家諸童，所著鞋履，惟布舄是用，年需數十雙，皆由妻一手自製。其底以碎布為之，選其質地可用者，層層粘疊，厚如掌，俟乾再以粗麻線密緝之。緝一底，需一日，一舄之成，亦殊不易。嘗見疊底成堆，妻則手不離針，針不離線也。是歲春，義妹剛鳳入市警局工作。暑後，桐轉學中大附中。

九四　太　公

入侍從室第三處之初，相習僚友，有以予氏呼太公者。其後因予以大刀闊斧之作風，改進近二百人之膳食，太公之名大噪。當年舊雨，得閒，猶樂道其事，特追述之。侍從室於執事人員，素有供膳例，第三處成立，則雇庖人為之。初時勉可人意，不久玩生，惟利是圖，數易庖人皆無效，眾以不得良膳為苦。二十九年六七月間，值處中之黨分部召開大會，出席官兵黨員百數十人，有同志提議組會自辦，並一致推予為創辦人。予當堅辭，而熱烈掌聲不絕，似非我莫屬。予乃鄭重聲明三事，一以一月為期，二不受任何牽掣，三以後由各單位輪流。當獲大會一致之支持。會終，予以斷然手段，立即將庖人辭退，而徵選官兵中之能炊者七八人承乏焉。曉以服務之道，福利之義，督以硬幹苦幹實幹之精神，先究其積弊之所在，次求如何以科學管理防弊之再生。孰主廚，孰司事，孰採買，分工合作，必須眼到手到足到，各盡其職。數日之間，成效卓然。日需米若干，油鹽若干，菜肴若干，就人數之多寡，而可知所耗合理之數量。日有計，周有報，成規悉具。濫費既杜，節餘日益，從事質量之改進外，復定期作當地人之所謂「牙祭」焉。星期一以雞為主肴，曰雞日。星期四以豚蹄為主肴，曰膀日。至每日早午晚三餐菜單，預擬若干種，編成食譜。購者煮者，按譜調配，周而復始，免以往日日依樣，令人生厭。

一時口碑之隆，遠越意外，太公太公之聲，不絕於耳。自是以予之所為者著為例。當予斷然辭退庖人時，或嫌操切，恐悤遽不能如常得食為慮。及按時陳膳，若無其事，莫不嘖嘖稱難得。所以能致爾者，純賴承乏官兵之真誠與決心耳。時主任果公寓邸之膳食，亦取給於此。且有聞風而來觀摩者，予告之曰，凡事患在不為，為則終必有成，無他妙法也。前侍從室長官蕭公贊育，跋予年前所輯《大陸陳迹》，有「異生兄性剛介，處事精細有條理，同人喜其勇於負責，絲毫不苟，凡有關公益，爭以委之無閒言，每相見，輒以太公呼之而不名，暱之亦敬之也。」之語。

九五　黨　工

予自民國十四年在黃埔入黨以來，黨務工作，未嘗一試。備員侍從室後，在民國三十年間，予年四十四，承同志之謬愛，公推為特別黨部區分部之指導小組組長。其時軍事委員會設特別黨部，侍從室設區黨部隸焉，第三處又設區分部隸焉。分部官兵黨員近二百人，曾任黨中重要幹部者不少，為分部中之最者。依例設指導小組，以各單位主官及高級人員組成之，在黨則資以決策與督導，在機關則資以諮詢與設計，今地方自治之參議會彷彿似之。予主持三年，以實事求是，竟獲不虞之譽，上級嘉其有聲有色，同志許為動力所在。尤以當年百物告匱，生事奇絀，無公無私，饔飧維艱，而小組管轄下規模可觀之膳團與合作社，因執事人受予硬幹實幹苦幹眼到手到足到之督導，袪弊興利，點滴歸公，凡所措施，獨放異采。一時異口同聲，讚為難能。凡知其事沾其利者，迄今猶稱道不置。尚有一事足述者，尋常集會，十九不能按時，延遲等待，視為當然。其因不足人數，一再流會，亦恬不為怪。予主事期間，依例七日一會，承共事諸同志之合作，會必至，至必按時，有先無後，一時成為風氣，亦難能事也。每次會議紀錄，例於三日內油印公布。同仁心目中對此項紀錄，均甚關心，一經公布，爭先閱之。其時組員姓名之在憶者，濮孟九、羅時實、梅嶙高、孫慕迦、萬君默、仲肇湘、鄧翔海、黃鐘、吳鑄人、何仲簫、方少雲、左曙萍、侯鼐釗，皆一時之選也。

九六　省　親

父年八十六時，民國三十一年也。太平洋之戰方酣，朝野於抗戰必勝之信心益堅，予忽萌歸省之念。適有一度共事之稔友三戰區政治部副主任侯鼐釗，新交三戰區科長楊志剛，及黃埔四期沈鐵漢，（父鴻英）在渝公畢，將返任，遂於三月中結伴循川黔桂湘贛公路而東。二十四日在桂林候車時，三人曾合影留念。歷半月而至鷹潭，侯沈諸君，因駐地在此，乃告別。予改乘浙贛火車，深夜抵江山。是日為月杪，一入家門，見堂上香燭煌然。駭問家人，知父病已久，正彌留中，從俗送終之禮然也。在家侍藥者，大姊愛桂，弟媳秀梅，堂兄時元，義妹姜剛鳳。予立趨父前，喚聲「爸！時傑歸來矣。」（予譜名時傑）父遽舉首張目曰，「時傑果歸來乎。」語已，又入彌留中。逾時凌晨，竟復蘇。適有空襲，雇車護送山村，終日浴於大自然之中，因而神志益清醒，時為予淚眼談家常。自此日有起色，未逾月，漸致康復。親友僉謂，老人思子而子歸，是無異一劑起死回生之靈藥也。

予此行，本不知父病，聞家人言，病篤時，曾電渝速予歸，詎知電發而予已首途，靈感之說，果足信歟。其時敵窺浙贛，風聲日惡，因鄉後進鄭國士違難有車，予於五月中告別老父附其車西行。途次衡陽，為宵小所乘，一夜之間，所攜行李，不翼而飛，損失之重，幾等毀家。國士止於筑，予則以候車小住，得識鄉人姜鎮者，嘗業駕車，旋改經商，僅知予名，而一見如故，雖非詩書中人，而待人極豪爽有禮，是俠義之流也。（三十八年知予在廣州屢擬寄資相助予婉謝）六月初回渝，知弟時檀因婚變失職，又繫獄經月，累乃嫂素亭奔走營救，始得釋云。

九七　父　逝

民國三十一年夏間，敵寇竄踞浙贛線後，忽退忽進者亙年餘，鄉土橫被蹂躪之訊，報不絕書。以老父在籍，時深陟岵之思。父名承儉，先大父鴻發公之獨子。從兄弟十三人，行九，親屬多以九叔呼之，雖讀書不多，而粗曉文事。一生力田，間亦從商，然皆以勤苦著閭里。好飲，又擅絲竹之樂，清夜酒餘，琴簫一曲，或引吭高歌，樂以忘憂。自少壯至垂老，三創家業，一淪於水，二毀於火，終不稍餒其志。耄耋之年，尚能日行百里。頤養燕居，不甘坐食，日事灌園以為樂。蓋一忘榮辱淡名利之老人也。予一日詣老友張冠夫，冠夫謂予曰，君固樂觀人，處境亦不惡，而形容枯槁何耶。晤老友姜穎初，卒然問，病乎，何色之晦也。然予固不自知有異狀。及歸寓，父喪噩耗已在室，時民國三十二年十二月二十日也。父以十八日即舊曆十一月二十二日酉時病逝，享壽八十有七。凶耗之臨，往往預兆，亦異矣。所幸寇勢已竭，欲進不能，賴鄉里親故如楊德中何漢章諸兄、謝朝俊義弟等之助，喪事盡禮而終，予則惟有默哀心喪而已。

九八　聽　訓

中央訓練團之肇興也，在民國二十八年之春，初以陪都南郊之小溫泉為團址，旋移復興關，原名浮圖關，宏啟規模，聽訓人員，遠及邊徼。至三十三年初，序次曰第二十九期，凡中樞各機關科長以上，次長以下之未訓者悉與焉。予忝為軍門少將主官，自在聽訓之列。乃入團後，奉派以學員兼任訓育幹事，指導第五中隊某分隊學員三十餘人。能憶其姓名者，僅考選委員會主任秘書趙啟雍，侍從室秘書俞國華，農民銀行主任秘書華某三人而已。同為訓育幹事者，約四五十人。在憶者有徐汝誠、魏大銘、李翼中、楊繼曾、姚崧齡、陳國鈞諸君子。訓育幹事之初步工作，為評閱學員自傳。既畢，教育委員會主任委員段錫朋先生綜覈之，宣於眾曰，學員自傳之評閱，以姚崧齡李翼中及予三人為最。予之畢業論文「受訓心得與感想」，承段主委之賞識，刊之於當年《「三一」團慶紀念刊》上，後復選載於《復興關訓練集》中，見第五篇第一章八八頁。自揣無過人處，惟不取人云亦云之義耳。錄原文於此。

受訓心得與感想

在團二旬有數日，名為受訓，而服務時間，幾逾其半。言乎心得，從何談起。有之，則生活之體驗而已。

一、增加對於時間之警覺：年來因任務繁重，雖覺流光之速，而稍縱即逝之感未深。入團後，時間觀念，刻刻在心。分秒之差，不敢輕忽。若冥冥中有人鞭策曰：「世間惟有日前之時間最可貴，任爾錯過，為終生永不可補償之損失。」於是生命即時間，時間即生命之警覺，深入心坎而弗去。

二、增加對於大我之認識：吾人之起居動靜，在平昔往往以為事關一己，何必過事繩墨。團內生活，動輒彼此牽聯。謦欬之微，不容率意。一己之身修矣，猶為未足，必使團體之身同修，方為盡責。否則公共之秩序無由立，團體之榮譽無由得。一己小我也，團體大我也。小我大我，息息相關。故吾人之託足社會，惟有求大我之自由與安寧，小我之自由與安寧始有保障。惟有求大我之榮譽，小我之榮譽，始有偉大之意義。

三、增加對於教育之見解：關於團內軍事管理中「內務」一事，其精密嚴格之處，遠越意想之外。一針一線，必有定所，他可想知。或以過於瑣屑為病，實則深合我國固有教育之道。治平事業，必先修身。修身自瑣屑生活始。試觀〈曲禮〉、〈少儀〉、〈內則〉、〈弟子職〉諸篇，其內涵何一非生活細節之事。特今人沉溺騖新，數典而忘祖耳。故在今言今，此種精密嚴格之軍事管理，可以補已往教育之不及。

而本團之訓練，即固有教育精神之恢復，亦即三民主義教育之實施也。文武合一之義在此，生活即教育之義亦在此。

四、增加對於生活之體驗：本團生活之特徵，曰緊張，曰規律，曰清潔，曰合理。緊張，言精神也。規律，言作息也。清潔，言飲食起居之事務管理也。合理，言膳食菜蔬不求肴饌之精，而求多變化也。予年來因習於伏案，往往餐不思食，食則舉箸便飽。入團數日，判若兩人。體驗所及，得一結論。曰清潔合理，即是滋味。緊張規律，即是營養。

以下談感想，實亦生活體驗之又一面耳。恭讀本團《考核工作要領專冊》中，有至理名言，曰，「高度綜合之經驗，即為理論。」鄭重深思，團長之力行哲學，即此種理論也。愚意惟有此種理論以啟迪人生，方見真切。亦惟有此種真切之人生觀，始可期其為革命戰士，為主義信徒。故言對黨政之認識，應建築對人生之認識上。否則其所認識為徒然。試觀一般民族敗類，對黨政認識儘多頭頭是道，而終不免認賊作父，或甘心下流者，其故可深長思矣。夫力行哲學，不特為總理遺教之一大發明，亦為中國人生哲學上之一大成就。蓋團長鑑於知行合一之流於空虛，行易知難之流於盲動暴動，及革命精神之消沉，乃根據高度綜合之經驗，提出行的哲學，對於知難行易之說，作精闢有力之闡揚。其中發前人所未發者，為對於行的「體」與「用」之詮定，及力行的人生哲學與力行的人生觀之確立。是以吾人不談人生則已，談則必須明澈團長所昭示有體有用之行之說。亦必須有行此行之力行，方能成物成己，成功成仁。本團精神訓練，以此為中心，誠是矣。如於課程教材，亦以此為中心，設專人負責其事，俾受訓學員，對於陽明之知行合一，總理之行易知難，及團長之力行，得一綜合比較之觀念，以啟迪其對人生有真切之認識，其效當更有可觀者，黨政認識其餘事耳。

竊謂若以一般社會現象與本團較，則本團自成一世界然。朝氣蓬勃，老少同科，則生活之緊張也。起居動靜，纖悉惟則，則力行之切實也。甘苦與共，歡聲時作，則精神之融洽也。自顧渺小，時懷惕勵，則景象之偉大與莊嚴也。故入團數日，便覺此身之生命活力，突然充沛，迥非往昔之比。因而深感本團之訓練方法與精神，亟待推行之於政府行政各部門，漸及各學校各工廠，以及每一集體生活之團體。蓋必如此，始可針砭時俗，而轉移一般社會積重難返之風氣。亦必如此，始可養成無量數之革命戰士與主義信徒也。推行之道，畢業學員之身體力行，率先倡導，固不能逭其責。尤要在團中當事，設法使此種訓練方法與精神，透過適宜之制度與法令，規定各級考核，應列此為重要項目。則主官首長主持於上，畢業學員襄助於下，計日程效，易如反掌。不然，事倍而功半矣。不然，以往之訓練近浪費矣。

在予聽訓期中，寄家於渝城宗姪女毅英之家。妻攜愛貓同住。是年暑間，龍兒畢業南渝高中，考入國立交通大學造船系。桐兒畢業中大附中，考入復旦大學法律系。

九九　信念

中央訓練團故事，學員自傳，為應有文章。其中志趣與人生，為應有節目。惟談人生者，十九空泛，人云亦云。予則就區區我見，坦率陳其一得，句句字字，皆自心坎深處流出。雖不敢謂有見道之言，卻由艱苦奮鬪之體驗得來。下文即談人生者也。

若干年來，浮沉相識，間有以傲岸矯異粗暴等辭詆某者，某始終未為所動。果孰令致之，曰，有某之人生觀在，易言之，即有某之如何為人之信念在。信念維何。第一，認定世間無足恃，差足恃者惟自我，故凡事之不在我者，絕不強求。其在我者，有一分力，用一分力。故求人者為最可鄙，強求者尤可鄙。此非謂應遺世而獨立也，非分之求不可有，求則自辱。第二，認定人生之為我是本能，人生之為人是理智，本能出乎天性，理智由於教育，故常人之為我而不為人，不足深責，凡自命智識分子，而以常人自儕，斯真罪惡之尤。推是理也，我之有助於人者，應視為義務，為天職，絕非行惠。第三，認定我在生命過程上表現之力量，在空間至少可以影響若干人，若干物，若干地，在時間至少可以禪衍若干日，若干年，若干代，故事事不可輕忽。第四、認定出處遇合，莫非偶然，偶然即人生也。易言之，整個人生即湊集若干偶然而成者也。故吾人而欲輝皇人生之價值，應在每一偶然之場合，盡量發揮生命之力量，以增進現實生活之意義，以奠定未來生活之基礎。倘視偶然為過渡，求現實於渺茫，則蹉跎蹉跎，偶然與過渡，相互因循，渺茫者終成其渺茫，此謂虛度人生，此謂浪費生命。第五，認定生活即教育，教育即磨鍊，磨鍊即修養，故凡遇有致吾身心於不適者，即應視為修養之良機。無論安危苦樂之境，皆學校也，無論智愚賢不肖之人，皆導師也。能作如是觀，則怨尤之心日以泯，生活之義日以豐，而我宇宙之領域日以恢矣。第六，認定一切真理，存乎是非，一切是非，存乎力行。凡力行所表現之力量，而足壽人壽世者曰是，反是則皆非。故是非必爭，涵養與否，非所計也。第七，認定行為無善惡，祇問用心，心在便己，雖善為惡，心在便人，惡亦為善。故心惡而行近善者，其善不足稱。心善而行類惡者，其惡大可恕。第八，認定凡人在客觀上，自我生命之能力，嘗滲透於某種某種之事業，事業之生命，與我之生命已溶成一體，則雖死猶生。反之，在主觀上，自我生命之能力，僅足為本身，或且並本身亦不能自為時，已失人生之價值，則雖生猶死。要而言之，一切一切，盡其在我，求其心安，無愧於己，無愧於人，頂天立地，獨往獨來，浩然之氣，在其中矣，流俗毀譽，何有於我哉。

一〇〇　龍　訊

吾兒炎龍，民國三十三年十九歲，於暑間考入國立交通大學後，適政府號召青年從軍，學期將了，決志投身為盟軍翻譯官。予問妻，意如何。妻曰，從軍救國，不能因獨子而自外，況生死有命，吾兒血氣方剛，其志既決，不如聽之。遂於次年三月，入中央訓練團譯員訓練班第一期受訓，四月初結業，即赴昆明受跳傘訓練。當離家前夕，即三十四年四月三日，父母子三人，曾在南溫泉攝影留念。及跳傘訓練畢，即奉命降落粵境敵後羅定、梧州等地工作，軍中貴密，嚴禁家書，因而不通音訊者三四月。及勝利後，於初冬自戰區返，乃母逝世已逾月矣。去時猶享天倫團欒之樂，歸來變為無母哀子，骨肉生死之痛，無逾此者。乃母告病時，距勝利已月餘，吾兒行止尚無消息。病榻思子之情，令人心惻。彌留之頃，猶頻頻以龍訊為問，逝後兩目微視如生，及予告以吾兒無恙，不日當凱旋，乃漸瞑。骨肉至情，生死益可見。最遺憾者，死後翌日，吾兒竹報自滇至，天胡不仁，竟吝予一日之生，而使慈母不及見愛兒將凱旋之報耶。一日，吾兒出示陣中日記，於九月十八日載曰：「昨夜作了一場惡夢，說我母親死了，醒來出了一身冷汗。」按此日即為乃母發病之前夕，關山遙隔，夢魂竟相通耶，亦異已。吾兒從軍之願既償，旋即返校復學。

一〇一　痛　史

當勝利初臨，歡樂之聲，洋溢民間。予寄家渝郊南溫泉時，每夕餐罷，必偕妻漫步花谿谿畔以為常。一日，聞哭聲甚哀，迹之，則一婦哭其子之淹屍也。予語妻曰，此亦流人，臨還鄉而遭慘變，最為人生所難堪。妻頷之，相與惋歎而行。乃未幾何時，向之所云最為人生所難堪者，竟不幸而身歷，蓋吾妻楊素亭夫人，於是年九月二十五日，即舊曆八月二十日，以患恐水病死矣。夫人二十來歸，至此適二十五周年。茹苦含辛，相夫教子，無不至。生長富厚之家，而能隨予食貧自甘。狃於習俗，幼雖未學，來歸後，得予輔導，中饋之餘，堅毅苦修，不十年間，亦能粗通文墨，好於古文小說中尋樂。凡吾親友，靡弗盛讚其賢德。尤以患難歲月，教養友人寄子如己出，為識者所樂道。而臨死神志不亂，重囑所親善視予，又再再戒予以珍重，最令予終生所難忘。其致病也，乃由家中豢犬之一噬。初，居停廚司某，得乳狗，毛色黑白相閒，茸茸然如圓枕，不辨性別與頭足，夫人愛其肥碩，索而豢之於室，錫名曰麗麗。漸長漸瘦，人辨其為雌也，或加呵逐，夫人不忍，愛之如初，閒日一濯其穢腥。既長，馴服博人歡，偶因相習頑童虐玩之，不敢歸者數日，致患口腫病，夫人甚憐之。一日，晨方起，見麗麗在門，抱之登樓，手撫其唇，欲為施藥，觸之反噬，左手拇指閒，被創出血，頓時略感暈眩，旋以清水滌創敷汞後即有事於市，麗麗尾之，至人眾雜沓處折回。過午，遽僵於居停樓下。夫人悽然淚下曰，死了也好，免被人打死。隨遣人瘞於山陬，此七月八日事也。當日予知其事，勸速防治，夫人堅持狗病而非狂，決無妨，有鄰婦亦附和其說，並告以古方嚼生豆，或擊金聲可驗，試之無異狀。數日創愈，遂漫焉置之。詎七旬餘，以恐水病毒發，纏綿六七日而喪其生。患難夫妻，恩愛二十五載，一朝永訣，真如晴天霹靂，其情境之難堪，迄今憶之，猶有餘痛也。義子培桐之生父王汝翼鷺洲先生，時居蘭州，聞耗，千里寄輓詞，文曰：

享年卅五，歸路八千，勝利甫來臨，那料結縭紀念，轉兆斷弦。異矣，合離若定。九泉果有知，問尊靈何以慰夫壻。

良嗣遠征，義兒初返，團圞方待滿，竟緣愛物慈懷，變生噬狗。傷哉，造化不仁。大德報罔極，宜豚子痛於哭親娘。

當吾妻之彌留也，予擁之於懷，義子培桐握其手。同時環集榻前送終者，義妹剛鳳，養姪女秀珍，及其子川生外，有鄉親吳光韶、朱得憲、姜恆基、余邦武、王子畏諸君，及李廷鈞、吳竹梅伉儷，與其子威臨。又同僚南昌羅時實先生伉儷，桐城梅嶙高先生伉儷，淮陰張迺藩先生之夫人，遼陽廖寶賢，天水南作賓，隆昌謝宗平，海門顧成祖，蕭山王采新，桐城梅光霽諸先生。舊屬武義戴服圭，滕縣李家雲夫婦，及其弟家芝等。喪葬經紀，悉賴諸親友與同僚之力。患難相濟，靈而有知，亦當永志不忘也。

一〇二　別　泉

此言告別渝郊之南溫泉也。其地距陪都三十餘里，另有名小溫泉者，去此千步遙，中央政治學校與侍從室第三處在焉。溫泉試浴，花谿泛舟，聽濤虎嘯，觀瀑飛泉，建文峰之秀，仙女洞之幽，皆遊客之所趨。予寄家於此歷七載，雖稱勝地，實為山村。自民國二十八年「五三」「五四」敵機狂炸陪都後，遂成疏散之尾閭，居者商者，紛紛而集。層巖幽谷，結廬相望，巷尾街頭，市肆林立，景象之盛，儼同都邑，當勝利消息之傳至是閒也，在三十四年八月八日之深晚，頓時歡呼四起，「勝利了」，「日本投降了」，鄰里騷動，如醉如狂，男女老幼，齊趨於市，立成人潮。一時鞭炮聲，鼓樂聲，響澈雲霄，夜闌不止，黎明以後，遠近鞭炮，猶彼此應和，彷彿度歲而尤勝之。親友相見，輒欣欣然互道還鄉事。不謂曾幾何時，此狂歡之地，竟一變而為予傷心之所。蓋先室楊素亭夫人歿於此，厝於此，耳聞目接，皆足以觸景興悲，於是於喪務終了後，以是年十月初，悽然含淚而別此矣。

一〇三　八　組

八組，侍從室第八組之簡稱也，隸第三處。自成立以來，予與副組長何仲簫始終主其事。第處三世稱侍三處，我領袖委員長蔣公之人事幕僚機構也。初名人事處，為促進人事制度之建立，與致力建國人才之儲備而設。八組掌人事登記，即人才登記也。對象至廣，其從事黨、政、軍、教育，及公私生產企業卓具成就者，暨民意代表，與夫社會之領導人士，均在登記之列。都黨、政、軍、學、實，別六類，析其專長，凡四百五十餘目。我領袖對於人事之運用，率以此類資料為依據。工作之繁瑣，於資料之搜集、編排、管理、甄審、摘錄、補充、分析、歸類、統計、繕製卡片諸手續，可以見之。

運用方法，壹是循科學管理，藉分類卡片之索引，執簡御繁，能有得心應手之妙。例如在萬千人之資料中，欲得限於某籍、某學歷、某專長、某等級之某種人才，似頭緒甚繁，著手不易，依而一定程序求之，如按圖索驥，頃刻可得也。本無成規可循，因行以求知，即知而力行，卒能立理論、建體系、創規模，一時聞風而至觀摩者踵相接。民國三十一年，予嘗就工作方法、程序、工具作用等，筆之於書，附以圖表，而說明之，約十數萬言，曰《人事登記業務手冊》，以為工作人員之準繩，並供從事登記業務者之參考。將付刊矣，因故未果，今原稿已亡，而主任陳公果夫之遺序猶在，覽文思人，感慨系之。

至工作人員，組長副組長外，上校級三，中少校級八九，尉級倍之。其可考者，計先後有吳中英、黃應昌、吳光韶、陸東亞、朱得憲、李尚春、徐承道、陳國鈞、陳壽民、黃文衡、鄭建新、徐紹曾、王聖康、南作賓、李廷鈞、林全豹、吳敬基、宗之洪、朱景仁、何維新，安琴、汪如初、王榮梧、黃翰章、黃家駒、陶普漢、楊銳、梅汝璇、朱覺非、張執中、杜振亞、冼劭棠、段榦華、田古方、張之單，謝宗平、汪仁、徐柏襄、吳錫卿、汪承楫、高光漢、章錦楣、林振鐸、徐純誠、姜恆基、虞樹屏、鄭長鑑、顧成祖、方樹炎、王采新、趙容予、朱世璡、皇甫震、呂震東、尹集文、熊公誠、孫菊生、羅鍏、王承豫、何永安、許悰、梁淵、諸葛詒、魯開鴻、劉駿永、陳奮、于侊之、蔣儀、王國彬、楊金鑾、唐數躬、蔣友誠、劉筑民、陶光伯、熊琛等。屈指二十餘年，昔之少者壯矣，壯者老矣，且有已作古人矣。

一〇四　體　驗

當年侍從室之人事登記，予始終主其事，七年體驗，不無所得。在拜命之初，瞻顧惶恐，深慮弗勝。因此項登記，乃我領袖運用人才之根據，不同尋常以謄錄為能事。需理論，需技術，需分析，需統計，需科學管理。既非素習，又乏成規。其後朝斯夕斯，廣借鑑，勤鑽研，與僚屬凝力以赴。製一表，創一法，一名之擬，一字之差，必反覆實驗切磨而後定。知行相長，不數年，而成體系、具規模，一時聞風觀摩者踵至。見資料之繁複，運用之靈活，何求何應，俄頃致之，僉謂亦可視為專門技術之一種。足徵尋常行政業務中之專業人材，儘可由實際工作不斷訓練養成之，固不必拘拘於其所學何如也。此其一。

當年僚屬三十餘人，出身專科以上者三之一，曾歷科長以上主管者，亦六七人。朝夕從公，皆具嚴肅之態度，及自動自覺之精神。而對主官之推誠相與，敬愛無閒，尤為難能可貴。自惟才學，焉能致此，勉愜人意者，其惟律己嚴、待人誠、處事公，所望於僚屬者，必先躬行實踐之效乎。是知主官之真正威信，不在其本身之職權，而在其光明磊落公爾忘私之行為。權術巧詐，絕不可用。故欲求真正之效率，端在於斯。此其二。

予於黨務工作，素無經驗，在主持機關特別黨部時，正值萬方盛倡興革之際，盡心而為，勞怨弗辭。以得同志之合作，凡所推行，皆獲不虞之譽。知者許為動力所在，上級嘉其足資表率。是知凡事患在不為，為則終必有成，辦黨從政，以及一切事業，罔不如是。此其三。

一〇五　約章

當年供職元戎幕府時，嘗與僚屬約法三章以共勉。曰嚴公私之辨，曰革惡陋之習，曰絕請託之風。凡新進一人，必先曉以此三義。在公言，長官屬僚，尊者自尊，卑者自卑，侵越紊淆，最宜切戒。為求明職責，維紀綱，不得不然。在私言，則彼此年相若，智相若，切磋互勉，惟義是趨，情誼親切，是乃異姓兄弟之相處。此嚴公私之說也。人非聖賢，言談舉止，孰能無虧，群居所在，惡陋之習，事所難免。立身之正，貴能自律，惡陋之在己者革之，其在人者屏之，善則共勉，惡則共去。個人德業之進修，團體榮譽之爭取，端繫乎是。此革惡習之說也。受職以後，忠誠第一。對人對事，盡其在我，不忮不求，無怨無尤。欲得長官之獎掖，須自日常行實中求之，夤緣請託，迹近自辱，徒貽恥笑。此絕請託之說也。七載之間，僚屬先後進退者可百人。雖不敢自誇卓效，而問心無愧，且多獲同僚之見諒，則固昭昭在人耳目者也。今日黨政群彥中，不乏當年朝夕共處之雅故，舊夢重溫，或尚憶此區區共勉之義乎。

一〇六　別解

貪污、奉承、厚顏，鄙行也。奉承，俗言拍馬，今且從俗。此三鄙行，固正人君子之所深惡痛嫉者也。而予平生則從事於此之不已，且嘗以之勉人矣。

蓋吾之所謂貪污、拍馬、厚顏者，有別解焉。取人之長，補己之短，雖於人無損，於法無妨，而未獲其人之同意，亦貪污也。廁身公門，承領一事，朝斯夕斯，兢兢業業，凡職責之所應為者，靡弗悉力赴之，如恐不及，亦拍馬也。一事之舉，祇求真理，其當為能為可為者，盡心而為，成敗聽之，笑罵由之，亦厚顏也。而此別解，則由於當年惜別同官濮孟九兄而來。兄與予年相若，抗日軍興後三年，共事於元戎幕，各掌一組。雖初交，而深相契。慕兄為人不苟言笑，老謀而深算，愧弗及。竊竊學步，朝夕無間，而兄不知也。

越二歲，中樞糧食部新立，內有調查處之設，要津也，兄奉命主其事。契好分道，情何能已。乃援古人贈言之義，就平昔悉取兄之所長，攘為己有事，喻以別解之貪污行為，襮其情，序而貽之，所以惜別且相勉也。文中殷殷之情，因一時感懷，連類而及拍馬、厚顏、別解之義焉。原出戲筆，見者多亟稱妙文，老友段天炯教授尤激賞之。有「關首一段，奇峰突起，不可方物。」之語。回首垂三十年矣，其文已佚，僅能髣髴輪郭，言之悵然。

一〇七　六　氣

此予當年考察中央金融行局之印象也。所謂六氣者，洋氣、老氣、商氣、朝氣、官氣、暮氣也。侍三處之設，其業務，一為儲備建國人才，一為促進人事制度之建立。自民國二十八年始，迄乎抗戰將終，黨政人事之規模已漸具矣。我最高當局，為欲明瞭金融行局人事業務之實況，乃有侍三處派員考察之舉。所考察者，中央、中國、交通、農民四行，信託、郵政儲金匯業二局。時行局散處陪都市郊，歷四五日始告蕆。適本處會報期至，予遂挈要先述其所見焉。四行中，以中央銀行工作人員獨多，司理人事業務者，可數十人。其服飾之講求，器用之華美，與夫簿籍卡片，及箱櫃之精緻，皆為當時所僅見，故可名之曰洋氣。中國銀行，凡所接談，誠懇而老成，事事一循成規，司理人事者，雖僅六七人，而行若無事，故名之曰老氣。交通銀行，上下執事，言談舉止，不離乎商，所報人事業務之成規，亦與商近似，故名之曰商氣。農民銀行，就舊式民房為之，堂室門廊，徧揭標語，執事者十九青年，勃勃然興革是圖，故名之曰朝氣。信託局內外布置，如舉盛典，陳設茶點，俱為精品，執事彬彬，迎送如儀，故曰官氣。郵政儲匯局，午後三時往，而在公者尚寥寥。視其文書冊籍卡片等，似呈凌亂之象，惟有名之暮氣矣。是役也，約在三十三四年間，同行者彷彿六七人，僅憶及梅君嶙高一人云。

一〇八　無　言

予供事侍從室第三處歷七載，所不能忘焉者，陳公果夫無言之教為最。某次會報席上，與同僚今考試委員羅時實兄，其時任主任秘書，因公務牴牾，彼此爭辯，激動失常，經同僚熊公哲兄之婉解始已。主席果公，始終嘿然。會後，自覺孟浪，就羅語之曰，今日事，皆非所以事上御下之道。君子之過，如日月之食，應共詣果公，請有以處之，俾儆效尤。羅韙之，方欲行而公至，由羅述予頃所語。公環視吾二人，莞爾而笑，仍嘿然。其意若曰，卿等年事如許，歷鍊如許，而任性使氣如此，吾將何言。予退而沉思，深悟聖哲「時然後言」之道，繹之即非其時則不言。此中極具至理，故有時無言的勝有言，其感人之深且切，遠勝於言者萬萬。於是吾記之懷中冊曰：「惟善言者能言無言之言，惟善聽者能聽之。果公無言之教，可敬可師。今吾能領其教，亦足自慰，後當勉旃。」此民國三十四年四五月間事也，果公墓木已拱，偶一迴思，恍如昨日。

一〇九　會　報

政府或社團中之開會曰會議，由來舊矣，而會報之興，則自對日抗戰時始。簡括別之，前者以與會之眾意為歸，後者以主席之指示為重。其法，凡在政府或社團之領導人，定期集所屬部門之主管於一室，而各報其所事，領導人為主席，就所報者指示之，不能決者交議之。通上下，聯左右，法莫善乎是，然此通例耳，固無定則也。

予當年在渝任侍從室組長時，所與會報則有二，行於曾家巖官邸者，曰官邸會報，委員長蔣公主持之。行於南溫泉花谿別業者曰第三處會報，主任陳公果夫主持之。官邸會報，與會餐併舉，期無定，或月焉，或季焉，年約五六次，六七次。出席人第一、二、三處主任副主任組長，及其他高級人員中輪流一二人外，軍委會參事室主任王世杰氏必至。黨政首要如朱家驊、陳立夫、吳鐵城、張道藩、何應欽諸公，偶一與焉。會時列長桌而坐，委員長居中，主任兩端，組長依次面委員長，或其左右，餘無定。先舉餐，陳家常菜肴六色至八色，各就所欲取食之，侍應官二三人。餐畢，則會報始，或報告，或請示，或漫談時事與要聞，或由一人作專題講演。畢，委員長退，餘依次退。

在南溫泉之會報，每星期四上午行之。程序有定例，先由各主管單位按序作業務報告，次研討，次指示。惟以主任果公之虛懷，恆重研討之結論，指示偶爾有之。出席人主任副主任外，組長副組長專員秘書十六七人。會中報告之事繁，研討之事亦繁，內容之豐，迴異尋常焉。

一一〇　回　府

民國三十四年八月，對日抗戰勝利後，政府改制之聲鼛起，我領袖蔣公，為示天下以大公，即於九月率先裁撤其軍事委員會委員長侍從室。按抗戰時之侍從室，在第三處未成立前，原設有第一第二兩處，及侍衛長室，下轄六組。第一處為軍務之幕僚，主任先後歷錢大鈞、張治中、賀耀組、林蔚諸氏，一、二、六組隸焉。一組組長陳希曾主總務，二組組長於達，後為趙桂森主軍事，六組組長唐縱主情報。第二處為黨政方面之幕僚，亦可視為秘書處，主任陳布雷，四、五組隸焉，六組兼隸焉。四組組長陳方主文書，五組組長主任兼，後為陶希聖，主專題研究。侍衛長室獨成體系，侍衛長王世和，後為俞濟時，三組隸焉，組長蔣孝先，後為沈開樾，有時侍衛長自兼之，主警衛。

以言編制與業務之繁，惟第三處為最。處中原設一室四組外，復於三十三年附設中央訓練團學員通訊處，處長吳鑄人，熊公哲劉蘭陔副之。斯時全處執事，共達百五六十人。積年之所為，雖有不見諒於人者，而為國求才、養才、儲才、選才，及促進人事制度之建立與推行，功不可沒。故「侍三處」之名，大噪於一時。計自民國二十八年七月八日成立，至三十四年九月結束止，共歷六年有三月。結束時，工作人員資遣分發，咸得其所。值國民政府從事擴編，調府者一二兩處及侍衛長室各若干，第三處約三十人。

簡職三，予為秘書，梅嶙高人事室主任，陳粹勞編審。薦職五六，吳光韶、傅瑞華科長，鄭建新、李廷鈞、南作賓、吳敬基等股長科員，餘為委職。梅先到府，予稍後。

十月某日，奉命率陳傳吳鄭等八九人，晉謁其時之文官長吳鼎昌氏，經予一一介紹後，氏為予談當時政治上應注意之人事工作。謂一般社團之領導人物，其影響於社會之潛力，至不可限，吾人真正為國家辦理人事，應多注意於此。深感其人目光如炬，滿身是力，滿身是經驗，滿身是計謀，的乎非常人也。談畢，即分別辦理到職事宜。予之席位，與同官吳椿聯席對坐。回首民國十九年十一月，以拜命參事而入府，距此已逾十五載。其時方壯，人且視為可畏之後生，未幾何時，中年垂了，駸駸將臨晚境。少讀古人「白駒過隙」之語，漫焉無動於衷，此時觸景生情，感慨深矣。

一一一　東　歸

當年樞府之籌畫還都也，初派沈秘書礪飛京主其事。先遣職員，有王良弼、譚聾芝、齊憲為、路承華等。後以事務日繁，復派予與徐參議朝桐為之助。因於三十四年十二月十七日，偕徐參議自陪都飛京。是日清晨薄霧，至珊瑚壩機場時，乘客送客，寥寥可數。吾親友之送別者若干，僅憶剛鳳一人。上機後，邂逅稔友楊君家駱。時距吾妻之逝未三月，際茲勝利東歸，身單形隻，悼亡之痛，不能自已。故雖天空翱翔，而悽然枯坐，默默無語。過南昌少停，機場四望，如處荒野。天晡，降落南京故宮機場，舉目蕭瑟，頓興李華弔古戰場「黯兮慘悴」之慼。雇人力車行，沿途所見，一片淒涼。屋宇玻窗，滿目條紙，間有貼作圖案形者，蓋所以防彈震云。途經新街口，驟瞻睽違八年之國父銅像，不禁淚落如雨，喜耶悲耶，不自知也。抵達家園所在之中央路馬家街，累廬在望，景物全非。街東西向，沿街北緣，築土砦，植鐵刺，儼然禁區。累廬位區內，予及砦門，經向衛卒申述原委始得入，既履吾廬，為予留京看守八年之堂兄時昌，及先予東歸之養姪女秀珍夫婦，方焚薪晚炊，劫餘相見，悲喜交集。廬內家徒四壁，上下門窗，已非舊觀。廬外敗物廢料，狼藉滿院。西首平房二幢，一建於二十二年，一建於二十六年，均夷為平地，不知拆移何所。半生心血，殘破若此，未免有情，其何以堪。當夜思潮起伏，目不交睫，身世之痛，輒付之清淚。後詢知此區原為日軍之汽車廠，我方接收時，吾廬為廠產之一部，遂持刺往謁廠之主持人，詎知出見者，乃為戰前京滇公路周覽團同行萬里之李君介民也，立即條示歸還吾廬，亦巧遇已。計自民國二十六年十一月十七日，因政府西遷而別吾廬，距今之還居，適逾八年有一月。縈迴往塵，感慨係之。

一一二 二 難

予東歸後，遇二事甚感人，不可不記。一為戰前傭於吾家之車夫，山東滕縣李德和，為踐其守廬之約，八年浩劫，始終與堂兄時昌，留居吾廬之鄰近，不願他去。中雖備歷磨折，而忠於故主之心不變。予既回廬，彼來相就，泰然如舊時，知予悼亡傷心而歸，未嘗有邀功之求。能難人之所難，此真古之善人也。一為世居南京西華門四條巷之朱媼其人，原為洪楊時湘軍之後裔，因民國十六年一度結鄰而相識，予家大小，皆呼之曰朱奶奶，歷歲過從不絕。抗戰作，予於離京前，曾檢拾一二箱篋寄存於其家。勝利歸時，奶奶年已大耋，耳目聰明，步履仍健，為予追述當年日軍肆擾民家之暴行。謂寄物尚存，歲必晾曝，故無恙。隨檢原物歸還，對其中有散失者，並一再表歉意。此亦難人所難之善人，求之於今，能遇者罕矣。

一一三 沉 書

昔予定居南京，家中藏書，雖不足稱富，而志之所在，固嘗盡心焉於此矣。劫後歸來，片紙無存，終難免耿耿者。吾廬旁巨塘而築，一日，風靜日暖，塘岸閒眺，水光照映，忽睹深處似有方形物，持竿探之，重不可撼，疑為降虜之棄彈，集健者出之，褫其裹苔，則赫然當年預約原封未動之《四部叢刊》也。展視字跡，雖尚可辨，而觸之易糜，已無法取用，且留之徒滋傷感，遂棄之。然念此書既已沉塘八年，而又無端出與買主一面，殆書亦有靈，不甘長此沉沒以澌滅耶。意者，凡事前定，予雖買書，而無緣保書耶。

陸、遭時滄桑

此予四十九歲至五十三歲，即民國三十五年至三十九年間事也，此五年中，其初勝利還都，轟轟烈烈，未幾何時，而情勢逆轉，公則倉皇渡海，私則流寓海隅，白雲蒼狗，世途無常，故曰遭時滄桑。

一一四　意　外

對日抗戰勝利後，政府還都之期既定，京中各機關廨舍之修繕，器物之添置，乃事所必然。益以西徙流民東歸，重整家園，一時土木繁興，所在而有。又以其時法幣一元，兌偽幣所謂儲備券者二百元，關金券一元，兌四千元。凡東歸而持有法幣與關金券者，皆惟購物是競。百物之需求驟增，物價隨而波騰，府中用度，亦因以日加。民國三十五年元月某日，忽接文官長吳公達銓自渝來電，令予主持京方之會計事宜。事出意外，拜命駭然，此道非所習，又違素性，立覆懇辭。旋接同官今銓敘部政務次長曹翼遠兄函告，謂上峰旨在囑予為之紀綱已耳。予悟其意，遂黽勉為之。自此予之印章，時與支用單據結不解緣，至政府還都後乃已。竊念上峰之苦心誠可諒，然以籌算之役，課諸從不問津於此道之人，猶令跛者趨，聾者聽，終覺可笑。

一一五　奇　緣

予于役四方，挈眷為常，賴有賢妻，素無後顧憂。親朋常稱予生有賢妻命，予平生亦以得賢妻自慰。自民國三十四年九月，突遭悼亡之痛後，作息寧處，頓失所依，悽苦之情，非身歷者不能道。洎東歸，鰥居累廬，觸景興悲，幾無朝不淚，無夢不哭。亦知憂能傷人，而情之所之，徒喚奈何。幸蒙親朋之眷顧，而復獲美滿之姻緣焉。還都狂歡之辰，即予生再度為新郎之日也。新人周姓，名素梅，生於湘，長於北國，而旅於滬，識者見者，異口同聲，讚其嫻靜賢慧，媲美先室，予亦自喜為理想配偶也。撮合者，吾鄉女傑熊鳳凰夫人毛碩士彥文，從中促成者，吾家次烈，暨熊夫人令妹同文女士也。是日婚禮，行於中央合作學院新建之圖書館，朱丈雲光主婚。對方則為熊夫人，蓋新人固熊氏之記室，而其尊人夢齡公，又為熊氏之舊從遊耳。同與婚禮者，多為雙方之至親，男女老幼，約百餘人。朱經農先生伉儷，田真逸先生伉儷，朱霖先生父女，則新人之親故也。中有累廬舊鄰，當地圃農若干人，臨時聞訊，攜賀儀而至。黃冠縉紳，雜處一堂，相映成趣。次晨，老友王致敬兄自滬來，下車，逕至累廬，見花燭在室，始知予之喜訊。尋有稔友過訪，睹新人亦訝然。因此次喜事，乃勉抑悲懷為之，未發一柬，故朋儕罕知者。逆料還都狂歡，選此日為期，即防賓朋之湧至也。猶憶先室楊夫人逝世前夕，曾私語相慰，謂伊病難復，當覓新人自代，年何若，德何若，才貌何若，遺言了了，而所遇果巧合，近二十年來，親朋之稱予得賢妻者仍如故，殆真奇緣也已。曩歲所作〈求凰記〉，亦此事之又一紀實也。文錄后。

求凰記——代壽碩士婆婆熊夫人

予江山農家子，自幼以苦學名，長而以得賢妻名。妻周氏，名固，字菊如。其親故多以菊妹或周姐稱之，嬪予後，正名曰素梅。生於湘西，長於北國，備四德而特慧，嫻詩禮，尤精烹飪針黹，著聲戚友間。年來又以擅王書驚於眾，識者皆曰賢妻賢妻。

予南人而四方者，得此賢妻，或謂因緣，實乃熊鳳凰夫人毛彥文碩士之介。妻族之與熊氏，累代通家，熊氏曾為顯宦，致力慈幼事業，名震中外。妻執事於其記室者十數年，視同家人，愛護周至，爰公公婆婆事之。自熊氏謝世，夫人視妻，益親逾骨肉。屢欲為選一吉士壻之，而以求苛，歷歲苦不得。旋聞予有求凰之志，遂力為撮合，婚事種種，悉由夫人主之。其間，從旁助擘畫者，則有乃妹何夫人同文，暨吾家次烈在焉。予於夫人，論鄉誼，原姊視之，從此，乃隨妻以婆婆事之，而亦婆婆之矣。

政府遷臺之十四年，歲次壬寅暮春之禊，婆婆並鄉親七八人，集飲於予家。席間以予婚史為笑談，婆婆意興甚豪，嚴囑予撰求婚記，令妻書之以張其居。予思源知本，不敢不諾，退而要妻鄭重書其所藏予之求婚書以應之。示愚夫婦之結合，因得碩士婆婆之表率，固一遵君子之大道，而無不可告人者也。求婚書全錄原文，半字不易。如此，或可博婆婆之一粲乎。中華民國五十一年壬寅四月臺北。

一一六　二　務

國民政府以三十五年五月五日還都，浩劫之餘，百廢待復。文官處當事，鑑於千百員工皇皇於棲止之所，決在府後曠地，築眷舍以庇之。共耗公帑二億有千餘萬。（時以法幣為國幣黃金每兩約五六萬元）自經始迄告落，纔半載耳。鱗次櫛比，可安百家，一望渠渠，井然有序。榜總門曰文華村。此樞府內務之大事也。未幾，而又有勝利勛章之鑄造，所以獎抗戰有功者。為求速成，招標為之。純銀鍍金，中嵌元首像，總額四萬八千座，耗公帑十六億餘。交貨時，曾抽樣化驗其銀質，無誤而後收。此樞府業務之大事也。上舉二務，予以忝列秘書，均啣命躬與其役。而於勛章招標一事，則有足述者。當時競標商號約二十家，府方自估底價十六億餘。開標之日，印鑄局長周仲良，及有關職員十數人均出席，予為監標人。開標後，最高標價三十餘億，最低十八億。揭底價，久久無應者。予起立宣於眾曰：「愛國商人，應仰體政府當前支用之浩繁，儘求薄利，勉為其難，以示愛國。」眾面面相覷，仍無應者。予再宣曰：「予為長官之代表人，有權監督此事，主管局長在此可為作證，一切照合約而行，絕無陋習，有則惟予是問。」少間，其次低標者，商號曰大中華，出曰，果能如此，願效力。當獲審計人員之同意，遂作決標焉。於此足徵尋常公家各種招標之工程，其中情弊，大可供吾人審思也。

一一七　心療

予執筆患戰，自四十七歲始，時民國三十三年，尚棲遲巴渝也。初感甚微，瞬即平復，越若干日復然，竊揣或由勞動所致，漫焉置之。年餘，感漸密，漸劇，一筆在手，不書則已，書則戰不止，非抵以左手不能成書。嘗就診於中央醫院，幾經檢驗，莫究所以。中有名神經專家者，謂依病理推斷，神經中樞，或生微癥，演展所之，恐將由右而左，由手而足，而全身，亦未可知。予退而疑懼參半，以所戰僅作書為然，他固無恙也，仍漫焉置之。洎勝利東歸，志切有為，不惜傾家求治。藥也，針也，灸也，電療也，住洋人醫院也，檢拔病牙也，化驗脊水也，或京，或滬，歷試諸法皆無效。然自初感至此，已逾三年，所患者仍限於右手，仍限於作書，他固無恙也。未嘗如專家之所斷。頓悟病原或在宿傷，因血氣方剛時，喜與同輩角膂力，往往恃強好勝，罔顧後患。又因家貧無書，勤於借鈔，好書成習。涉世以來，手不離筆，有關神經，使用過度，皆致傷之主因也。自惟既無他疾，手戰何妨，縱不能愈，左手尚在，於是吾心泰然，不逾年，運用左手，已漸自如，昔之所患者，竟淡焉忘之。忘病而能療病，是知治病之道，有時繫乎心，昔曾湘鄉不信醫藥之說，良有以夫。

一一八 古 道

予當年主持行營機要時，兼辦文書事宜，屬下有傳令班之設，額十餘，專司遞送文電事。班長王正福，江北人，年三十許，數載相隨，知其便給而具幹才者。予調遷樞府後，一別十餘年，抗戰在渝，嘗相見，已積資升某軍法單位中校之職，蓄短髭儼然，而言談間，對予猶科長科長不絕口，知其亦念舊人也。三十五年初，府中執事，於籌畫還都之餘，對已故同僚及眷屬之旅櫬，合雇木船數艘，聯運而東，先室楊素亭夫人之靈柩亦與俱。時予已先期返京，王尚在渝，聞訊，自願護送先室靈柩東下。不謂四月中，過蕪湖某港汊時，突遭暴風，聯船互相撞擊，中有毀者，先室靈柩，飄蕩江干，王捨命追撈，終仍與群柩聯運抵下關，為予追述搶救之驚險，至佩其勇敢，而感其忠義，古道人也。靈柩登岸後，停寄雨花台下，以待杭江鐵路之通車。後聞府中經辦運柩執事談，起岸時，每柩舁者六七人，及先室，獨沉重不可撼，或疑灌水所致，舁人中老者言，此其俟親人也。於是執事者禱告之曰：「夫人！爾先生姜秘書，運爾歸葬，權寄雨花台，今因公忙未至，稍緩當詣靈恭祭奉慰也。」禱已再舁，則舉重若輕矣。同一柩也，無端而輕重頓殊，世事之不可解，竟如此。

一一九　就醫

三十五年秋，予手疾加劇，多方療治而不效，因籌資偕妻就醫於滬。得舊識名醫朱仰高博士介，求診於德籍某女醫之門，診時設舌人任傳譯，且診且翻醫書，示醫理所本，頭頭是道，若甚有成算者。針藥並施，踰來復而證候如故，勸住博愛醫院，抽驗脊水，作最後之診斷。入院，主治者即此女醫，抽驗後，得證吾身之無異徵，誠可幸矣，然因此偃臥病榻者五六日，舉頭則天旋地轉，暈眩欲死，平生病痛之難忍此為最。體驗所得，脊水通腦，挹此則損彼，稍失均衡，便致暈眩。故凡年邁體弱而生長力衰之人，非不得已，不可輕試也。予此行，歷時近二月，秋盡始返。醫藥所費，幾傾家為之，疾雖未瘳，而崇外心理不復存矣。客滬居處，在舊法租界愛棠路愛棠新村二號，此為熊夫人毛碩士彥文寓所，乃予妻視為母家者也。其家人時以新姑爺相稱，聞之別有滋味。時龍兒在徐家匯交通大學，桐兒在江灣復旦大學，予得閒即偕妻往觀其內外，規模誠可觀，終感大學教育，重智而輕德。其見於事者，往往誤以放任為自由，修身一道，絕不講求。學子之勤惰任之，烟酒娛樂之好任之，息藏之地之飭弛任之。聖賢所垂教誠正修齊治平之道，視為迂腐不足談。習非成是，如此陶鑄而成之人才，而冀其矜式社會，移風易俗，豈非緣木求魚。每見兩兒，輒以此意示之。回首二十餘年，不知吾兒尚憶及否。將離滬返京時，曾合影留念，予夫婦坐，二兒後立，龍右桐左。

一二〇 還鄉

涉世以來，不履鄉土，以抗戰時為最。勝利還都，人事卒卒，思鄉彌切。三十六年，予年五十矣，故鄉親友，促歸者數，遂以四月六日，偕妻離京作還鄉之行。七日小住杭垣，訪故舊，遊西湖，重溫舊夢，景物依稀。八日晚止於衢，翌晨抵江山，下車，逕趨家園，親故相見，恍惚隔世。五年前得閒歸，老父尚在，病中絮絮話家常，而今孺慕仍殷，音容已渺，孰料當年拜別之日，即父子永訣之時耶。憶母氏之逝，予曾顏家門曰「悅親園」，並撰文記之，藉申孝思，園名依然，而將何悅，俯仰身世，悲不自禁。傳敵軍竄據此間時，憤民情之奇悍，焚燒特酷，所至為墟，而予家因園廣池深，可供飼馬，內外堂室，竟免焚劫，然二老手澤，纖悉靡遺矣。

先室母家達道門楊宅，距吾家千步遙，屋宇亦幸存，岳母健在，年已八十，予偕新人往拜，猶能強顏笑語，予則惟有欷歔而已。越日，由三內弟學樵為導，展謁先岳父金銘公墓，及年前病故二內弟學坦之新塚。數年之別，幽明異路，感慨何如。

旋訪故里禮賢，祭祖於祠，掃墓於山。祠宇堂奧，已付兵燹，新築三楹，無分昭穆，視昔之巍巍華廈，迥然雲泥，民族深仇，如何可忘。吾父墓地，土名破塘山之西緣，坐東朝西，負茂林，面田野，可望禮賢北上之孔道。近山祖塋，則均告無恙。掃墓畢，假親族所，宴長老故舊約六十人，同姓者三之二，予於席間致詞：「抗戰八年，我軍民死難者千百萬，吾人歷浩劫而倖存，皆賴祖宗之積德，嗣後應互勉行善，以造福後人。」盡歡而散。既回悅親園，從事修葺，工竣，煥然改觀，冥念二老有靈，必喜乃兒之善悅其親也。月杪返京，逗留鄉土，忽忽幾二月矣。

此次還鄉，約在京鄉友徐君承道、余君邦武同行，遊西湖時，曾攝影於岳廟精忠柏下，四人駢立。又還鄉前，聞悉鄉情之疾苦，因多攜日常用品及布料，歸貽親友，濟其所乏，聊表心意。又依予家之堂兄時元，年逾六十，鰥居有年，乘予之歸，以五月十八日（舊三月二十八日），與某姓遺孀茅坂鄉毛氏結婚，是亦予家喜事也，鄰好不乏聞而道賀者。

是年十月，浙贛全線以通車聞，先室靈柩，停寄雨花台歲餘矣。予卜於月之三日，啟運回江山，護運人舊屬山東李君家雲，鄉親王君子畏。啟運之頃，僚好親友，集下關車站致祭者五六十人。在憶中者，徐朝桐、梅嶙高、庫耆雋、黃翰章、吳敬基、朱雲光、王學素、王縉達、姜恆基、戴德元，吳光韶、朱得憲、李廷鈞諸君子，及吾弟時檀。預定抵江山後，再運寄故里禮賢太平寺，以待明年之葬期。予對先室楊夫人之初步心願，至此差了。

一二一　勛　章

對日抗戰勝利還都之次年，民國三十六年也。四月十八日，為國民政府奠都南京二十周年紀念，政府為示酬庸之意，凡在國民政府治下，連續任事二十年以上而具勛績者，明令授勛有差，予得三等卿雲勛章一座，序次壹柒號。因不久前，曾以歷歲勛績，奉頒三等景星一座，故此次改授卿雲焉。按授勛故事，文職初授，多為景星，景星與卿雲，原屬兄弟勛章，所分軒輊者，授卿雲必在景星之後，故得此章者殊少。予自民十四投身革命以來，忽忽數十年間，奉頒勛章，此為第四次。初次特授三等景星一座，在三十四年國慶之前夕，序次壹柒壹號。故事，簡任初授為五等，特授不拘。同一命令中，同等者十二人，李宗黃、陶希聖、毛慶祥、羅時實、仲肇湘、梅嶙高等與焉。第二次忠勤一座，在三十五年一月二十二日，序次壹玖玖壹號，同一命令中十五人，李中襄、邵毓麟、吳鑄人、朱季玉等與焉。第三次勝利一座，在三十五年五月五日，序次貳零零叁號，當日明令中，頒給此項勛章者約千百人。自惟平生，盡其在我，尚知自勉，以言建勛於國家，抱慚深矣。又當國民政府奠都南京十周年紀念時，政府曾鑄造純金質紀念章一種，時予備員府中政務官懲戒委員會秘書，敬備工料價四十圓，具領一枚珍存，事關奠都掌故，特贅概略於此。章之大小，一如今臺銀之二角硬幣，重三錢強，上鐫國府大門縮影，背鐫篆書陽文「奠都南京十周年紀念」九字，又環以細楷「中華民國二十六年四月十八日」十三字，去今將四十年，疊經浩劫，不知存此金章者，尚有幾人。

一二三 新

當年京寓累廬，以苦心經營，房舍庭園，粗具規模。迨勝利東歸，累廬雖巋然猶存，而景物全非。廬外四院，一片荒涼，滿目蕭瑟。時予家難重重，日坐愁城，對此曠院，興嘆而已。

累廬位馬家街之北，院地南緣，距街僅丈許，以徐姓地之隔，而出進則由西側觀音巷，門牌曰馬家街觀音巷十七號。八載浩劫，舊有門巷，蕩焉為墟。日軍所遺沿馬家街之土砦，依然尚在，街以北之觀音巷、蘆蓆營、紫竹林一帶，周可十里之地，仍屬禁區。居民進出，僅許在中央路東向之砦門。予歸後，軍方立即歸還吾廬外，復允予於南鄰徐姓地上，闢砦直通馬家街。森嚴禁區，因而弛禁，一時頗引當地人之矚目，其砦亦因之而漸撤。居民稱便，甚德予之所為。三十五年二月，南鄰業主徐君長金，願與予協議立約，以地易地，彼則展其後緣，以便建築，吾則出進外門，改定南向，築新門於馬家街，訂門牌曰馬家街六號，此一新也。劫後累廬，虛有其表，欲謀葺繕，而力不逮。時都門屋荒，居大不易。吾廬樓下，舊識老教育家顧樹森蔭亭先生商而僦焉。予以僦金所入，從事修葺，煥然改觀，此又一新也。明年，營造商曹君德錦，居相近，知予廬後有曠地，屢商於予，願斥貲築室以牟利，地不計租，屆五年，而其室盡歸吾有，當於六月杪，立合約為憑。於是半載以後，一入吾門，即見渠渠新廬，屏列吾居後，此再一新也。而今寄身南服、北望首都，不知此三新者，果何如也。

一二三　雅　集

民國紀元第一戊子，三十七年也。三月上旬某日，值例假，國民政府秘書同仁，朱雲光、但燾、陳新燮、曹翼遠、吳椿、朱大昌、並予七人，假座國府大樓秘書室，作文酒之會。室在二樓之西廂，寬如廳堂，樓廣人靜，設座其間，有悠然無邊之感。予等七人，同為東道，另約嘉賓政務局長陳方芷町、暨名士汪東旭初、彭醇士、鄭曼青諸先生。是日，風和日暖，旨酒嘉肴，載談載飲，逸興遄飛，既酣，陳發議，盛會難逢，願與汪彭鄭諸名士，乘興作畫，分貽東道，以留紀念。韻事也，亦雅事也，舉座歡和。於是命給事即備紙筆墨硯匜盂於座側，各就所擅揮灑之。汪石，彭山水，鄭花卉，陳竹。或二人合作，或三人四人，亦有獨成者。畫時，戲謔百出，縱筆所之，若漫不經意，而皆精妙入微。或一氣呵成，或且飲且畫，大小共十餘幀。予得彭山水橫屏一，三人四人合作直幅各一。其三人者，今尚在，款識曰，「異生吾兄大雅之屬戊子新春曼青萱花旭初畫石陳方補竹並題」。題字方寸餘，飄逸俊秀，一如其人。此乃三十八年，室人悤遽離京時，無意中攜出者。往歲寄家景美山下，曾兩度遭家沉之災，圖書幾盡毀，此獨倖存。爾餘二幀，委棄京寓，不識尚在人間否。回首當年，下世者已五人，睹物興懷，不勝今昔之感矣。

一二四　完　願

戰後再度還鄉，在民國三十七年三月之下旬，蓋為先室楊夫人安葬也。夫人彌留時，予鄭重許歸葬之願，一日未為，夢魂懸懸。此時京杭聯運，浙贛暢通，八日離京，九日抵家。葬地勘定吾父墓前百十步，即故里禮賢土名破塘山之西，朝向同。長老親故，所貽輓句，不少名作，惜皆失於喪亂，獨於亡友故大法官胡翰立吳兄之遺稿中，見其句云，

「佳氣鬱新阡，遙聽歌聲悲薤露。精靈依故里，尚餘幻影在菱花。」與予所輓，「易簀論新人，一線因緣終慰望。迎櫬歸故里，三年心願算粗完。」紀實之句，字數句調，如出一手，亦巧合已。葬事原由予主持，詎抵家後不數日，即見困二豎，寒熱無常，飲食無慾，纏綿兼旬，中西醫皆莫究所以，或言為副傷寒，然亦臆說也。幸吾兒炎龍，義子王培桐，臨期，自滬校偕歸主其事，得親友謝朝俊、姜剛鳳，六甥毛士礜，及舊屬李家雲之熱忱相助，按部就班而行。葬前之籌畫，如何延人誦經，如何選石立碑，予均在昏沉中，僅矇矓聞其聲，而不能視其事，故葬期何日，已無印象，彷彿清明節前後耳。此役最不可解者，葬事既了，予積日之病，竟霍然而瘳，為葬事而歸，竟不與其事。說者謂先室有靈，知兩兒能盡孝禮，特藉病以節予勞云，是耶非耶。

一二五　惜　別

中華民國三十有七年五月二十日，我國家實施憲政開始之日也。總統府成立後，予仍任府中秘書。原隸國民政府之政務官懲戒委員會，因改制裁撤，則於同月二十一日開結束會議。會後攝影並歡宴，所以資紀念示惜別也。按本會成立於民國二十一年十二月，至此適十有五年六閱月，予之兼任秘書，亦與相始終。自民十四獻身黨國以來，於革命先進，親炙其人，而景仰彌深者，以本會初期委員諸公為最。葉公楚傖和平中正，長者風範。楊公樹莊、張公人傑，嚴正莊重，大公無私。黃公復生、陳公果夫，計慮縝密，言必有中。經公亨頤博學能辯，真理是從。張公繼正氣浩然，光明磊落。諸公往矣，而追慕之情未休，今且述張公繼之軼事於此。抗戰前某年，監察院彈劾某部長移付懲戒一案，極為各方矚目。後經本會審議，決議停止任用若干年，而尚待國民政府明令公布，遽有報章揚其事。事關洩密，予等秘書，涉嫌較重，各懷惴惴者累日。值某次召開常會將畢，張公忽起立聲言曰：「此次某案之洩密，過在本人。因決議後，復於懲戒書上簽署，以為案已大定矣，有記者詢及，遂直告之，茲特鄭重申歉意。」同人聞之，皆盛讚公態度之光明不置。是偉大人物，偉大風範，誠足為百世法者也。

結束會議之日，同攝影同宴者，本會在任委員鈕公永建、吳公忠信、鄒公魯、陳公光甫，主任秘書朱雲光，秘書徐朝桐、姜超嶽、馮百平，及職員吳大遒、戴德元等外，有總統府秘書長吳公鼎昌，第一局長許靜芝，第二局長陳方，第五局長周仲良，副局長吳椿，首席參事胡翰，秘書但燾、陳新燮、曹翼遠、陳恆安，人事處長梅嶙高，會計長吳治普，編審張占鰲，科長江聖壤、張家柱、齊憲為、路承華、宋起達、吳國權等，共三十餘人。當年惜別，而今幽明異路者，幾達三之一。又本會委員額定七人，自民國二十二年始，先後遞嬗者，有陳立夫、李文範、鈕永建、鄒魯、吳忠信、陳光甫諸公。常務委員初為葉公，後為鈕公。主任秘書歷任三人，謝健、朱文中、朱雲光。秘書歷任六人，王汝翼、王恕、姜超嶽、程起陸、徐朝桐、馮百平。合計歷任委員、及主任秘書與秘書二十餘人中，尚健存者，寥寥無幾，人生猶寄，世事如煙，可勝慨哉。

一二六　掃　墓

先室安葬，予原擬同時掃墓，不謂誤於病，新阡既成，亦未一履其地，終懷耿耿。是年十月十二日，乃隻身再度還鄉，一了私願。往返旬日間，所歷所聞所見，有足紀者。時徐淮會戰方酣，幣制改革後之金圓券，流通已近二月，限價政策尚在雷厲風行。黃金官價，每市兩二百金圓，京滬杭鐵路聯運金陵號頭等票價九圓有奇，浙贛線杭州至江山頭等票四圓數角。當晚過杭時，邂逅鄉後進鄭君純禮，邀酌某酒樓，二人所費僅三圓耳。惟百貨商號，因受搶購風潮之影響，皆有市無貨，與京滬情形同。時省主席陳儀，接事未久，其幕僚中江山同鄉特多，保安處長毛森，人事處長鄭國士，秘書處科長徐松青、楊德三諸君，均先後在鄉在省相晤。爾餘執事之未謀面者，不知幾何，亦盛矣哉。當予抵家後，故舊聞訊，紛紛聯袂過訪，中有卸任湖南芷江縣長何某者，謂南京朝夕不保，君曷挈眷同歸。予笑語之曰，南京不保，君何所據，予為了私願而歸，豈逃難耶。君非共黨，請勿作此搖惑人心語。彼嘿然有慚色。後聞何某乃與匪同路，其家有青年差使，異鄉人，供事勤快，能博人歡，及匪軍陷江山，此青年一變而為縣府之秘書，為酬何某掩護數年之勞，曾與以一職云。可畏哉，人心之不可測也。

一二七　答　問

當徐淮會戰將了，風聲日緊，政府之於百僚，興遣散之議，凡自願回籍待命者，優給若干月之俸金。實則名為待命，無異裁員。時京中軍政機構，競作應變舉措，器械物資，播越載途，各方僑京眷屬，亦紛紛回籍，舟車擁塞，訛言繁興。府僚中與予有舊者，聯袂問行止進退於予。予曰：「一官半職，世俗之所榮者也，平昔求退，所以示清高，可退當退而不退，則為戀棧，今則異乎是。當前局勢之險惡，誠無可諱，予食祿二十餘年，不忍臨難苟安，惟上峰之命是從。命退，不越宿而行，不命退，湯火赴之。予自處之道如是，諸君如何，請各從其志。」問者無言而退，此民國三十七年十一月六日事也。

一二八　啣　命

我軍徐淮會戰失利之訊既揚，社會阢隉不安，日甚一日。京中市場，一片亂象，搶米風潮，蔓延全城，人心皇皇，不可終日，遷都之謠，不脛而走。我當事特於十二月初，鄭重闢謠，以鎮人心。而予則於其時啣命入粵，秘書長吳公達銓，面授機宜，謂假名考察幣制改革後之情形，而暗中作政府南遷之備，對省市當局，密以此意示之，萬一南遷，總統府及公物人員眷屬如何安頓，須設法預為之計。受命後，悤悤摒擋，以月之十日，偕編審胡建磐，乘央航機飛穗。當地大小逆旅，十九人滿，初寓太平南新華大酒店，單房七十六金圓，添一人加二十六，時港鈔兌八金圓。旋遷惠愛中倫敦酒店，房金六十，添人不論，規模雖較遜，以密邇省市府，便於聯繫，遂暫作定居焉。逆旅清夜，思潮起伏，迴憶民國十四年，應毛師勉廬之邀，初蒞此土，年未三十，而今重遊，垂垂將老，愧志業之無成，歎浮生之易逝。當年北伐，以此為發祥，曾幾何時，又賴之為退路，世事何其無常也。

一二九　南　遷

政府南遷事，予於啣命入粵前，惴惴於機密之萬不可洩，抵穗後，聞接所及，公然言之而無諱。省市當局，於總統府之府址，若成竹在胸，漫不為意。市長歐陽駒，並明告不日興工之市立第三中學，即暗中備作府址者，當囑財政局長陳秉鐸導予往觀。其地、位東郊石牌，平崗一片，廣袤可數里，自城區至此，車行二十餘分鐘。竊念雖得地利，究嫌空中樓閣，可望不可即。後以局勢日急，疏運專車陸續南下，在三十八年二月上旬前，予與胡編審二人，奔走洽訪，先後得中山紀念堂東首之曠樓，沙面之市民銀行倉庫，大馬站六十四號招賃之民宅，文明路八號之中山大學禮堂，盤福路市建之盤福新村，河南之大元帥府舊址，及西堤大新公司受戰火後之殘樓等地，以為安頓公物人員眷屬及辦公之需。其間因受總統宣告引退之影響，往返交涉，備嘗世態之冷暖，所歷酸辛，言之難盡。當四月二十一日和談破裂以後，記者報導政府動態，極揶揄之能事，謂予與胡編審，「在粵從事尖兵工作，終日東望望，西看看」令人啼笑皆非。

關於府址之選定，一波三折，南遷困擾，莫此為甚。最初所謂市立三中者，既非咄嗟可幾，而局勢逼人，又不能不及時為之所，市當局感於責無旁貸，乃於二月初，指定文明路中山大學之禮堂為之。此為國父當年講演三民主義之地，戰時毀於彈，方告修復，入堂門首，額曰「有志竟成」，中懸遺像，前屏層樓，下環駢室，可容百數十人之作息。不謂正部署間，而教育部代部長陳雪屏，總務司長吳兆棠二先生，率部員四五人，蒞府過訪，堅請合堂從公。予念同舟共濟之義，立允騰讓前樓為部址。器物既集，堂室皆滿。及政府全部南遷，人員驟增，而府部政務，又重張伊始，一時公私之交接頻繁，出入紛紛，幾有肩摩轂擊之概。眾論觀瞻所繫，遷地為良，於是向省市當局，一再商洽，於總統府新秘書長邱昌渭氏接事前一日，即七月七日，遷入富麗雄偉，儼然宮殿之市府大廈，高踞四五樓前廳，一二局居上，五局及人事會計兩處居下，氣象軒朗，區處秩然。視假址中大禮堂之偪側龐雜，誠較勝矣，然蒿目時艱，終難免窮途依人之感。且僅僅三月，而輾轉蜀道，而倉皇渡海，尚何言哉。

總統府此次南遷，播越諸務，第一局獨任其重。當和談之未終也，局長兼副秘書長許靜芝，在京代攝秘書長，副局長朱雲光奉親留籍。凡有關政府南遷事之奔走商洽，及公物人員抵穗後之部署，皆由予以秘書名義主其事。時通國鼎沸，百務紛繁，艱難因應，幸告無罪。迄政府南遷後，即明令以予承乏副局長之職。自是主總務外，又兼理文書，黽勉數月，怵於人事之日非，而於七月二十六日，簽呈總統，懇辭副局長焉。文曰：「竊職備員府中，碌碌無似。自首都南遷，復蒙畀兼第一局副局長之職。時際艱虞，不能不勉圖報稱。奈數月以還，雖懷靖共之誠，終深蚊負之感。與其貽誤來茲，孰若知難而退。

為此敬懇鈞座俯鑒微忱，准予辭去副局長兼職，仍專任秘書，實為德便。」簽上，二旬而不報，再辭，始獲准，時民國三十八年八月十七日也。（簽呈文已編入《實用書簡》陳情類）

一三〇 穗　寓

曩居陪都，嘗以災劫頻遭，數月而三遷。此次客穗，迫於情勢，不匝月，亦三易其寓。離亂生涯，如出一轍。三十七年終，總統府疏運專車，發自南京，翌年元旦，過家鄉江山，予眷即搭乘南下，十一日抵穗（府職員黃翰章曾伯球張爾璋趙文藝方天培楊覺權王碧然曾橋李家雲等及眷屬數十人同乘此車）。時予寓倫敦酒店，眷即下榻焉。越二宿，而客寓文明路中大西堂百零九號之老友王扶生兄，邀寓其餘室，遂於十三日襆被往，則中山大學教授叢居地也，距市府所指定供總統府辦公之禮堂密邇。私有老友呴俞之益，公省奔走從公之勞，難中得此，自分姑安之矣。月杪，局勢日壞，京中次批專車，載運員工及眷屬四五百人，又已首途南下，需屋孔亟。屢經洽借十幢之市建盤福新村，方告成，適同僚今考選部次長梅嶙高兄，時任人事處處長自京至，共商為防生枝節，即日接收，並由吾二家先行遷入，藉資照管。予乃於二月二日，自中大西堂，遷居盤福新村四十五號，梅四十七。共牆連棟，樓台互通，雖分二戶，情同一家。吾二人當年在渝供事侍從室時，同賃南溫泉之怡園，面室共廊而居者歷七載。而今南北播越，舊夢重溫，聚散離合，若冥冥中別有主宰者。此地位城西北隅，當觀音山之麓，闢有馳道曰盤福路，毗連流花橋，人煙寥落。新村初成，電火未達。鱗次近百幢，入居者僅數家。夜深燈暗，一片幽寂，四望沉沉，如處荒郊。俄而居者湧集，則十室十滿，熙熙攘攘，遽成鬧區。奈好景不常，未幾，而匪焰南燎，居者又倉皇四散，往日之欣欣向榮，無異曇花一現。其盛其衰，驟焉忽焉，幻世泡影，可勝嘆哉。

一三一　偷閒

予自三十七年十二月十日南下，迄翌年國慶後一日，因局勢逆轉，悤遽赴港止，棲皇於穗垣者，適十閱月。政府南遷前後，從公之餘，嘗偷閒遊覽勝蹟以寄情。如國父蒙難之觀音山，雄踞山椒之鎮海樓，叢葬七十二烈士之黃花岡，千年古蹟懷聖寺之光塔，河南之嶺南大學，石牌之中山大學，清季張之洞手創之廣雅書院，皆曾一迹其地。遊屐悤悤，歲月淹忽，獨於廣雅記憶猶新。出西郊，廣道如砥，嘉樹成行，直達其門。方墉厚基，外繚深渠，佔地百畝許。門階堂奧，層次有則，規模氣象，似與清宮相彷彿。篁樹參差，舊閣猶存。省立廣雅中學即設於此，值假中，幽靜無囂，若別有世界然。同遊者予妻素梅，僚友梅雪巖兄伉儷，李廷鈞兄父子，暨老友王扶生教授，時在七月下旬。中山嶺南二大學，祗憶其輪廓同擅山林之勝，一則空闊無邊，一則幽雅絕俗。遊嶺南在三月初，同遊者有僚友吳耿青、王唯石二兄。遊中山則在廣雅之後，同遊者，梅雪巖兄伉儷，及予妻素梅。爾餘印象，茫焉渺然。至壤地相接，號稱異域而為國恥所肇始之香港，亦於其時作一日遊，初履斯土之觀感，洋場社會所以異於吾人者，重秩序，重科學，重享受而已。來去乘廣九鐵路之江南號，四小時可達，票價銀圓四枚，合港鈔三十一元，時民國三十八年五月杪也。

一三二　亂　象

三十七年八月，幣制改革，金銀國有，法幣廢而金圓興。凡具愛國心者，紛紛以所有金銀法幣外幣兌換新興之金圓券，黃金一市兩，兌二百金圓，法幣三百萬圓，換金圓一。銀行門前，兌者潮湧，累日不衰。商肆日用品之標價，向之以萬計者，立即改以分、角、圓矣。久習於昂數，一朝低價，令人有輕鬆之感。乃未幾何時，囤積搶購之風作，金圓貶值，日甚一日。不久前之低價，如曇花一現，買賣所需，又漸復以十百千萬計矣。此當年京滬間亂象之見於幣值者也。徐淮會戰既終，亂象蔓延，有增無已。予於是年十二月初至粵時，市場交易，尚以金圓券為準，港鈔時值為八金圓。尋以政府南遷之謠漸熾，外匯黑市亦漸騰。迨明年三十八年一月二十日總統引退之訊至，港鈔兌價，自三十餘金圓，一躍而為五十。二月八日二百圓，越三日倍之，未閱月又倍之。和談裂，政府南，更一瀉千里，至五月八日，港鈔一圓，竟需金圓三百萬矣。中雖乞靈於巨額鈔票，千元萬元十萬百萬千萬，而票面之數額愈巨，其流通之實值愈微，外匯黑市之漲率愈高而愈速。迨六七月以後，不僅早晚懸殊，甚至一進出間，差池亦驚人。凡得金券者，到手即競購金銀外匯物資以保值。金圓既失效，而有銀圓之復辟，與夫銀圓券之發行，一時所謂金圓銀圓者，其實值反倒置萬千倍，幣制之紊，前所未有。後起之銀券，不旋踵又蹈金券之覆轍，亂象一片，人心去，而大陸亦去矣。

一三三　離　群

政府南遷後又西撤陪都也，決策於三十八年八月中。至十月上旬，陸運者已先後啟行在途，空運者正分批按日程待機而行。予之行期，原定月之十五六，詎國慶甫過，忽傳機至即行，須倚裝以待，並聞必要時，將以警報為赴機場登機之號者。情勢之危，不難想見。待行人員，惴惴於變生俄頃，多臨時各自為計。予不得已，乃變計赴港暫居，在淒涼情景中乘廣九車離穗，汽笛一聲，不禁自語曰，別矣行都，別矣廣州，再見何時，時十月十一日薄暮也。抵港後，原擬寄居宿好施公猛兄寓，因先期辭職來此之僚友吳椿耿青兄及其夫人朱禹娟嫂，懇摯相挽，情極感人，遂在九龍青山道一二二號三樓共室而居。越日，而行都變色矣。旋接政府通知，囑於十一月底前赴陪都報到，覆書未發，而央航中航二公司以投匪聞矣，航郵亦斷矣，未幾，而巴渝告急，西撤者又倉皇東飛赴臺矣。大局日壞，欲行不得，徒喚奈何。予涉世以來，自弱冠執教始，三十年中，未嘗一日失所業，跼蹐海隅，忽忽經年，雖獲親故道義之助，終懷離群索居之感。報國有心，實逼處此。錄三十九年四月初，復吾友許靜芝兄之舊稿於此，以明吾志。稿略曰：「未來出處，願揭肺腑一言，猥以椎魯，食祿二十餘年，見危而退，本非素志，當事果有需於走者，湯火不辭，若徒在餔餟，曷敢自薄。」此予離群後之心聲也。

一三四　陰　魂

予於民國十九年冬，由國民革命軍總司令行營上校機要科長、秘書，調遷國民政府參事後，展轉參議、秘書、總統府第一局副局長，迄三十八年十月，行都危急之頃，以秘書離職，先後歷二十年。中雖曾調教育部，及委員長侍從室，先後七八年，而樞府名籍，始終保留。半生朝士，因緣如許，一朝違難去國，情何以堪。故抵港後，雖賴道義至交之力，寄身有所，而清夜捫心，終懷苟免苟安之疚。讀庾信「彼黍離離，大夫有喪亂之感，麥秀漸漸，君子有去國之悲。」句，人非木石，耿耿曷已。相處難友，因常戲呼予曰「陰魂不散」。予固自況孤臣孽子者，每聞戲呼，輒笑承之，未嘗以為迕也。港寓居停，即前樞府同事吳椿耿青兄，夫人醫學士朱禹娟嫂。時吳充大陸撤退遷港某某商業銀行聯合辦事處秘書，所居即行員宿舍。同居者，予及妻女外，居停同學田興智博士伉儷，及鄂人楊某。旋楊去，故交黃正銘、程國勷兩博士伉儷至，賓主九人，合戶共爨，朝夕相處，怡怡融融，情同骨肉，知者咸讚予等為社會主義之實行者云。未幾，田以事他遷，黃與予同為陰魂不散之倫，韓戰既作，遂先後渡海而東矣。

柒、行都雜志

此予五十三歲，即民國三十九年十一月，自香港抵臺北以後事也。臺北，臺灣之一省轄市耳。自我政府於三十八年十一月東遷後，一躍而為首善之區之行都。予羈棲於此，倏忽十餘稔矣。歲月悠悠，人事卒卒。不有鑑往，何以勵今，作行都雜志。

一三五　渡　海

民國三十九年十一月十日，予自港挈家渡海之日也。所乘英商海輪，曰永生，泊西環渣甸碼頭。海關役吏，對乘客行裝，藉故留難，得賄則了。予無奈，亦賄之，斥港鈔五十圓。傍午登輪，居停吳椿耿青兄伉儷，鄰好李氏伉儷，皆蒞碼頭送行。患難相處，臨別依依。吳夫人朱禹娟嫂之盛情感人，尤令予夫婦不能忘。十二時啟碇，離亂行旅，念往思來，別有一番滋味在心頭。三等房艙港鈔百四十圓，統艙六十圓，妻獨居房艙，其陳設有如國輪之頭等然。輪中乘客，上下艙滿。邂逅鄉人吳君維梅，舊識沈君鵬，前侍從室同官鄧君翔海。浩劫餘生，互慶無恙。聞輪工言，當舟山告撤，韓戰未作，乘客寥寥，東渡者尤希，有時僅一二客云。想見當時臺澎情勢之峻，民心之恐。海行次日，浪興輪簸，呻吟盈耳，嘔吐滿目，予則忍飢靜臥而免。翌晨八時，抵基隆外港，經憲警及海關查驗歷數小時，晌午始傍岸。友好集此迎接者，許靜芝兄、王大芬嫂伉儷，梅嶙高兄、陶春暉嫂伉儷，周建國兄、傅瑜嫂伉儷，暨黃翰章、倪耐冰、胡建磐、張家柱、姜紹誠、姜毅英、王縉達、汪德祿、鄭純禮諸君。難後重逢，倍感歡愉。聞諸友好候輪逾半日之久，盛情如此，深滋不安。嗣乘許兄座車逕之臺北市區鄭君純禮寓所，沿途國旗招展，頓憶是日乃國父誕辰之慶。棲遲異域，度日如歲，纔易星霜，恍歷年代。重睹漢家官儀，滿懷鬱結，倏焉冰釋。麥秀黍離之悲以泯，而獻頌中興之念，油然作矣。基隆以雨港名於世，日雨為常，不雨為偶，是日不雨，巧遇也。此行同行渡海者，有總統府僚友沈君開運、毛君立民、陳君永周，及林君之翰之嗣君正民。

一三六　居停

予抵臺後，以吾鄉後起鄭子純禮為居停。寓所門牌，曰中山區中山北路一段一三五巷六一號。當時俗呼其地曰大正町八條通，蓋沿襲日據時之舊稱也。日式舊宇，廳一房三，隔以紙門，並廚廁不足四十席。鄭子習工程，其所主持有年之信益建築公司，亦設於此。執事若干，宿此者二人。自予挈眷至，其房之向陽而較寬敞者居予，背陽者晝為二，居停與執事則前後焉。合兩家一公司，男女七八，作於斯，息於斯，一時有人滿之感。夜深人靜，彼此聲息，歷歷相聞，恍若置身海輪中之統艙者。居停伉儷師事予，夫人倪蔚然，賢而慧，待予夫婦尤厚。公司執事陳君與黃，沈君文華，亦如居停之待予。朝夕起居，老師師母之聲，不絕於耳。怡怡融融，無異港居時，幾忘吾身尚在亂離中也。時欲臺居者有二難，言入境，限於在臺直系親屬之申請，否則必藉有力者之作保，而保予者，老友毛君人鳳也。言居處，以住屋奇荒，非擁多金莫能致，而予則得居停之借居。凡此因緣，皆令予不能或忘者也。

一三七　歸　隊

予自民國三十七年十二月，奉命自京至粵後，亂離蓬轉，與黨中組織失聯繫者幾三年。迨三十九年年終，我政府遷臺之次年，黨中號召黨員歸隊。予乃於翌年一月二十二日，詣臺灣省黨部報到。奉編臺北市第十四區第二十一分部某小組。同組同志周監殷、諸華仙、楊聯璧、何懼、許殿仁、王信民、孫潔泉、楊世滋、劉廷芝，稍後又加新自港至之劉大元，並予十一人。籍異，業亦不同。素昧生平，藉黨誼而相識。居各一方，因世變而聚首。人生結緣之微妙，真有匪夷所思者。組長周監殷，從事教育有年，富於熱忱。家寓中山北路一段一三五巷七二號，小組即以其家為集會所。予寓同巷六一號，望衡對宇也。是年四月，組織更張，改番號為第十五區二分部一小組。周以事繁懇辭組長，選楊聯璧同志繼之，集會之所則仍舊。分配工作，公推予任紀律。十二月十二日，予遷居木柵考試院眷舍，移轉黨籍於中央直屬第六區黨部。原小組同志，於十六日醵資假周寓餞別，並集雅典相館攝影留念，予妻女亦與焉。患難同志，情誼親切，可感也，亦可念也。當組織更張之後，曾奉上級填報「黨員反省檢討表」之命。表列項目凡十，細究其真意，無非根查黨員歷史，及其派系因緣而已。故予於末項填句曰：「山野之性，不願苟同，投身革命以來，祇知忠於黨國，以盡我心。派系之事，厭與，亦厭聞。」

一三八　三　書

予既挈家抵臺，親故至好，饋金者，饋糧者，願供養者，不乏其人。益以妻女十指之所入，亦足資以為活。餔餟無虞，待價有心。是以冠蓋故舊，雖頻頻枉顧，而未嘗一迹公門。匝月矣，乃上書我元首，告行止。文曰：「總統鈞覽：超籍隸江山，為鈞座左右中有江山人之始。愧無倚馬之才，而能抱樸靡渝。二十餘年來，以是見知於吳興果立兩公，以是得追隨鈞座，備員戎幕與樞府，亦以是於去歲李氏當國時，怵於人事之日非，託故而退。息影海隅，賴妻女十指之酬以為活。風雨雞鳴，敢忘擊楫之懷，近以道義因緣，挈眷來此，願隨漢家官儀，共整錦繡河山。敬以上聞，藉慰鈞座，舊時萬千僚屬中，尚不乏磨而不磷涅而不淄之人在也。」書上，蒙召見，垂詢近狀，次詢有何專攻，繼詢對人事意見。予皆秉實扼要作答，論及推行人事，當以本身健全為第一，總統首肯者再，勉以多加研究而退。時民國四十年元月十三日也。

賦閒八月，終慼苟安，乃再上書陳所志：「竊超猥以犬馬之資，備員於鈞座左右者，先後二十餘年，前歲在粵，因憤國事之日非而退，去年則懷擊楫之志而來。本年春初，曾蒙召見，垂詢殷殷，終生不忘。玆憑舊屬因緣，敢一瀆其向所欲陳而未陳者。超於三十七年徐淮會戰方酣之際，奉前吳秘書長達公之命，偕科長胡建磐入粵，暗中於遷都事有所部署。及鈞座引退，中樞南撤，舉國皇皇，而官僚當路。超時以府秘書兼第一局副局長之職，艱難應付，頗以孤臣孽子自況。彼時播越未定，府內諸事，幾全由第一局獨負其重。新任長官，對舊僚又深懷成見，凡所舉措，啼笑皆非。因而不得不託故告退，以致流離海隅，賴室人十指之酬而活。個中實情，共難舊僚，莫不知之，而許副秘書長最深悉。超賦性耿介，不忮不求，更遇事不苟，而能盡其在我。往時在總部，在樞府，在侍從室，抱樸靡渝，差足自異。故當今春奉謁鈞座之日，雖身處困阨，情同流離，而一念鈞座萬幾在躬，宵旰憂勞，輒不欲以個人出處，上瀆清慮。實則故主之情，未嘗須臾去懷。近更感於世界風雲之日亟，大陸同胞待救之日切，凡我血氣之倫，有為之士，絕不容偷安自逸。顧我昂藏，毅力依舊，願鈞座垂念區區報國之誠，重予仰贊海嶽之緣。聞雞鳴而起舞，倚書劍以俟命。」書上，賜金二千。傳同時賜予革命先進馮某名公者亦如數。於是府中故舊，許靜芝、胡翰、朱大昌、梅嶙高、周宏濤、賀楚強、葉實之、王唯石諸君，聯名重陳予之所志。頒命參議，而得重登廟廊矣。因又上書秘書長王公，一申謝忱。略曰：「憶昔于役陪都，嘗於委員長官邸會報席上，奉陪末座。因得時親謦欬，是超之於公，情同僚屬。而來此十月，未嘗妄擬謁候，非敢疏慢，亦宋馮京不謁韓太尉之微意而已。今者，既荷大德，采及葑菲，謹靜候於此，以待公之有所訓迪或驅策者。」

不數日而約談，謂局勢有展，當再相機借重云。此同年九十月間事也。（上總統二書分別編入《實用書簡》述況類陳情類上秘書長書編入同書陳情類）

一三九　異　數

予渡海後之周年，民國四十年十有一月也。考試院代理院長鈕公惕生，謬采虛聲，聘為法規委員會專任委員。承另眼相看，為設座逼其側。機要主任金體乾，首席參事陳天錫，秘書楊君勱三先生，亦同室而處。二三月後，體察所及，得悉院務施展，院長與諸考試委員間有未洽者。而鈕公耿耿為公之誠，則極可感人。嘗痛切宣示於眾曰：「吾苦不能出心肝相示，出心肝仍無字以取信，奈何。」時有擬議中之某措施焉，在公本意，所以示大公，而事關體制，行之必滋物議。公獨持己意，志在必行，委員之異議，左右幕僚之勸阻，皆弗納。將付諸實施矣，金陳二先生，及參事兼人事室主任李飛鵬先生，願試最後之力諫，堅邀予與俱。謁於公邸，仍格格不入。在茗話他事之頃，予乘閒漫談對於當代人物之觀感，暗示以眾之有所不諒於公者。首舉前國府主席林公，生平極重情誼，而在公絕不言私。次為陳公果夫，言滿天下，而有時重無言之教。次吳公鼎昌，其對親信之心傳，於人言多聽，於己言多留。最後則及友邦元首，如羅斯福、杜魯門二氏，

其所揭櫫於世者，未嘗諱言出自智囊之決策。並舉所知諸公之故實以證之。終以偉大人物能集納眾人之智慧作論結。公立起執予手曰：「金石之言，金石之言，吾領教矣。」其事遂中止不果行。向日眾之所皇皇者，颿爾以寢。此四十一年一月間事也。其後公書贈「百花開處松千尺，眾鳥喧時鶴一聲。」一聯，以示嘉勉之意。當日區區談言，竟獲微中，而謬邀耆勳鉅公之賞識，亦異數哉。特志厓略，以見前輩之從善如流，足為後生小子之矜式也。

一四〇　院　課

此言民國四十年考試院之月課也。時播越甫定，人心粗安，代理院長鈕公惕生，倡月課之法，按月或隔月，課屬僚作文二篇。考選銓敘兩部同例，一題頒發，一題自擬，統以有關人事者為限，頒題之深淺，視職位之高低而定。以院部首長及幕僚長為評閱人，而院長一一覆核之，或加眉批，或綴總評。優者每題獎金新臺幣百圓，以次有差。獎金則由院長斥其機密費充之。所以勉僚屬之進修，通上下之壅情，法至善也。予進院不久，適逢課期，頒題大意，係對本院現行組織法之意見。予以新進，不敢妄議，僅陳自擬題一文，題曰「幹部與人才」。略抒積年對於人事之觀感，長逾千言，當事評為有關世教人心之作，得獎金百元。後寄香港《自由人》刊布之，熟友見者，多謬許言人之所諱言，可以砭世云。原文錄后。

幹部與人才

若干年來，政壇健者，多盛倡幹部決定一切之說。凡欲有所作為，必先求其所謂幹部者，公然號召，相習成風。於是甲者擁幹部若干，乙者擁幹部若干，丙若丁者亦若干。各私其私，各親其親。士之熱中於奔競者，大有不入於楊必入於墨之概。流弊所之，往往以道義始，以利害終。道義則合，利害則散。試觀歷年動亂劇變之際，一般認賊作父，助紂為虐之輩，固多所謂某系某氏之幹部者也。且又為政壇所認為傑出人才者也。當承平時，榮寵所加，令人側目，國家待之，不可謂不厚。而一臨利害關頭，輒掉頭而去，既不知節義為何物，更不知人世間有羞恥事。成例昭昭，言之太息。故所謂幹部者，如由今之道而不變，能成事亦能敗事，可恃而不可恃也。予以犬馬之資，風雲際會，亦嘗疏附於賢豪之後，溷迹於樞要之間。體驗所及，深感所謂幹部者，貴以公義相激礪，絕不可以之自私。自私，則為其幹部者，必多倚為聲援以自重。因循浸漸，派系由是而立。派系立矣，不期其有利害之爭而爭自起，不期其有傾軋之習而習自成，不期其有壞法亂紀之弊而弊自作。究其極，今之所謂幹部云云，徒為植黨營私之代名詞而已。然則幹部大可以已乎，是又不然。國家社會之任何功業，決非一手一足之烈可倖得而致。史載歷朝開國之初，莫不謀臣如雲，猛將如雨。即如我國父當年之從事革命也，方其垂成之時，四方志士，聞風景從，前仆後繼，雲龍風虎，極一時之盛，是真所謂幹部者也。十室忠信，五步芳草，今固猶昔也。故吾人果有需於幹部者，不患其無，而患其無用之之道。誠能秉忠憤耿耿之心，具光明磊落之行，一切為民族，為國家，為主義，絕無個人權利之思，風聲所扇，志士仁人，必樂為我用。夫如是，何時何地，不得幹部，尚何求之有哉。

孟氏倡人皆可以為堯舜之說，莊子有大匠無棄材之論。此足徵欲成人才之不難，而在乎使用人才之匪易。不難者，吾人果能具向上之心，與求善之志，因行以求知，即知而力行，堯舜尚可及，遑論人才。匪易者，必須有辨才之識，有養才之方，有用才之道。世有伯樂，然後有千里馬。否則而令跛者趨，盲者視，僨事必矣。是以求國之治，貴能人盡其才，人盡其才，貴能因才而用。人世萬變，此道不易。迺今之談人才者，往往有一傳統觀念牢不可破。似乎所謂人才者，非謂其人為專家學者，即謂其人為能文善辯之士，舍此皆碌碌之輩。國家承平無事，坐而論道，此誠人才也。今何時，此何地，不談人才則已，談則非破除傳統觀念不可。吾非謂專家學者能文善辯之士非人才也。為適應時代之需求，尚有更迫切更重要於此者。踐履篤實之人人才也，忠義奮發犯艱蹈危之人人才也，富貴不淫，貧賤不移，威武不屈之人人才也。其他瑰意琦行之人，而為凡夫俗子所難能者，皆人才也。人道敏政，地道敏樹，以是為人才，夫而後可以共安樂，可以共患難，可以言移風易俗，可以言立懦警頑，可以言興衰振弊。然此等人才，大都有其獨特之風骨，求之不得其道不至，用之不得其道不留。先哲所謂君子難進而易退者是也。援此說也，今之自命用世之才者眾矣，其難進而易退者幾人。興念及此，無怪政風之每下愈況乎。尤可痛心者，嘗見有儼然人才者矣，鑽營趨附，恬然為之而不以為恥。一朝據高位，擁尊榮，竟罔恤時勢之艱難，仍斤斤於權利派系之爭，個人享樂是求。國家何貴乎有此人才，縱具滿腹經綸，何補於救亡圖存，以是為人才，此國家之所以有今日，此浩劫之所以難逃也歟。噫。

一四一　克難

予抵臺後之重任公職也，在民國四十年十一月，時政府值播越之後，百廢待舉，而財力匱絀，於是倡克難以濟之。一錢之費，一物之置，可省省之，可代用代之。風氣所扇，耳目所接，莫非克難也。考試院嘗設委員會主其事矣，院長鈕公，對僚屬面命耳提，倡之不遺餘力。偶謁其邸，敝椅舊架，室無長物，陳設之貧陋，非親歷者不敢信。退而沉思，公以革命元老，政府鉅公，克難如此，為其屬僚者，焉可不仰體公忠體國之誠，略盡書生報國之道。故遷入所配眷舍時，雖可按例申請三五家具，而予則一本克難精神，力求自給，凡起居飲食之具，一例從簡，從省，拼櫃為榻，支板作案，鋸木而枕。若凳也，几也，盤架也，門櫥桅檻也，其可自製者，莫不出自雙手之勞。公餘休沐，椓椓丁丁，椎鑿刀鋸之聲不絕。室人素梅，則出其匠心，選用舊衣廢帨，巧縫帘幔罩帕之屬，以掩飾之。井井有序，儼然雅室。故居此十二年有七月，受配陋室一椽外，未嘗移用公有之一物。至好同僚，往往資為談助。此則差足引以自慰者也。其榻，其案，其枕，迄猶沿用如故，而處之泰然。冥想河山重光，將併其他手製之器皿，攜以還鄉，垂之後昆，以示當年之如何度國難也。

一四二　獻議

民國四十年五月初，報載行政院院長陳公辭修，對民選縣市長訓詞，痛論官僚作風之害。予以一時棖觸，具書獻議當前之急務，並申論官僚之所自來。闢首有「公勛望誠隆，而毀者亦眾」之語。書竟，任意署「姜異」二字以代名，原無所希冀，既發，而漫焉置之。一日，忽有叩門訪姜異者，驟聞訝然，旋頓悟即予任意所署之筆名。訪者乃政院參事吳錫澤先生，謂奉院長命，願聆對黨政之意見，並謂院長對予獻議甚讚譽，欲知予之略歷，特囑其親訪，以示鄭重。談移時而別。越日，又接奉五月十六日臺四十院函第三八二號陳公簽署之覆書，略曰：「凡所陳述，切中時弊，具見關心國是，曷勝欽挹。經派本院吳參事趨訪，藉審近祉，無任快慰。」云云。逾年，十一月中，電力加價之議興，輿論沸騰，惴惴於大陸覆轍之重蹈。予就感懷所及，再度獻議，重陳當前之急務。知公之能受盡言也，列論時政得失，語語戇直。書上，而聲息杳焉。竊揣非視為狂論，即左右留中未陳，二者必居一於此。洎二屆大選，公以勛望，膺選副位。就任數月後，忽傳諭召見，地址信義路一段二十巷一號。予按址晉謁，握手寒暄畢，堅命上坐。語予曰：「先生前惠二書，皆極有見地，因格於事勢，不能如願。」次詢身家，次工作。知予正從事整理府中歷年檔案，謂稍緩當借重。藹然之態，親切感人。別時送至門口，讚予體格精神兩不凡云。此四十三年十月二十一日事也。予性疏野，畏於酬應，更不喜攀援要津以自衒。故舊之躋顯位者，非急要，往往不通隻字，廁身中樞數十年，識鉅公名卿，奚止百十，而相識者則寥寥。今以區區兩書獻議，而得與一代傳人結相識之緣，遠越意外，殆世之所謂數者非耶。所獻兩書，見者或謬許空谷足音，亦洪鐘之聲，而予則不自知也。為志陳公之謙沖下士，特錄原稿於此。

第一書

院長辭公鈞覽：公勛望誠隆，而毀者亦眾。不佞與公，無私交有公誼，對公歷年在軍政上大刀闊斧之措施，而始終不為身謀，獨懷慕望愛悅之情，以為處此積重之世，非如此不足以言革新。自大陸變色，往日顯要之靦然人間者，寧止少數。公則忠憤耿耿，猶是當年。近讀報載訓勉民選縣市長之詞，於官僚作風，深惡痛絕，則慕望愛悅之情，益不能自已，竟忘其狂鄙，願效芹曝之獻。

竊謂大陸之敗，因緣雖繁，而窮源究委，厥敗在官僚之手。主義未行，紀綱未立，風氣日壞，人心日偷，何莫非受官僚作風之影響。公居今日，古之宰輔重臣也，國家興替，所負獨重。既於官僚深惡痛絕，甚望見之於事，一新耳目。所謂見之於事者，當以提倡改變用人之作風為第一。吾嘗聞政府一般當事之用人矣，非其為我之所親者不用，非其言辭動止之悅我意者不用，非其可供個人利用之工具者更不用。寢假貪榮慕利之徒，逢迎諂諛之輩，朋比而進，則潔身自好者，遂裹足不前。因果相循，官僚之來階於是，官僚作風階於是，成例昭昭，言之太息。故懲前毖後，今日用人作風之如何改變，以公之睿察，當無待贅陳，所用為公告者，用人惟才固也，然徒才可與共安樂，而不可共患難。則節義尚矣，貞幹尚矣。夫節義貞幹之才，非易致也。有駿骨之求，然後有千里馬之至。求之不得其道不至，用之不得其道不留。先哲所謂君子難進而易退者，即此之謂也。且物以類聚，聲氣相應，左右得其人，則左右之左右可知。國家多難，憲政未備，得人一道，為當政者最切要之課題。況今在莒，上下風氣之待振刷也方殷，果得其人，則風行草偃，如響斯應，官僚之毒，不期絕而自絕。

雖然，今日之臺灣果何如乎。朝野正義之士，異口同聲，論軍旅，確在著著進步，論政治，似尚未脫彌縫應付之窠臼。有圖一時之苟安，置後患於不顧，有便一己之運用，致徇私而害公。社會之是非不張，人間之正氣斯泯，士多怨望之詞，民懷慢上之心。馴至孕育對敵戰爭之地，而不見戰時之風氣。以是而講效能，而講復興，何異南轅北轍。世界風雲，咄咄逼人，際茲非常之時，應有非常之舉，政治上大刀闊斧之作法，此其時矣，願公速圖之。縱一時未能盡洽輿情，而心乎國家，不為身謀，天下後世，自有諒我者，流俗之毀，何足畏哉。不佞出身山野，不求苟合，不畏強梗，公舊屬中之晤吾者，恆謂區區情操，與公近似，因憑硜硜自守之節，略申懇懇憂國之誠，公試覽之，果有僭似之處否。（此書已編入《實用書簡》論辯類）

第二書

公尚憶及去年五月有具名姜異者，妄效芹曝之獻，而承派鈞院參事吳錫澤先生存問之事乎。今此姜某，憑其硜硜自守之節，重申懇懇憂國之誠，請恕惟魯，語多質直。公當政三年矣，雖不能不謂有成，而所成究不足以慰喁喁之望。臺灣之視大陸，一彈丸地耳，以言政令，應可貫澈，而何以現有公務人員之待遇，尚不能求其公平，此言截長補短之統一辦法，並不增國庫負擔。若干公營事業之經營，尚不能求其合理，濫費其次，而巧取豪奪，不知利民為何義最可恨。觀乎最近關於電費調整之官文書，雖亦振振有詞，而於經濟學上「三加三或等於零」之原理，仍懵然未曉，且駸駸步武大陸崩潰之覆轍，真令人不寒而慄。更言其小者，甚至區區各機關交通車作通盤運用一事，迄仍無法實行，此事實行，大可改變一般社會對政府之觀感。如本年政府所倡導之四大運動，成效如何，更不待論。凡此諸端，其與人以政府無能之譏之事猶小，而為反攻大陸前途增一陰影，為害之鉅，實不堪勝言。

癥結所在，厥為風氣不改，人心不變，一切無從談起。吾嘗默察當前之政風矣，重形式不重實質依然，重派系不重公義依然，逢迎邀寵依然，欺罔飾非依然，自私自利，奔競鑽營莫不依然。甚且滿口克難，而惟豪華之享受是務，滿口改造，而以稚齡兒女競受洋人教育為得計。更有公營機構，假便民之名，行加價之實，習非成是，恬不為怪。此等大陸流毒，誠可謂積重，然而並不難返。公以吾言為夸乎。不夸，絕不夸。在今言今，總統為國民信仰之中心，公則為政府權力之所寄，藉令總統與公二人，立下決心，從今後，凡有所以為國謀者，悉以實事與天下人以共見。不有實事不必言，言則必求見諸實事而後已。出一令，舉一事，必須求其表裏一致，徹頭徹尾，不容絲毫虛假。成則不必居功，敗則必承其過，有違於此者，殺無赦。

高呼山應，勢所必然，於是信立而威生矣。所謂以言教者訟，以身教者從，所謂其身正不令而行，效死且樂為之，風氣何足改，人心何足變。

如由今之道，言團結而拒歸附人士於千里之外，言民主而予智自雄，仍視民為可欺，言改造而如大陸上官僚之作風，殆有甚焉，言人事而惟親至上，言精誠而詐虞不絕，言培養氣節，而舉目盡是唯唯諾諾之輩，從不聞有抗顏之人，縱令有之，亦難容於今之日。以是而談反共抗俄，復國建國，無殊南轅北轍。是以當務之急，千言萬語，莫如立信。第一政府要表現有能，並非徒說不做。第二當事者要表現有大決心，絕無個人權位之思。風行草偃，如響斯應，實事表現之日，即倒瀾得挽之時。

天相中國，有利於我之局勢，逼人而來。公居大有為之地，功罪成敗，決於今朝，時乎不再，願速圖之。抑尤有進者，不佞草此書既竟，以偶然機緣，得讀徐復觀先生所作〈在蔣總統偉大啟示下檢討當前政治〉一文，載十月《民主政治》，見解用心，彼此彷彿，而其深刻沉痛，語語金石，勝不佞萬萬。公於萬幾之暇，一為覽觀，或可供省悟之一助乎。（註同前第一書）

一四三 盛會

當年侍從室第三處所在地，曰南溫泉花谿別業，即花谿谿畔也。我政府渡海後，花谿舊雨之來臺者，先後約百人。在臺北年有集敘，相稱曰花谿同仁。四十一年七月，舊雨萬君君默自港至，馬君紀壯自左營駐地至，曹君翼遠新任銓敘部政務次長，又前副主任蕭公化之將赴日本。同仁相約於十二日晚，公宴於錦江餐館。集者六七十人，濟濟一堂，歡情洋溢。常年花谿，予以太公名，席間酒酣，太公太公之呼，此起彼落，彷彿花谿時也。席終，已逾九時。臨散，馬君紀壯發議送予回寓，一時附和相從者，有孫慕迦、鄧翔海、左曙萍、易南凱、金克和、經家鵬諸君。予婉辭不獲，於是驅車三四輛行。予所居景美山下之考院眷舍，原為僻鄉山谷，矮屋二間，電火未達，道路待闢。既至，內子自夢中起，燃燈延客，室小人多，彼此倚肩環坐，促膝歡談，更深，始告別。流人蝸居，嘉賓湧集，雖無杯盤交錯之舉，而有話舊談心之樂，誠難中之盛會哉。時馬君主帥海軍，同仁呼之總司令。其出也，例有副官衛士相隨。是夕，枉駕過予，因室小座滿，副官衛士蹀躞戶外。為時久，乞水於鄰居，主人窺視叩門者戎裝，頗懷戒心，嚴拒弗納。翌晨相告，傳為笑談云。

一四四 喜事

鄭子紹青，吾亡友前浙省府人事處處長鄭國士之從弟也。民國三十一年五月，予省親在籍，值日軍西竄，予識之於違難途中。自籍反川，同車至筑，千里起居，勤於服勞，知其性忠厚，時年才二十耳。臺灣重光，隨乃兄東來，供事長官公署秘書處，旋調工礦公司。迨予渡海重逢，年已而立，信基督自約，守身如玉，識者咸稱不可多得之青年云。其與吾女水雅之結褵也，鄉友徐君松青、鄭君純禮為之媒。予家綢繆粧奩，新臺幣近半萬。文定之日，媒者代貢聘儀銀圓二百，時值四千，予當璧謝焉。佳期在四十二年六月六日，即夏曆四月二十五日。婚禮假臺北市許昌街青年會禮拜堂行之。是夕張喜筵於南陽街一號工礦公司會議廳，賀客三百，而予之親故，不及十之一，且多臨時聞訊而至者。初，佳期既定，紹青問禮於予，予曰：「禮不踰節，與其奢也寧儉。末俗所尚，可省則省。投身革命以來，數十年間，凡家有喜慶，甚至大故，從未製發一柬，報揚一字，時處承平，尚不欲輕擾親友，此時此地，更無待論。爾意云何，自決之，如有所布，力避予名為要。」因而此一喜事，親故之獲悉消息者無幾。公門朝夕聚首之至好，亦於事後始知之。有以不近人情見責者，予笑曰，舉世滔滔，自命異生，甘承之也。

一四五　遭誣

當予抵臺後之二旬，居停寓所，嘗遭治安人員之突擊檢查，武裝數人，午夜叩門入，聲言抽查戶口。時十一月杪，值嚴寒，堅令闔戶男女，披衣出室，一一盤訊無訛乃已。竊思入境後，親友之往還頻繁，莫非視為可疑人物乎。明年七月中旬，聞治安機關果有偵予之行藏者。謂予在港時，與所謂投匪分子吳君耿青為伍，來此行跡可疑。吳君與予共事樞府，稱相契，其立身之正，憂國之誠，識者罔不知，投匪與否，事實在，不待辯。而予自惟平生，光明磊落，胸懷蕩蕩，毫無所懼，遂漫焉置之。事隔二年矣，忽聞又有刑警人員舊事重提者，推情度理，必有中傷誣告所致。因懍積毀銷骨，眾口鑠金之訓，乃具書於其時兼保安司令俞鴻鈞氏以辯白之。書曰，「鴻公司令勛座：不佞原籍江山，供職樞要二十餘年，公或不知不佞，而不佞則素知公者。當年我總統就職之日，在府中會集百僚攝影時，不佞與公並肩而立。公尚存有此影乎，公左隔一人，立陳藹老後者即不佞也。年來備員考院，寄家山村，雖慚蠖屈，卻幸苟安。乃一昨在城，竟聞本月初旬，有刑警人員，持公與彭副司令簽署之密牒，詣立委姜紹謨，查詢不佞之行藏，謂據報有匪諜之嫌，是可怪，亦可笑。可怪者，二年前已曾有此一公案，經查明為跖犬吠堯之故實而遂寢，今何以舊事重提，不審究據何報。可笑者，不佞在臺知好，奚止少數。如當年在國民革命軍總司令部，在樞府，在侍從室同僚，及我江山年事相若之同鄉，與夫一般有相識之因緣者，大都深知不佞之為人。一介寒士，奮鬪三十餘年，面目未改，倔強如故，剛直如故，嚴正不阿如故。夫是之人，竟惹匪諜之嫌，寧不可笑。然清夜沉思，枳句來巢，空穴來風，因嫉惡過甚，於一二敗德喪行之人，往往嚴詞斥責，不留餘地，由此結怨，事或難免。以莫奈我何，乃含血噴人，冀圖陷害。此種敗類作風，不特徒亂官方之觀聽，枉耗刑警人員之奔波，不幸而釀冤獄，則令志士寒心，有關興復前途者匪淺。為求水落石出，以儆刁頑，伏懇澈查其來歷，則不佞願與報者對質，倘確有可疑之實證，粉身碎骨，甘之如飴。至不佞來臺後之行藏，樞府有案可稽，恕不贅。」（此書已編入《實用書簡》論辯類）旋接復，「惠書敬悉。經查其事，係二年前舊案，承辦人員例行複查，並無他故。除飭存結外，幸釋綺注為荷。」此民國四十二年七月閒事也。予鄭重自反，涉世以來，出處惟義，待人惟誠，交遊間縱有失歡，絕無仇隙。獨於違難香江時，新識一人，既交而察其不顧廉恥，詐騙多端，予性嫉惡，嘗斥其非。此人小有才，心險行狡，誣告之原，殆在斯乎。又聞在臺友好言，當予尚滯港時，曾晤其人於某所，言及予之居港，故作危語，繪影繪聲，若有其事。令人且驚且疑，不知者且以為憂云。然則予之所以遭誣者，思過半矣。

一四六　群　遊

民國四十二年九月，中國人事行政學會，組旅行團作臺灣中南部之遊。團員梅嶙高、羅萬類、鎮天錫、萬斯年、張振宇、朱子祥、姚蒸民、詹絜悟、顧同甲、謝應寬諸君，劉少華、馬玉蘭二女士，皆為學會之理監事，或會員。時予任考試院專任法規委員，承羅梅二君之堅邀，參與群遊。梅詹二君挈眷同行。來去六日，歷臺中、南投、嘉義、臺南，盡觀日月潭、關子嶺、嘉南大圳、赤崁樓諸勝蹟而歸。去今十餘年矣，聞自省府遷治，及觀光事業興盛之後，地方建設，一日千里，景物風情，已非當年面目。茲所追記者，遊踪之鴻爪而已。

第一日，九月二十六日，啟行赴日月潭。是晨，集臺北站，乘九時特快對號車行，票價新臺幣二十八圓五角，十二時四十分抵臺中。前一站曰豐原，將至時，穿越隧道十數處，其深有歷三四分鐘者，想見創建工程之不易。下車，即就站旁餐館進膳，上等客飯七元。一時四十分，乘路局日月潭直達車，票價十一元五角。經霧峰、草屯、南投、濁水，過水裏坑後，盤旋山村深谷中，蕉林滿目，歷四小時而達潭畔，下榻涵碧樓，當地旅社巨擘也。此地屬南投縣轄境，縣府人事室主任駱繼鼎，當地國校校長程全生為東道，導遊化番社，乘艇往。所謂王爺毛信孝者，迎於艇埠，隨擊鉦集山女十餘，歌舞於廣坪。歌聲尚悠揚可聽，舞則反覆搖擺旋轉，無足觀者。入王府，陳設器皿，固猶尋常人家也。回涵碧樓已八時，東道設盛宴於此，殷殷勸酒，盡歡而散。東道駱君外，有倪君成，及林陳連劉四君。夜眠四人共室，室地疊薦為榻，帳廣方丈，支之可籠五六人，予與羅張二君合帳一，謝獨用帳一。

第二日，九月二十七日，自日月潭返臺中。是日晨遊文武廟，自涵碧樓乘吉甫車行十分鐘。廟供孔子與關羽象，位半山，可眺遠。有佛教徒十數人，方在廟門設壇唸經，不知作何法事。後雇艇容與潭中，縱覽全景，山青水碧，令人意遠。同遊者，萬斯年、朱子祥、顧同甲、劉少華、馬玉蘭。午後三時回臺中，予與羅朱謝詹，宿自由路八十一號工礦公司招待所。餘則下榻民眾旅館。

第三日，九月二十八日，參觀西螺大橋，宿溪州。上午，團員在臺中自由遊憩，予搭早班火車赴豐原，票價一元八角。訪鄭子純禮於高豐旅社，不遇，搭民營汽車回臺中。

訪熊芷女士於新北里，又不遇。獨遊公園，漫步四周，如入山林。午後二時，乘工礦公司烏日紗廠專車，參觀西螺大橋。橋長二公里，計墩三十有一。橋下沙灘，一望無垠，沙白如雪，與皞皞秋陽兩相映照，恍似置身大戈壁者。橋頭碑記中，有「遠東第一大橋」語。依予觀之，言規模，不及錢江大橋遠甚，工程之艱巨，亦不可同日論。長度第一或有之，大則未也。大車過橋來回納費四十元。迴程至溪州糖廠宿焉。廠內設招待所，曰拾翠樓。廠長金貞觀，引導參觀全廠。自廠房、辦公處所、員工宿舍，以至一花一木，皆井井有條。而無處不整潔，尤為難能可貴。晚餐由金廠長招待，肴饌豐盛。餐後集客廳暢談，賓主各有致辭。十時，予以疲先寢，羅鎮二君同室。室內平頂，壁虎縱橫馳騁，能吱吱作鳴聲，此則前所未睹者也。

第四日，九月二十九日，遊關子嶺宿新營。晨興，漫步拾翠樓之四院，嘉木吐秀，芳草如茵，風景之美，尋常園林所不及。團員十數人，集樓前攝影留念。八時，乘糖廠專車，南向進發。經雲林、嘉義、至臺南轄境之後壁，折而東行，盤旋巒谷間，十一時半抵關子嶺，蓋深谷中之小村也，有民營汽車設站於此。居民數十家，有旅舍，有餐館，儼然市鎮焉。略事休息，以所攜果點果腹。十二時啟行登嶺，張羅二團員，梅詹二夫人，畏嶺路之崎嶇，乘車閒道先往仙草鋪候會。予與梅詹諸君，相將循好漢坡而上。茂林濃蔭中，有小學焉。方授課，學童均為山村子弟，而師生問答，國語流利，教育之效力大矣哉。校前一石台，高不盈丈，廣數方。上建堂宇，簷高僅與人齊，如大陸山村之三聖廟，額曰大成殿。竊念名實雖不稱，而山村細民亦知尊孔，大佳事也。然世間孔廟之小，恐莫此若矣。山行一時餘，至名震全省之勝蹟，曰水火同源。山間一巖穴耳，上噴烈燄，下湧沸泉，說者謂火山之遺蹟，造物奇妙，不可思議。聞有人正在此籌建溫泉旅社云。自此下山經碧雲寺、大僊廟、而至仙草鋪，已近四時矣。其寺其廟，在臺亦勝蹟也，以視大陸名剎，直小巫之見大巫耳。仙草鋪為村鎮，某雜貨店，出售桂圓花純蜜，每瓶十元，重斤餘，同行購者若干。其店櫃置椰子葉扇一，古色古香。予取視，店主即以相贈，予請題名，曰陳清森。六時自仙草鋪上車，直開新營糖廠招待所宿焉。此為總廠，主事者副總廠長袁祥，舊識前北平市長袁良長子，年四十許，人甚忠厚。人事室主任蔡同楣笑容可掬，狀甚溫恭。總工程師姜剛常，鄉友也。新營，臺南縣治所在，剛常陪予夜遊街頭，道路平潔，遠勝臺北。後又參觀糖廠加工，龐大機器，轆轆疾轉，頗饒慷慨生產之情。夜寢，與羅君同宿九號房，梅君居隔鄰。午夜予曾患河魚之疾，致驚擾羅梅二君云。

第五日，九月三十日，遊嘉南大圳與臺南。晨九時離新營，仍乘糖廠專車。南行經柳營、林鳳營、番子田、東折而至嘉南大圳。是地名烏山頭，為本省當年最大之水利工程。工程處派人引導參觀，登瞭望台，縱目四覽，山中有潭，潭中有山，潭碧山綠，無異另一日月潭也。引導者言，潭水自五十公里外之高山而來，所見者為全潭面積十三分之一。灌溉農田，三縣又一市云。後乘汽艇遊潭一小時，又參觀水閘，水自閘門怒噴而出，波浪相激，如白馬奔騰，彷彿錢江大潮之壯觀也。十一時離此赴臺南市，車行甚速，十二時一刻抵達。市長葉廷珪，招待午膳於大華餐館。午後由市府人事室主任林振華，陪遊市內名勝古蹟，值天雨，遊屐悤悤。安平古堡，酷似城樓，女牆頹圮，僅留遺跡。安平港港口，則在遊海濱浴場時遙望之。出海濱浴場，便道一觀製鹽總廠安平工廠，廠長姚頌馨，同行朱君子祥之舊同寅也。赤崁樓雄據市區西南之高阜，氣象儼然，文昌閣峙其右，陳列古物，以明清兩代之碑碣為多。有關文物制度者，僅一二戰袍盔甲而已。天壇廟貌輝煌，內懸總統蔣公所書之匾額，香火甚盛。延平王寺，堂廡廳上，供神象龕位外，空無所有。晚應葉市長邀宴於新生廳。宿成功路松金旅社四樓，房金三十元，加一人十元。

第六日，十月一日，遊罷北歸。八時半自旅社到車站，大雨傾盆，久久不止。九時二十六分北開，特快三等五十五元三角，午後四時二十分抵臺北。同歸者羅萬姚馬劉顧諸君，餘或以事先行，或流連他遊。是役也，倡導者梅君嶙高、羅君萬類，安排宿地與交通者，半為鎮君天錫，司理團務者，朱君子祥。所歷各地會晤之人物，以從事人事業務者為多。遊程千里，見聞如許，食羅梅二君之賜也。

一四七　去　就

予來臺後之次年，民國四十年也。十一月初，考試院代院長鈕公，招予為專任法規委員。時院址尚在臺北之孔廟，出月，始遷景美山下新建之院舍，青山環抱，風光如畫。其地俗稱溝子口，本為山村，遽成公門，渠渠廣廈，歷落在望，此乃當事於一年來所苦心經營者也。予就事後，公待以上賓，設座逼其側，有垂詢，稱先生先生不絕口。正圖所以報稱，而公又撝謙體國，自以老邁任重，非人事所宜，一再求去讓賢，於是沁水賈氏者，以四十一年四月二十一日接長院事矣。予侍鈕公，為時雖暫，而知遇之感彌深。公所云為，壹是忠於職責，忠於制度，忠於元首，忠於國家，忠於革命。常其代主院務時，值政府播越渡海以後，喘息甫定，人懷苟安。公則以堅毅邁往之志，秉承元首，為興復長治之圖。篳路藍縷，重振院事，景美山下之宏規，非公之定力莫能致。其至誠，其公爾忘私，求之於今，得未曾有。自公之去，惘惘若有所失者久之。嗣見新任種種，啼笑皆非，深歎如鈕公者之不可復得。因而力行隱忍，盡其在我，求無負於平生。洎四十三年三月初，大選既定，總統府有調予回府之命，遂毅然去彼而就此矣。

一四八 規過

臺北陽明山區北投之新民路，為一循坡而闢之坦道，長里許。道樹成林，濃蔭相接，窮其端，有小築焉。花木扶疏，芳草如茵，乃吾家次烈所居之紫芝軒也。次烈原居臺北市麗水街，遷此十有二年矣。當其建軒時，我政府方盛倡經濟建設，為生聚計，奠興復基。予以身在流離，狃於克難第一之義，見次烈華其居室，頗不謂然。面箴之，復規以書，語出肺腑，慷慨而陳，慮或不遜。迨覆至，則心平氣和，儼然長者風範。對其為人之豁達，欽遲無已。此民國四十四年四月間事也。規過從善，聖賢所重，為垂範後昆，錄往來之書於此，而以記軒之文殿焉。

與次烈書

我等相交四十餘年，情同手足，彼此榮辱，幾不可分，弟有辱，兄不能免，兄之榮，弟亦與焉。惟然，故欲為兄言者，不敢不直，不敢不忠，前夕酒後，未盡所懷，願再陳之。竊謂談革命者，應有犧牲奮鬭之精神固矣，而際茲興廢繼絕之秋，更應有獨醒獨清之抱負。俗之所榮，我未必榮之，俗之所恥，我未必恥之。炫富示奢，俗事也，世逢承平，猶不宜為，何況今日，常人為之，猶惹物議，何況我輩。且同一事也，其與人之觀感，恆隨其人其志之不同而異。如居室器用之求精也，出諸豪富之門，人則諡之曰享樂，易以常人之家，人將譏之曰虛榮。享樂言其習，虛榮諷其俗，此一例也。又如同一糜費之舉，其施於己則為奢，施於人則為豪，前者示享樂，後者示道義，事同而其義迥殊，此又一例也。兄以風雲際會，而獲今日之地位，所入果有餘裕，似應注於較有革命意義，較有人生價值之地，倘能計及將來還鄉時，為桑梓謀福利之措施，則所以示於人者，豈不更偉大，更足以自豪。而今隨俗所靡，恬然安之，既大乖革命素志，且又非垂範後昆之道也。知兄明達，恃愛直陳，忖度尊意，不但不以為忤，或將廣示於人曰，當今鄉愿社會中，吾黨竟有此異生，而吾得此異生為友，亦庶乎無大過矣乎。一笑。（此書已編入《實用書簡》箴

勉類）

次烈覆書

奉讀手書，感愧交集。子路人告之有過則喜，禹聞善言則拜，弟何人斯，能無感動。此次於某地興建住宅，為便於將來脫手計，力求堅固美觀，初未計及易遭物議。及將落成，始覺過於奢華，然已追悔莫及。今而後謹當接受兄之忠告，遇事三思而行，庶免大過。不知惜福，有違佛旨，尤當引以為戒。

紫芝軒記

吾家次烈之旅臺也，初居臺北麗水街。當政府厲行疏散時，始作遷地計。嘗登北投奧區，得良地二畝許，林木蓊鬱，塵囂不入，有新闢馳道，曰新民路，乃營小築於此。以民國四十三年甲午冬興工，翌年乙未春告落。踞平巒，臨幽谷，含翠微，面秀峰，騁目四矚，飄然有世外之感。入居後數月，偶於院側叢莽中，見有古所謂靈草紫芝者，雲蚊褐色，如掌，如盤，又如團扇。是年，值主人周甲之慶，見者僉謂瑞徵，且有採以為藥者。拔之，歲又生，迄戊戌賢嫂王夫人愛月六十誕後，不復茁。次烈以為異數，遂名所居曰紫芝軒。並請嶺南名畫家林清霓氏，施諸丹青，作遠眺景。精廬一角，掩映林木間，靈秀之氣，攝之尺幅，勝蹟名畫，相得益彰云。一日，次烈持以示予，曰，賊寇未滅，河山未復，吾人之責未了。今之為此，冀留陳迹於縑素，俟勝利還鄉，可供餘年神遊之助耳。予曷為文記之，毋令人誤以某附庸風雅，將終老是鄉也。予喜其高懷，因泚筆記之，而囑室人素梅為之書。中華民國五十二年癸卯五月臺北。（本文載《建設》月刊五十二年七月出版）

一四九　賈　書

此言當年考試院院長沁水賈景德氏，書余所撰〈陸軍上將毛君人鳳墓表〉也。北伐以還，吾江山老友，獻身革命而膺選為本黨中央委員者，惟毛君人鳳一人。毛君係繼戴雨農氏，肩負國家安全之責者。積勞致疾，更力疾從公致命。我元首蔣公，念其盡瘁於國，特隆飾終之禮以褒之。葬有期矣，君弟萬里，啣嫂命，乞文表墓。予曰，曷請鄉賢毛先生子水。萬里曰，先生薦君為之，並已先允志銘矣，予誼無可辭，遂為之表。墓地形似隆準，高數丈，周約千餘步。自嶺下循階而上，如登崇台。祭壇可容數百人，規模雄偉，數里外可見。墓前駢碑三，高與人齊，皆以大理石為之。中題某某之墓，左鐫褒揚令，右為墓表，書丹者即沁水賈氏也。予以白屋書生，得如賈氏者書其文，亦異數已。文錄后。

陸軍上將毛君人鳳墓表

君諱人鳳，字齊五，姓毛氏，本名善餘，生於江山，死於行都，葬於臺北汐止之昊天嶺。君死，朝野悼惜，名震天下，葬之日，執紼者萬人。論者或視為異數，吾則謂理所當爾。蓋君之先後膺國防部保密局情報局之重任也，世皆知為繼戴故將軍雨農，而從事有關國家安全之偉業者。君與戴將軍，生同邑，學同窗，志同道，于役戎幕又同事，故於將軍獻身革命，所以忠於國，忠於元首者，知之深且切。十年來，造次顛沛，所耿耿者，無非秉將軍之遺志，以忠於所事者，以報元首，以報元首者，以報國家。

民國三十八年，赤匪渡江，南服不寧。時我元首總統蔣公，以引退之身，犯險入川，謀有以挽危局。君隨侍左右，翊贊運籌不少懈。俄而局勢陡變，震盪播越中，於西南諸省，尚能從容作游擊之部署者，君與有力焉。初，總統宣告引退，政局日非，中外人心，皇皇不可終日。君獨困心衡慮，力圖維繫其所事，密飭部屬，匿其行迹，繼續效力，其處境艱虞，非外人所能臆其萬一。迨總統復行視事後，乃重張旗鼓，銳意鋤奸，以弭反側，為國家安全建殊勳者累累，而君之心力，自此瘁矣。年來病喘，嘗艱於舉止，而從公如故，或且廢寢忘食，家人友好有勸者，則唯唯否否，若無所聞，其恪恭厥職，大率類是。

今夏五月初，中國國民黨中央委員集會於北郊，君以身為委員，力疾與會，劇而入中心診所，斷為肺癌，即飛美封治，逾四月而返，未幾又作，遂不起，時中華民國四十五年十月十四日也。距生於紀元前夏正十四年十二月，得年五十有九。君病，總統蔣公親臨慰問者再，死，為君慟者深，手頒「忠勤永念」四字以誄之。又褒君之忠勤也，且明令追贈上將焉。嗚呼，人生殊榮，蔑以加矣。君性淳厚，待人恂恂如長者，而容忍之德，尤非常人可企及，故部曲傾心，所事日進有功，使此國家安全所繫之偉業，歷世變而益彰。是君之得有今日者，亦固其宜。

君初娶同邑姜女士春梅，繼娶川籍向女士新，皆以賢慧稱。有子九人，男，祖貽、書渭、渝南、書南、佛南，女，維摩、秀彩、小蘭、瑞蘭。長者入大學，幼亦入小學。君告窆後，弟萬里，奉嫂命，以予與君自幼相交而誼摯，屬為表其墓，因就所知者，書其最。

一五〇 機 遇

吉凶福禍，關乎氣數之說，固今人所視為迷信者也。然有時機遇之巧，往往令人不可思議，姑述曩歲親歷之一事焉。總統府所在之介壽館，即日據時之所謂總督府，二次大戰，曾遭彈毀，係光復後草草修復者。予從公之所在二樓，第一局則同樓南向駢室，室內平頂，大都為舊時敷泥灰而成，仰視其表固完好如新也。一日，予有事於局，局中僚好葉君甫蓊，方伏案作書，見予至，起而肅予就別室。少頃，予辭出，中途，聞轟然一巨響，意為搬移重物之掽撞聲，不疑有他。甫回公室，接葉君電話，謂予頃間救其一命。予不解何云，急足詣局，則見葉君室內，泥塊滿地，其座上平頂脫落，適中其座。頂高泥堅，座為之毀。同室同僚，相顧驚愕。乃悟中途所聞轟然者，即此物也。葉君曰，送予出後，正反身欲就座，而平頂突爾下墜，半步之差，幸免於難。是役也，予不至，彼固在座，縱不死，亦重傷。觀墜泥之堅且厚，必死無疑。其生其死，間不容髮。縱無氣數，而機遇之巧，真不可思議矣。此民國四十五年十二月十八日事也。

一五一 信 賴

當年侍從室第三處成立之初，工作同仁五六十人，其後漸增至百數十，合計先後進退遞嬗者，可二三百人。皆散居各方，致力於所業。勝利還都之次年，即三十六年舊曆元宵節，首都同仁，嘗集於洪武路中央政校同學所建之介壽堂，作團敘之宴。梅君嶙高主其事，到前主任陳公果夫、副主任羅公良鑑、劉公詠堯、蕭公贊育以次近百人。宴前，同仁推予席間致詞，予略申團敘之義，中有「舉目所見，盡為當年舊人，無異花谿生涯之重溫。」一時頗引同仁之同感，相約嗣後歲以為常云。洎政府播遷來臺，同仁集此者百有數人，團敘故事，四十一年始克告復。其間有年敘二度者。每度所費，皆由同仁均攤之。歷年如此，同仁有感收付退補之煩。予乃於五十年春，倡議一勞永逸之法，由同仁量力預納，合成若干整數，以孳息所得，充逐年團敘之資。承諸同仁之信賴，附和者紛紛。有預納千元者，且有聞訊寄自遠地縣市者。陸續共集新臺幣二萬之數。此時此地，同仁以節縮所得，襄此盛舉，彌覺難能可貴矣，此二萬元者，由予委託一二熱忱服務同仁司理之。自五十一年始，昔之所計擬者，於焉見之於實事。予以寡能之人，而得同仁之信賴如此，亦生平差足自慰者也。

一五二　家　沉

考試院之眷舍，亦建於景美山下，位院西北數百步，培田為基，叢列成里。予寄家於此，自四十年十二月十二日遷入，迄五十三年七月十二日遷出，共歷十二年有七月。此本盤谷之地，山洪發，則易受潦浸。予居此歲月，先後遭家沉之災者二度焉，一為四十八年七月十五日，颱名曰華莉，挾怒颸狂雨而來，聲威淩厲，動魄驚心。午夜夢中，忽聞隔鄰呼噪，驚而起，天地昏黑，風雨爭烈，燭之，山洪已駸駸襲戶，急與妻作避難計。書籍、被服、箱篋、及日用器物之不耐浸漬者，或移置，或架疊，一時舉重若輕，不知力之所自。當水之入室也，初沒踝，繼而膝，而腹，僅炊許耳。毗鄰同被淹者，二十餘戶，男女老幼，麕集傍山鄰舍，坐以待旦。舉目田園，盡成澤國。及水落返家，籬傾壁敗，徧地泥塗，前所架疊之器物，漂蕩四散。災情之重，殊越意外。最令予難忘者，黑夜倉皇中，裹負五齡外孫月兒，冒風雨，涉水避難。時室外水深及胸，擿埴索塗，跬步維艱，既懔失足，又惜家沉，心情之重，莫可言喻。一為五十一年九月五日，颱名愛美之過境，為害尤烈。因前度積水，入室未逾四尺，此次戒心所防，以為不至加深。詎知狂風暴雨，卜晝卜夜，山洪氾濫，濁流滾滾，其深逾丈。考試院所在地，淪為孤島者竟日，遙望眷舍，隱現汪洋中，於是再度家沉矣。凡所資以為生之具，衣被也，器皿也，毀於潦浸者過半。書畫之屬，變為廢紙。亂離劫難，益深故國河山之痛。樞府故事，家羅災劫，例可請濟，年耗於此者若干萬，名曰救濟金，而吾行吾素，未嘗有請，以守吾異，以葆吾真，是亦聊可自慰者也。

一五三　天　馬

此言「天馬歌」也。歌曰：「立馬天山上，高吟天馬歌，英雄不復出，天馬更如何。」作歌者，前監察院故院長于公右任也。公革命先進，黨國元老，不僅勳業彪炳，尤以書法名世。生前，中外人士，識與不識，咸以得公墨蹟為寶，予秉性山野，憚於求人，廁身中樞數十年，未嘗求於公者。乃當年勝利還都後，忽得公所書「天馬歌」中堂一幀，字方五六寸，筆走龍蛇，真如天馬行空，且賜款「異生仁弟」，以示親切。立付裝潢張之，供欣賞焉。然果何自來乎。緣公有通家子郭寬源者，自美習航空歸，寄寓公邸，因與吾兒炎龍南渝同窗，稱莫逆，遂移寓吾家累廬三數月。臨行，乞公書此歌以相貽，大陸浩劫，此物同盡，亂離天外，未免有情。四十七年春，藉鄰好監院秘書吳君瑤華之因緣，承公重書前歌賜焉。不謂居處疊遭山洪之災，於五十一年九月初，毀於潦浸。視同珍寶者，倏爾淪為泥淖。既重得之，而復失之，似物之存亡，與享之久暫，冥冥中有定數焉者。世人之於物，貪而無饜，可深長思矣。又亡友梁鼎銘，創寫馬之法，鍥而不捨者數十年，謂繪馬運筆如寫字，故曰寫馬。來臺後數年，卜居於木柵中興村，與予居近，時有過從。一日，詣之，承贈直屏一幅，繪馬七，作昂首飛奔狀，上下錯落而無背景。予問，群馬淩空，何所在。梁曰，天馬行空也，相與大笑。並謂吾等志氣，應法天馬，臨時加題絕句相勉。予善其意，攜歸珍藏。當于書「天馬歌」遭潦浸時，梁繪馬亦同殃。所異者，一全毀，一則受殘，題句已糜，馬體粗完，惟漬痕斑斑，一望而知災餘之物。此一書一畫，同災而不同毀，非定數而何耶。

一五四 險 遇

禍之不測，往往匪夷所思。予嘗歷其事矣，雖未釀禍端，而所遇之險，間不容髮，事後縈迴，不寒而慄。緣有某君夫妻者，與予訂交於患難中，承厚情雅愛，時對予興相見恨晚之概。予憫其年邁多病，子女又遠遊，得閒即往候。其夫妻待予良厚，每見，絮絮話家常，或縱談古今事，親切逾恆，有時且以難兄難弟相況焉。如是者有年，過從彌密。一日，夜詣之，接待如常。談有頃，不見其妻，以為先寢，遂辭出。乃行不百步，忽聞噪呼聲，返視，則見其妻發狂於門外，怒目切齒，奮臂頓足，喃喃若有所為，兇惡之狀，前後判若兩人。鄰婦三數，力挽勸阻，予不明所以，亦溫語勸慰，扶之入室而後歸。是夜耿耿難寐，凌晨，偕妻前往慰問。詎某君拒於門次，低聲謂其妻因懷恨於予，而觸發「心疾」，不可再面矣。晴天霹靂，幾疑夢幻。結交以來，彼此甚契，從無纖芥糾葛，突爾生變，百思莫解。旋聞人言，所謂「心疾」者，即西醫名曰精神分裂症也。導因於意外刺激而起。患者在常時，動靜語默，固猶人也。偶發焉，喜笑怒罵，不能自制，甚且殺人毀物，理智全泯。某君妻既患斯疾矣，且懷恨於予矣，設想當時洩恨心切，悄然入室，行兇於予，則卒不及防，將難逃飛來之禍。險矣哉，此遇也。事發次日，遺書讓之。曰：「此次突變，深慚愚蠢，如墮五里霧中，不知果何為而然。往昔之隔時一趨門庭，純出關切之情，冀盡對友之道。何為而起誤會，百思莫解，千思萬思終莫解。自惟生平，持己接物，悉秉至誠，胸懷蕩蕩，無怨無尤，更從不負人以自毀人格也。」云云。迨接某君至情書，始悉其妻所以得「心疾」，與無端致恨於予之由。此民國五十年五月上旬事也。事後探明其原委，緣某君業銀行，蓄有美金若干，大陸撤退前，託付於其旅美之至友。未幾，友病故，遺孀不德，遽吞沒之。某君妻遭此打擊，朝夕耿耿，漸釀心疾，以為人盡可疑而可恨，時作時愈。見其良人待予彌摯，疑神疑鬼，恐另有私蓄託付於予，又恐再蹈覆轍，於是因疑生恨，而為本書添此一則故事矣。某君至情書附後。

異生吾兄道鑒：一星期沉悶昏亂，負疚創痛，始能執筆一陳衷曲。內子略已恢復神志，亦始於今日將尊函示知。首須闡明者，兄品格之高，友情之厚，弟固早已五體投地，銘感在心。久病之身，早為故人疏遠，而兄於百忙中，時來存問，稍有心肝者，宜無不銘刻肺腑，而謝客杜門，弟尚得謂為人乎哉。顧事有非人情所能逆料者，內子素性煩躁，違難以來，遭舊同事遺屬吞款打擊，漸有心疾。在港之日，除家庭間時有齟齬外，又嘗與友好眷屬糾葛，此固賢伉儷所目覩。弟處家不善，不能感格而呈祥和，深自慚疚。來臺而後，內子心中疾患，並未消除。不滿於弟，而牽及弟之好友，弟之好友兄為最，而懷疑較甚。其實無風生浪，想入非非，待其理智恢復，一一反證皆屬子虛烏有，渠輒諉為前生宿因。個人命運，事過即忘，並無芥蒂，弟亦為之淡忘，從未向兄吐露。此次發作，適在戶外，又值送兄出門之時，狂呼之聲，不但驚動鄰右，兄又聞聲返駕慰問，此種友情，至可珍惜。而失心之人，不知其是非輕重，將此事由告諸鄰婦，事已至此，弟不忍再加隱瞞。於擾攘通夜之後，賢伉儷迎晨即至，關切之情，雖至親骨肉，亦不能過。豈知其中玄微，竟有出乎人意之外者乎。弟當時精神委頓，殆不能支，陳奉實情，又未能明白扼要，遂即分別，不惟吾兄百思莫解，弟本人亦在五里霧中，亦將成為精神病人矣。總之，弟罪孽深重，不能齊家，累及友好，中心慚疚，無以自容。亡命十餘載，破碎之家，總願及身見其未墜。兒輩學業未成，總願安其旅情，致力學問。年來家庭種種無意識之紛擾，從未使遠人聞悉。但晚年獲交於兄，每自引為欣幸。懷惠未報，耿耿在心。設令弟年不待，唯有期諸來世，期諸兒輩。惟祈千萬勿為飛磚擊首，其來無端，而感痛苦。內子心神恢復，即以淡忘。弟能行走，再肉袒詣謝耳。臨穎慚惶，不知所措。祇候儷安。弟某某拜上，五月十三日。

一五五　戴　傳

年來論當代政治人物者，僉以我江山之戴雨農氏，為不世出之奇才。得我元首蔣公倚畀之重，一時無兩，為千載難逢之隆遇。人傑地靈，我江山之名，因而大顯於天下。言江山，莫不知有戴氏，言戴氏，莫不知籍江山。戴氏逝世十有餘年矣，中外盛道其勛業不少衰。朋儕屢慫恿為之傳，自惟不學，曷敢率爾。旋有示予傳稿者，讀其文，皇皇長篇，類皆擷自官文書之所載，按序排比，年譜而已。竊念我江山鍾靈毓秀，既幸而出此人物，勛業昭昭，雖不待文而傳，然其平生殊績，與少時軼行，忝為知友，誼不能不有以彰之。遂自忘鄙陋，構思累日，奮筆傾情而為之傳。稿凡十數易，其間就教於知友及名手者若干人。既定，見者異口同聲，以戴氏之奇才、奇忠、奇遇，而能提要鉤萃，為之曲曲傳出，極為難得。鄉友毛君萬里謂「有戴先生之絕世奇才，而後有異生之絕世奇文，江山有幸，出此兩絕。」四明張其昀氏亦甚激賞之。寓書於予，「大作誠當代雄文，光燄逼人，極為難得，戴公得此，亦足稍慰於地下。」並即布之於其所主持之《中國一周》云。此民國五十一年一月間事也。乃有一二曾為戴氏部屬之熟友，情切故主，胸懷成見，於文中「如是者有年，親故見其窮奢無常也，多以有遺行疑之。」之句，竟斷章取義，堅謂引用「遺行」二字，居心不善，責詈備至，甚且誣以莫須有之事，意圖中傷。予為委曲求全，去書申說外，遂削去親故二語，改為「致有負俗之累」。實則一而二，二而一者也。傳文與書，併錄於此。

戴先生雨農傳

雨農，先生字也。世居仙霞山麓江山縣之保安鄉。本名春風，一名徵蘭，其以笠名，則在投效黃埔時始也。抗戰而後，父老故舊，皆尊之曰戴先生而不名。少孤，賴母氏藍太夫人撫育以長，隆準怒眼，昂然不群，髫齡受書，穎悟逾常兒。肄業邑中文溪書院時，方值鼎革前後，年才十餘，即知關心時務，報刊至，爭讀之。每屬文，振筆直書，洋洋灑灑，從不具稿，尤長時論，傳誦同輩間。嘗結所親硯友，揭旨礪學，名曰青年會，附者可百人。序齒，先生居幼，而皆魁事之。某歲應試省立師範，題，「試各言爾志」，不逾時出。或問何對，曰，此易耳，希聖希賢希豪傑而已，時年未弱冠也。稍長，豪放不羈，嘗浪迹異鄉，經年不歸。得多金，輒揮霍淨盡，匱乏時至不獲一飽，復得復如之。如是者有年，致有負俗之累，然而先生泰然不顧也。又數年，忽折節自守，奉母讀書，閒及生事，鄉里公益，亦有所致力焉。

當今總統蔣公，承國父命，創陸軍軍官學校於黃埔，重振革命。乃勃然而作，曰，男兒報國此其時矣。適蔣公任國民革命軍總司令，與師北伐，遂毅然辭母之粵。改名立，試不售，改笠，再試如願。入伍將終，演習於野外，得閒，各言所志。十九以英豪自負，先生獨願為衛士。語出，眾愕然。曰，予所欲衛者，我革命領袖耳。開國者國父總理也，建國者端賴我領袖蔣公校長也。卒業後，穎出軍門，所負漸重。每遇故人，恆以精鋼自況。曰，黃埔一洪爐也，我領袖蔣公校長，一大工程師也，我有今日，食工程師鍛鍊之賜也。其許身革命，與效忠領袖之誠，斯時已灼然可見矣。

民國十七年，南都既定。總司令蔣公，重張北伐之師。先生啣命馳驅軍中，於情報之偵察，億則屢中，深得蔣公之器重。自是而剿匪、弭亂、抗戰，除奸殲敵，屢著奇功。蔣公倚畀亦日殷。海內外之留心政情者，靡弗知我領袖蔣公左右有先生其人。而先生益自歛抑，不伐功，不矜謀，不居高位，不貪顯名，壹以忠於領袖與革命為歸。不謂勝利後之明年，以廣授機宜，南北遄臻，竟以座機失事，殉職於京郊之岱山。時民國三十五年三月十七日也，得年僅五十耳。

噩耗既傳，朝野震驚。今總統蔣公，尤哭之慟，手書「碧血千秋」四字以誄之。國民政府並明令褒其勳勞，追贈陸軍中將，援集團軍總司令陣亡例，予以公葬。凡識與不識，悼惜之聲，久而弗替。自匪禍氾濫，政府東遷，我軍民人士，惕於往日之覆轍，時興斯人不作之歎，於其生前殊勳，往往樂道不置。其最膾炙人口者，當我政府從事安內攘外也，先生膺命為軍事委員會調查統計局局長，負國家安全之責獨重。忠肝義膽，與僚屬以共見。恩威賞罰，一秉至公。奇材異能之士，爭為效死。匿跡於引車、賣漿、屠販、廝役之流，摘奸發伏，制敵機先。為國家弭亂於無形者，不一而足。二十二年閩變之速平，二十五年百粵之歸順，是其彰彰較著者，而先生不居功焉。當我領袖蒙難西安也，人心皇皇，舉國鼎沸。曾傳叛將劫持領袖，有欲得先生而甘心之說。先生聞之慨然曰，領袖安危，國家存亡，革命成敗繫焉。予一切為領袖、為革命，死何足惜。臨衝閑閑，叮嚀左右善繼其志後，自京西飛赴難。大義格天，叛將為之氣奪，遂得安然侍我領袖而還。人多譽為奇節，而終晏如也。

平昔燕居，嘗語所親，身負國家安全之重，不能不以邪惡為敵，生死早置度外。來日命運，非馬革裹屍，即橫死道路，死於牖下，非所望也。故自主持情報工作以來，行蹤飄忽，一如神龍。犯險履危，出入生死，視若無事。以是內外僚屬，感其忠義，為國捐軀者，先後千百數。繼志群僚，則仰如父母，尊為神人，至今念其恩德不少衰。其行誼之感人，多類是。

先生雖出身黃埔，未嘗久習軍旅，而於部勒師干，則行若有素。抗戰時，組忠義救國軍於東南，遙領十萬之眾，攻擾敵後，運籌帷幄，無讓名將。勝利後，受命改編交通警察，而為維護南北鐵路之勁旅。其時匪軍之隱匿京滬地區而不得逞者，先生力也。又當太平洋戰作，我與盟邦協議，設中美特種技術合作所於我國，從事諜報、氣象、爆破、與對敵心戰之互通聲氣。先生主其事，策應美軍登陸為鵠的。散處前後方之執事者以千計，長空絕域，縱橫萬里，部署呼應，如在戶庭。其統御擘畫之才，中外人士，咸稱其不世出云。

姜子曰，吾國南中名山，首推仙霞。餘脈蜿蜒，亙千百里。嶙峋磅礴之氣，獨鍾於江山，故自來多磊落奇節之士。惟以遭逢不偶，沒沒無聞，與草木同腐。其顯於世者，恆百十年而始一見。先生出類拔萃，竟得今總統蔣公之知遇，展其雄才，靖獻國家，死則榮哀震世，公葬靈谷，詎非異數歟。不然，或將負「負俗之累」，齎恨以終。人生遭際，亦難矣哉，亦難矣哉。（本文載《中國一周》第六一三期五十一年一月二十二日出版）

與老友論戴傳書

某兄別來無恙：比聞兄在不久前，因見《中國一周》所載拙作〈雨農傳〉中，引用古文楚王問宋玉語「遺行」二字，以為有玷亡友，對弟備加詬詈，情甚憤激。如此忠愛故主，大可砭世，敬佩曷既。然僅僅以此二字而見罪，則不能無說矣。

自來傳世偉人，非至聖大賢，孰無遺行，及其功成名就，孰有自諱其行者，諱則決不足成其偉矣。而為之傳者，欲彰其偉，亦不可為之諱，諱則失之諛頌，非信筆矣，筆而無信，何貴乎傳。帝王如漢高明祖，名臣如管仲韓信陳平周處，史書其遺行多矣，請問辱之乎，彰之乎。又如西方大哲盧梭氏之《懺悔錄》，於平生遺行，未嘗隱飾，不但無傷其毫末，且更成其偉大不可及。此即古人所謂非常之人，或有負俗之累者也。雨農為不世出之人物，誼屬同鄉同硯，引以為榮且不遑，非喪心病狂，何仇何怨，必謀辱之以為快耶。弟撰此文，自始即執三大經。一表其對領袖之忠，二表情報之功，三表我江山之才。引遺行成語，姑無論出以親故之疑吻，毫無惡意，縱使實舉其事，亦絲毫無損。幾見傳世偉人，有一眚掩大德者耶。

凡評一事或一文，最以客觀為貴。若徒憑意氣，斷章取義，其不令人啼笑皆非者鮮矣。杜工部云，「文章千古事，得失寸心知。」本不欲多辯，而真理所在，不甘默爾。特奉塵戴傳原文，附印張其昀余天民二先生及老友毛萬里兄評語一分，請賜覽之，諸君子之觀感果何如。萬里所云「絕世奇文」，偏愛過奬，姑置弗論。而張先生固一大學問家，素昧平生，余先生法界名宿，亦學貫中西人也，萍水交耳。二先生何愛於弟，竟不約而同，一則謂「戴公得此，亦可稍慰於地下。」一則謂「逝者得此不朽矣。」遺行二字，未聞疵議，是無害之明證也。弟出身貧窶，無才無學，兄所素知。而親故鄉好，常以文事相責，弟又不自量，致惹此無謂之是非，並累我兄動無名之火，天下事孰有冤於此者。所幸年老顏厚，挨打且無妨，挨罵有何所謂耶。一笑。專此奉瀆，不具。五十一年四月臺北（此書已編入《實用書簡》論辯類）

一五六　陳　迹

總統府遷臺之六年，我總統蔣公膺選聯任後，秘書長張公有整理府存歷年檔案之命，始自廣州大元帥府，迄於國民政府。予以長慶老郎，躬與其役，故紙萬千，朝夕披覽，其留有予之筆蹟者，理應不少而綦少。當年先後任政務官懲戒委員會秘書，及委員長侍從室組長，兼領參議時之三數書牋，獨依然無恙。計呈國府林主席報告一，上魏文官長書三，致許文書局長牋二，皆關當時政務，共約三千言，皆抗戰前後作。雖成明日黃花，而感於浩劫頻經，舊物蕩然，此三數書牋之留存，殆冥冥中有定數焉者。乃付複寫若干分，並前旅港所追憶〈累廬〉、〈漏室〉二記，及其他廣搜所得之零簡、殘墨、攝影、圖表輯為一篇，冀留鴻爪，題曰「大陸陳迹」。厚承長老故舊之謬愛，親為題跋，楷草行隸，各擅其勝。詩也，文也，靡弗親切逾恆，字字珠玉，所以策勵者備至。為志不忘，又得道義之助，特影印千冊，分貽親友。一時索者紛紛，不數日而告罄。有深契知此物之見重於世也，慨然斥貲續印千餘冊，以餉同好。時民國五十、五十一年也。自惟椎魯，浮沉半生，愧無足述，而榮獲長老故舊異數之遇，亦可謂人生之大幸矣。題跋者，先後四十有八人，鈕永建、許世英、王澂瑩、但燾、李鴻文、莫德惠、張群、王雲五、賴特才、黃伯度、鄧翔海、宗孝忱、毛子水、胡翰、許靜芝、熊公哲、薛岳、梁寒操、謝冠生、姜紹謨、周念行、何仲簫、魯岱、陳立夫、蔣堅忍、楊君勱、何志浩、賀楚強、雷法章、羅時實、馬國琳、劉詠堯、胡建磐、劉宗烈、曾定一、李漁叔、仲肇湘、蕭贊育、余樹芬、汪經昌、吳敬模、汪祖華、曹翼遠、成惕軒、龍棫林、王大任、楊家駱、段劍岷諸先生，多負重望及知名之人物。其中耄耋長老，有首列六人焉。寄自海外者，則陳先生立夫也。

一五七　劫　餘

此言予所存大陸故物中僅有之一書一稿也。書者，民國二十九年第三版正續編合訂本《辭源》也。稿者，書尾所夾附另一新版《辭源》之題詞也。

溯自九一八事變以還，國難重重，浩劫頻仍，抗戰甫了，匪禍又作。流離播越，飽歷滄桑。舊時翰墨，公家故紙中尚可尋窺一二外，累歲所集，盡付烏有。圖籍種種，更片紙無存。而此一書一稿，竟成劫餘之物。為志鴻爪，且略述其原委焉。

書係民國三十年六月在渝所購，於三十二年四月，贈吾家穎初之長郎一仁者。時予任職元戎幕，居家陪都南溫泉，一仁則肄業鄰鄉界牌立人中學高中。某日，以需此書告，遂即與之。勝利後，予回調樞府，先行還都，累廬尚在。翌年四五月，一仁東歸過廬，寄行篋於頂樓，久久未取。洎三十七年十二月，我政府剿匪失利，遷都謠熾，予發篋，復睹所贈書，如故人久別重逢，未免有情，撫玩不已。適啣命飛粵，怱遽間，遂攜以俱。自是而港，而臺，伴隨左右，又逾二十年。大陸舊籍之幸存於今者，惟此而已。一書之微，孰為其主，孰與結深緣，冥冥中似有定數焉。

至所附題詞，原係題於另本《辭源》之稿箋，無意中夾附書尾者。內敘先後購書顛末綦詳，是一時棖觸之作。書亡而題詞獨存，一箋稿耳，其存其亡，似亦關乎定數者。所敘雖屬纖芥，然可藉覘當時之心境，及區區生平之一斑也。爰錄原稿於此。

題新版辭源

予自民國七年，初執教於衢州時始，迄今垂三十年間，先後購此書者七度矣。

此書按版本大小，別為甲乙丙丁戊五種。予初購丁種，十六年滬上小住購戊種。十七年于役北平，又購丁種。二十年定居南京，購新出續編。又前所預約《萬有文庫》第一集，其中亦有此書，正續編俱全。三十年六月，在渝購新版正續合編本。（書末載明民國二十九年三月第三版定價國幣六元五角改售拾元）翌年四月，省親在籍，見坊間合編本紙質特優，因重購焉，即本書是也。

滬購戊種，於一二八事變時，贈舊屬朱君銓。初購與文庫本，抗戰時委棄京寓。平購者連續編，於二十六年十二月，自江山故里攜出，二十九年四月十八日凌晨，因渝寓黃家埡口隆蔭別墅被災毀於火。渝購者，三十二年四月，贈吾家穎初之長郎一仁。

亂離以來，身無長物。當年書城，徒託夢寐。而今伴左右者，惟本書與若干雜籍而已。甚望勝利早臨，能隨我東歸，永為良伴。其委棄京寓之初購與文庫本，更得長在人間，為其故主留鴻爪於萬一，亦幸事也。

民國三十四年七七紀念日，予獨坐公室，清寂無俚，偶展本編，感而書之如右。

江山異生姜超嶽識於陪都南溫泉花谿別業。

一五八 緣定

往歲，予輯《大陸陳迹》既蒇，至友中欲為題言而終未題者三人焉。貴陽張廷休梓銘，太倉狄膺君武，平陽林競烈敷。此三友者，論交皆數十年，論情誼皆肝膽相照。當陳迹將付梓而題未至也，予嘗往索矣。問張，張曰，朋輩咸不知吾能詩，吾將贈君以詩，然詩重靈感，君且待。旋告病，遂聽之。詣狄，時居新店大坪林，天方暑，向晚登其門，見其赤膊斜坐案側，左手持杯，右執扇，且飲且讀，視所讀，即予之陳迹也。見予立其前，呼予名曰，超嶽，上林主席報告，的乎佳作。予問胡遲遲不題，彼揮手指案曰，且看有筆墨否，容得筆墨時則題之，君且待。未幾即以入醫院聞。詣林，方養病醫院，謂予曰，題君陳迹，義不容辭，出院則題，君且待。三人之病，皆久歷歲月，皆一病不起。張之卒，在五十年十一月。林後一年。狄則五十三年三月。三人不同逝，而予且待且待，終至幽明異路，生平陳迹，獨闕三至友之遺墨。人琴之思，不能自已。緣定之說，果足信歟。

三友中，發迹之早，林君稱最。北伐前，年未而立，即任道尹於西寧。民國二十年，任樞府參事時，出其所著《西北叢編》一書行世，一時研究邊疆問題者，咸重視之。詩文書法之造詣，狄君獨具逸才，自視亦甚高。惟於予往歲為其介弟書三所作六十壽言，雖寥寥數行，亟稱妙品，老友聚首，輒資為談助。後又見予題贈蕭公化之〈記花谿佳話〉短文，（見本書一七〇「情文」）曾寓書相告，「雨窗讀之，樂了半天。」淺人鄙詞，竟承偏愛，亦異數也。（狄君書見拙著《實用書簡》卷首圖片）言乎性格，則張君最與予類，結交以來，得緣相處，輒不勝惺惺惜惺惺之情。其卒也，夫人黃東生嫂，堅囑為之傳，予誼無可辭，乃書其事略焉。區區文字之微，孰取孰與，殆亦緣定矣乎。張君事略及狄君介弟壽言，俱錄於次。

張君廷休事略

君名廷休，氏張，字梓銘，貴州安順人。生於民國紀元前十四年夏正十月，卒於民國五十年國曆十一月二十四日，壽六十有四。是年十二月二十九日，卜葬臺北陽明山之第一公墓。

君幼年家貧，卒業中學後，為里人課子以資生。旋受五四風潮之激蕩，奮志求進，以民國八年考入國立南京高等師範，越五年而成東南大學文學士。嘗任教於上海暨南大學，時軍閥互鬨，歲無寧日，君怵於國勢之日墮，民生之日敝，輒思展所抱以報國。值國民革命軍興師北伐，乃投身革命，先後主第四十軍第一師政治部，第四十軍政訓處，首都衛戍總司令部政訓處。於主義之宣揚，風紀之整飭，與夫軍民間之融洽，皆績著一時。自是而中央宣傳部秘書，而河南省黨部委員兼省政府秘書長，凡有措施，不離革命之道。及民國二十二年後，先後留學倫敦、柏林，專攻歷史經濟。學成歸，我黨中央籌畫推行土地政策，主事者延君為助，遂致力調查土地五六年。抗日戰爭之次年，陳立夫長教育部，君為主任秘書，旋又兼主戰區教育督導委員會事。第六次全國代表大會，選為中央執行委員。三十一年奉命創立貴州大學，七八年間，桃李之盛，蜚聲西南。當中央召開第一屆國民大會時，君以士林重望，膺選為代表。來臺後之十二年，以代表暨考試委員終其身。

君秉性剛毅，好善而嫉惡，所非者，言之輒痛詈，不稍忌諱，所善者接之以溫，照之以肝膽。任事果斷，勇於負責，凡應為可為能為者，往往罔顧一切，悉力赴之。交友惟誠，意相左，不惜疾言厲色以爭，事過則泰然無芥蒂。居恆頗關心國際事，於中東回教諸國之政情，尤所素諳。偶亦喜談世界戰略，嘗出餘緒，發為文章，闡其情勢，判其得失，卓然專家之倫。

自大陸撤守，痛心政風之泄沓，孤憤之情，時溢言表，嘗謂吾人讀聖賢書，貴無忝所職，庶無忝所生。其任考試院考試委員也，以考政改革之研求，攸關國家政治之隆污，與革命事業之成敗，困心衡慮，勞瘁弗辭，積日累月，致攖喘疾。嗣後旋愈旋作，漸及於肺，又漸及血壓之失常，而縈心公務與黨國前途，無時或休，卒以是促其年，齎志而歿。

其受命創立貴州大學也，適抗戰困頓之秋，又處邊徼荒瘠之地，君以大學為學府重鎮，西南文化所繫，亦為敬恭桑梓難逢之會，篳路藍縷，慘淡經營，闢黌宇，置器籍，聚名師，不逾三載，而規模矗立，粲然可觀，顧所歷艱辛，有非外人所能臆及者。迨三十三年杪，日軍西竄，忽遭疏散播越之役，當黔筑告警，教部原令遷渝，君衡情度勢，寇窮未必至，至則可率生眾游擊以創之，遠遷則校亡，亡於播越則不忍。乃毅然從權，舍渝而就省境之遵義，千百師生，齊心維校，匍匐道途，甘苦相共。寇之知難而止，果如所料，故雖一時流離，而元氣未喪，事定重振，學子之眾，由千百而數千，成材廣布，政俗一新，促進西南文化之功，有造於國家之建設者至偉。勝利之年，我領袖蔣公，嘗親臨察視，於君之徇志事業，處變不亂之革命精神，獎勉有加焉。君平生之作為多類是，此其犖犖者也。

德配黃夫人東生，皖中名宿黃書霖峙青先生之女，今總統府副秘書長黃伯度之妹也，亦為東南大學文學士，並同為第一屆國民大會代表，夙著聲譽於杏壇。民國十年與君成婚後，生子八人，男德光，以專材供事軍門，德匡、深造中，女伯星、旅美，適錢鼎，仲謹、適楊漢生，陷大陸。叔南、留美，適沈宗惠，季威、適孫紹祖，小曼、亦留美，適楊漢昌，珠慧、在學。（本文載《中國一周》第七〇八期五十二年十一月十八日出版）

太倉狄畫三先生六十壽言

國民政府奠都南京後，太倉狄家君武畫三昆仲，皆有聲於時。一為黨中俊乂，一為都門名醫。當其為學也，一留法，一留德，涵濡於西方文化者若干年。而學成歸國，其持己接物，壹以我固有之道德為本。瀟灑倜儻，略無時習。故凡識其昆仲者，靡弗樂與之遊，而樂道其為人。自赤匪竊國，政府東遷，畫三陷居大陸，忽忽十年矣。今歲庚子夏曆新正初五日，為其六十初度之辰。君武情篤鴒原，在行都之梅龍鎮稱觴，遙為之壽。親友故舊，聞而集者數十人，以君武峻拒習俗之饋儀，遂特備錦冊，略敘其端，而聯署之，以貽君武。他日河山重光，彼此共慶團圞時，出示晝三，俾知乃兄與親故，離亂天涯，固未嘗不殷殷相念也。

中華民國四十九年二月穀日江山姜超嶽拜譔嘉興許靜芝謹書

一五九　復　原

總統府檔案整理室，成立於民國四十三年八月，予奉派為副主任，同官沈鵬為主任，並職員吳錫璋、盧甲三、葉甫蓀等七八人，朝朝暮暮，與故紙為伍。予大陸陳迹之輯，即由此而來。越二年，四十五年五月初，調任業務研究發展事，注力實際效率之講求，與問題之探討。明年八月杪，又奉調副秘書長室，襄理文書。凡此諸職，皆以參議為之。五十二年三月中，參事兼文書總稽催賀楚強退休，當事簡予承乏，於是當年初登樞府所任參事之職稱，因而竟告復原。自十九年至此三十餘年間，由參事而參議，而秘書，而兼第一局副局長，而又參議轉參事，曲折迴旋，感慨系之。復原云者，亦以志遇合之因緣也。原參事之設，始於十八年。依法為疆吏所舉，省限一人，中樞地方之溝通繫焉。未幾，有異才俊彥，簡自中樞者，則又兼儲才之義矣。二十四年七月，改制為參議後，一變而為虛銜之職。（遷臺後始有實際到公者多為府中資深人員升充）迨三十五年，所謂政治協商之議終，我國民政府為示開放政權之意，復設參事六人。梁朝威、楊浚明隸民社黨，樊德芬、□□□隸青年黨，胡翰、賴特才隸我中國國民黨。行憲後之總統府仍因之。渡海以還，人事滄桑，今則僅有王唯石、韓德純及予三人。另有調用參事吳瀚濤一人。官稱依舊，而本質殊矣。

一六〇　奇　蹟

名神父毛振翔博士，我江山人也。於民國五十年，斥貲四百萬金，卜建教堂於臺北之板橋。落有期矣，旅臺鄉友毛子水、姜紹謨等，欽其信道之篤，赴事之毅，培才之眾，愛國之誠，合儀賀之。特製大銀屏一，上鐫賀詞，長六百餘言，予撰，妻素梅書。儀往，見屏書者，驚為難得，異口同聲，王字王字。或謂時賢胡鍾吾氏所集刻者，不是過也。予妻之賢，固識者所熟聞，而知其能書，則自此始。於是親友戚串閒，皆稱予妻為書家，其所以能享此譽者，不無可述焉。

予妻雖生於書香之家，喜女紅，而未嘗學書，偶而執筆，僅能成行。四十五年春，予於坊閒偶得「黃庭堅書伯夷叔齊碑」，纖麗平正，若出閨秀，持以示妻，愛不釋手。試臨之，先正其執筆，指求密，掌求空，初習大楷，而中，而小，日百十字，多加倍，朝夕不斷，予則逐字甲乙之，二年而業大進。於是改臨王羲之「心經」與「蘭亭」，其大小之序，致力之勤，一如臨黃者，進境益速。當板橋教堂告落時，鄉友所致巨幅賀詞，原以潤資請某書家代書，成而眾意不愜，乃由妻重書之，即上述之大銀屏也。逾年，中日文化交流協會，與書法展覽於東京，廣徵我國人士之精品，妻臨「蘭亭」橫幅以應。經中日名家精鑑，竟獲佳作獎。以是知妻之能書者漸眾，妻於書法亦漸具信心。

年來饋至好喜慶之文字，率多由妻書之。如吳江沈鵬、閩侯陳天錫二先生之八十序，許靜芝、邵本恆二老友之七十序，舊從遊胡子思良之大衍序，梁氏畫家又銘中銘紀念畫展之立軸，舊僚陳雅暉喬遷新居之鏡屏，及吾家次烈之「紫芝軒記」，皆為親友所樂道，拙編《大陸陳迹》之弁言，拙著《我生一抹》初版之封面，亦為妻所書。一尋常主婦耳，垂老而竟以書名，能不謂之奇蹟也哉。獨惜中饋累人，往往一暴十寒，不克更上，殊堪惋惜。然從予妻之區區奇蹟，可知世間埋沒人才之眾，亦知求才不難，識才培才之難耳。妻所書大銀屏賀詞文錄次。

賀聖若望天主堂落成序

名神父江山毛振翔博士，在臺再度興建教堂於臺北之板橋，曰聖若望天主堂，規模雄偉，更有可觀。鄉友聞而謂予曰，吾江山出此人物，誼當賀，願君為之詞。予曰，予非教徒，所能為賀者，其惟一表振翔之所以為振翔乎。

振翔生於教徒之家，幼而立志為修士，為神父，自少及壯，歷盡磨折，忍人所不能忍，為人所不能為，有志竟成，年才二十有五耳。其堅強苦鬭，不屈不撓之精神，大足以顯吾江山人之性格。當世運艱虞之會，振翔憑其物望，爭取國外教會名大學之獎學金，選送國內優秀子弟渡洋深造者，先後千二百餘人，以一多難國家之神父，為國作育人材如是之眾，環顧朝野，孰能致是。我政府遷臺之明年，振翔歸自海外，謀建教堂於北投，未聞號召，期年而就，為勝地生色，居者遊者，爭趨之。後以維繫遠遊學子嚮往祖國之心，跋涉異域，亙五六載。今歸國未旬月，而新建教堂，又矗然峙板橋間，耗資三百餘萬。赤手孑身，篳路藍縷，而頻創奇蹟，豈凡夫所能幾。振翔愛國，根乎天性，身為神父，於教義之闡揚，教友之啟迪，壹以國家為本。當年神州鼎沸，訛言朋興，舉國皇皇，不可終日。振翔適居海外，詞而闢之，所以正僑胞之視聽者至切，影響於海外人心者至鉅。今新堂既成，大書「為天主」「為國家」二語，高揭堂前，與十字徽並峙。國內教堂多矣，神父多矣，其揭愛國大義以示世者，幾曾見之。

振翔之所以為振翔者如此，因而蜚聲四海，外則見重於教廷，內則蒙我總統蔣公之嘉許。吾江山何幸而出此人，吾等何幸而友此人。甚望其繼今邁往，以弘揚其教者以福我國家。他日河山重光，更續續興建更雄偉更堂皇之堂宇於大陸，振翔之事業不朽，豈僅區區江山之榮已哉。欣逢新堂落成，特書此為賀。

中華民國五十年元月穀日姜超嶽拜撰周素梅敬書。（本文載《晨光月刊》五十年一月出版）

一六一　出　書

予積年體驗，一事之成，莫非偶然。疇昔《我生一抹》初版之出書，其原委有可述者。此書自傳也。椎魯如予，原無足傳，無可傳。惟生而庸俗，不能游心物外，公餘興至，偶有憶往之筆。抒情也，亦備忘也。一日，雅故成先生惕軒，見予積稿，連稱難得，殷殷勉以成書，竊揣儉學無文，不敢自信，中輟者久之。成先生復婉言相勉，謂君文真切簡鍊，成書後，必有喜讀者，願為之序。予感其誠，遂奮力為之。不半載，而得百十數則，都六七萬言，念人世之無常也，名曰「我生一抹」。其間字斟句酌，問難請益，得宿儒契好之教正者良多。長興金體乾、閩侯陳天錫、陽新成惕軒、鎮江尚達仁、浮梁余樹芬、阜寧黃翰章、江陰趙榮長、湘陰龍棫林諸君子，皆令予不能忘者也。書既出，見者多謬許有足取。名學者杭州方先生豪，且專文揚之於《中央日報》，讚為好書云。再版後，又有名流吳江仲肇湘、遼陽王大任、瀏陽楊力行、衢縣姜漢卿諸先生之評介文，先後揭諸報刊。頻獲不虞之譽，益奮自勉之心。

一六二　感　舊

予任事考試院時，首席參事陳先生天錫、參事兼機要主任金先生體乾，皆績學名士，皆年高德劭，皆為當事所倚重，皆對予青睞有加。而予於二先生，則心焉兄之。二先生告老後，予得閒則往候。金先生風趣而較健談，每見，輒有欲罷不能之概，並時以不凡相許。其在療養中也。嘗語予曰，與君快談，可減吾病。歲乙巳之夏，聞病往訪，起坐寒暄，為述病情，若不勝其痛楚者。退而深感有異，緣平昔相晤，喜多談，且時作憤發語，此次則道愁苦，不及其他。竊念先生德業，在師友間，年既大耋，又值衰病，忝居愛末，曷若及早壽之以文，略申仰止之忱。稿成，郵先生，曾奉手復致謙詞。正謀刊布，遽傳噩耗，蓋先生以五十四年七月三日謝世矣。情深感舊，仰止無從，為志黃壚之痛，特錄原稿於后。

長興金體乾葆光先生八十壽序

歲甲辰，政府渡海後之十有六年也。予拜朋好之慫恿，而有《我生一抹》之作。書出，搜毀初印稿，獨留東南耆宿金先生葆光點校之一冊。稿凡六七萬言，時在秋熱，先生方為其新著《四書通義》之殺青而勞。復承細加點校，自始至終，逐句逐字，墨蹟斑斑，點畫不漏。於稿中感人之「泣書」目下，且綴語「此真天地間至性至情之大文，凡讀之者，能不增國家存亡之痛。」又附書「知大作有汲汲出世之志，病軀雖不勝，不能不強力伏案，以期不延所期。經歷三數日，而視茫茫，而汗浪浪，展讀完畢。自以為盡心矣，未審仍有漏網者否也。」先生誠長者，其熱忱，其敬事，其重諾，躍然紙上，所以矜式於世者多矣。獨留其點校之稿之義在此。

溯予初聞先生名，在民國十八年，先生任蘇省秘書長時。識先生，則在二十五年，共事國民大會選舉總事務所。時主任蔣作賓，總幹事葉楚傖。先生主文書，予主機要。略聞先生在清末，以少年諸生，問業於京師大學堂之譯學館。卒業後，即從事革命，亡命南洋，創報刊致力宣傳，固亦革命先進也。旋予以參與競選，依法迴避告退，故雖相識，而相處甚暫。洎政府渡海，先生贊襄鈕公惕生於試院，予以犬馬之資，後亦廁身院中，與先生同室從公者幾三年，知先生朝夕獻替，勞瘁不辭。其為人也，篤於學，忠於事，誠恕以待人，儉廉以奉己，與世無忤，與人無爭，今之正人，古之君子也。寅僚故舊，多沐其德，尊為長老。自此予之視先生，乃友而為師者矣。

今歲乙巳夏正某月日，為先生八十覽揆良辰，又值大著《四書通義》行世之後，自惟椎魯，愧無生花之筆，以為岡陵之頌，謹獻一爵以為壽。並述獨留先生點校拙稿之始末，及相識相交之因緣，而鄭重與先生約，俟勝利還鄉，予續《我生一抹》時，先生仍為點校初稿如今也。（本文載《新動力月刊》五十四年九月出版）

一六三　題　畫

老友周君念行，好靜而劬學，晚歲習畫自遣。民國五十四年乙巳之秋，憑所憶鄉土勝景，作「雙塔圖」，而寄示屬題。予展讀之餘，棖觸萬端，振筆書曰：「念行之作此畫，用心苦矣。雖逼真有間，而輪郭粗具。三十年來，變亂頻仍，後進子弟，生長異地，蓬轉四方，身果何籍且茫然，幾見有思鄉之情者。念行此作，儻以示後昆數典而不忘祖乎。

雙塔千百年物，中隔一衣帶水，即錢江上游之文溪。據山川之勝，與江郎三峰遙相對峙。位城北十里而遙，少時嘗釣遊於此。鍾靈毓秀，代出奇才。丁茲海桑，鄉訊久渺，不知雙塔仍矗然無恙否。願大好河山，早慶澄清吾等老友，攜老伴，榼斗酒，徜徉乎塔下，共尋當年之舊夢，並為吾鄉士林添一佳話也。」念行得之，亟稱妙品。予復之曰：「過獎不敢當，而曾費心思則有之。言立意，極擴張之能事：一塔之題記耳，乃由塔而及山川之勝，而及人物之盛，而及運會之興替，與世事之變幻，鄉也，邑也，省也，國也，往也，今也，來也，靡弗及之。言結構，極簡括之能事：如許涵義，如許鄉思，如許感懷，凝縮於寥寥數行之間。故文字雖無多，而用心亦良苦也。其中三數警語，吾等老友，固深具同感，凡中年老年讀之，亦鮮有不起共鳴者。如以詔後進，而能激發其愛鄉之心，祖宗廬墓之思，兄則不虛此畫，弟亦不虛此題矣。」

一六四　難　忘

予生而有幸，數十年來，于役所之，不乏至交。而先後廁身元戎幕府時，知心直諒之友，尤數數得之。不久前逝世之普寧方君少雲，其一也。君少予數歲，外柔內剛，諳於世故，而不失其正。昔嘗以和光同塵相規，邇歲則以蔽塞聰明相勉。予山野之性，雖未能盡如其所期，而時懷警惕，所以助予寡過者無限。今此益友往矣，最令予難忘者，當其療養醫院，以至病革也，對其親人骨肉，始終無遺言。獨於逝世前二日，知予至時，勉吐一語，曰，吾正待君。時已奄奄一息，不復能續，深情萬千，盡在此語。遲至之悔，益深人琴之悲。其夫人於君死後三日，以行狀事見囑，忝為知心，誼不容辭矣。狀文錄后。

方君少雲行狀

曩予奉職元戎幕府時，朝野方致力抗戰建國，予性戇切，往往致諍難於執事。斯時僚好中，以和光同塵相規者，方君少雲其一也。今少雲不幸死矣，死前二日，予偕內子素梅往視，已懨懨垂危，試喚知吾否，作領意，微啟唇云，吾乃待君，隨默爾。時其夫人若子皆在側。嗚呼，祇此一語，竟成永訣。對予之深情如此，如之何而使吾能忘之耶。

少雲籍廣東普寧，家居邑南五里之古分鄉。其先祖肇源於福建莆田，宋中葉，有遷粵者，遂別成支系，耕讀相傳，蔚為望族。祖諱質毅，妣郭氏。父名友松，字雲石，中年以後以字行。少通經史，能文章，方踰冠，而衣食於外，展轉西北邊圉者，垂四十載。故少雲八歲，即隨父母宦居甘肅，十八，就學故都，四年學成，固南人而長於北國者。母藍氏，容順慈厚，約躬以禮，於周甲時棄養陪都。

少雲出身中國大學法科經濟系，綜考其志業，則不離黨政。十三年入黨，十七年任中央黨部幹事總幹事。當北伐告終，馮氏之亂既平，中央於邊圉諸省，銳意革新，少雲遂膺黨務特派員之命。篳路藍縷，留青海三年許，於中央德意及革命主義之宣揚，有足多者。自是而北平市黨部常務委員，河南省黨部書記長。迨二十五年，任廣州市黨部常務委員，並奉總裁手諭，與軍校同志合組三民主義革命同志會，力謀同德同心，為舉國倡。困衡而為，時論翕然。對日抗戰之三年，入元戎幕，典人事分配，旋遷粵省政府委員，以迄勝利。三十五年，充制憲國民大會代表，又任四屆國民參政員。翌年，膺選行憲首屆立法委員。洎政府南遷，為敬恭桑梓，於板蕩中出任汕頭市市長，支拄肆應，極見其堅毅貞固之操。既渡海，考試院當事羅致之，因從事銓政之革新者十餘年，而以簡任秘書終其身。

少雲生於民國紀元前十一年夏正某月日，死於五十四年國曆六月二十三日，享年六十有五。同月二十七日，厝陽明山第一公墓。少雲生而體弱，壯歲攖喘疾，屢

104

臺北市復興北路三八六號

三民書局股份有限公司收

廣告回信

台灣北區郵政管理局登記證

北台字第10380號

（免貼郵資）

姓名：　　　　性別：□男　□女

出生年月日：西元　　年　　月　　日

地址：

電話：（宅）　　（公）

E-mail：

知識使你更有活力．閱讀使妳更有魅力

三民書局／東大圖書讀者回函卡

感謝您購買本公司出版之書籍，請以傳真或郵寄回覆此張回函，或直接上網http://www.sanmin.com.tw填寫，本公司將不定期寄贈各項新書資訊，謝謝！

職業：＿＿＿＿＿＿＿＿　教育程度：＿＿＿＿＿＿＿＿

購買書名：

購買地點：□書店：＿＿＿＿＿　□網路書店：＿＿＿＿＿

□郵購（劃撥、傳真）　□其他：＿＿＿＿＿

您從何處得知本書？□書店　□報章雜誌　□網路

□廣播電視　□親友介紹　□其他

您對本書的評價：

	極佳	佳	普通	差	極差
封面設計	□	□	□	□	□
版面安排	□	□	□	□	□
文章內容	□	□	□	□	□
印刷品質	□	□	□	□	□
價格訂定	□	□	□	□	□

您的閱讀喜好：□法政外交　□商管財經　□哲學宗教

□電腦理工　□文學語文　□社會心理

□休閒娛樂　□傳播藝術　□史地傳記

□其他

有話要說：＿＿＿＿＿＿＿＿＿＿＿＿＿＿＿＿

（若有缺頁、破損、裝訂錯誤，請寄回更換）

復北店：台北市復興北路386號　TEL:(02)2500-6600
重南店：台北市重慶南路一段61號　TEL:(02)2361-7511
網路書店位址：http://www.sanmin.com.tw

治不愈，復以積勞，垂老加劇。邇歲，則風濕、脫肛、血壓失高、諸症併發，幾無日無時離藥物，以肺癌終。當症況之有異也，遷地療養臺南甥館，閱月無起色，於五月七日北返。抵木柵寓，猶能步履舉食，翌晨，入空軍總醫院後，一登病榻，偃臥不能起，歷四十五日而逝，終不自知以癌促其命也。

少雲為人，外溫內嚴，與人不爭，而為所當為。生平無疾言劇色，凡與處者，多喜其恂恂君子，如沐春風。其於相善者，忠誠盎然，不為町畦。嘗自承為學不力，身乏專長，致蹙於應世，愧悔莫及。悃悃之言，毫無矯飾。燕居笑談，時出妙語，發人深省。好飲，未嘗逾量。公餘休沐，輒寄情園藝，尤喜垂釣以自遣。一竿在手，悠然意遠，若遯世無悶之流者。性至孝，母氏病篤時，侍奉湯藥，亙數月不少懈。既喪，哀毀逾情焉。父以晚歲患中風，留鄉未出，陟岵之思，無時或已。此其行誼之足風世者。

民國三十二年初，中央訓練團有高級班之設，少雲開敏卓犖，優先被選為學員，七月卒業，屢以得友賢俊切磨德業而自憙。四十二年，總裁集當年同學於草山，重施講習。少雲於其自述文中，舉生平敬仰師友之最者，有王正廷、胡家鳳、曾養甫、高信、姜超嶽、鄧翔海諸子。素書云，同氣相感，同義相親，吾於少雲見之矣。

少雲以民國十四年，結婚於北平，時年二十五。夫人林君璧女士，閩侯世家子，知書嫻禮，婚後于役四方，唱隨無閒。先後生男子子三，女子子四。漢奇、畢業蘇州國立社教學院，漢英、交通大學，皆陷大陸。漢平、臺灣大學工學士，謀再深造。蕙、適呂雲華，瑩、適何偉亮，珊、留美，將成碩士。薇、讀初中。四十年來，夫婦恩愛之篤，比迹梁孟。少雲既入醫院，夫人以素羸之軀，始終隨侍，不舍晝夜。少雲雖自知不起，唯恐滋傷夫人心，竟無一遺言。但於彌留之頃，頻頻注視示永訣。相愛相諒，無微不至，于此覘之。夫人以其臨危有待予之語，屬為狀，因述其平生如右。（本文載《民主憲政月刊》五十四年九月出版又載《晨光月刊》同年十月出版）

一六五　信　徒

吾江山老友中，獻身於黨最早者，吾家次烈。信奉主義最篤者，朱丈雲光。雲光譜名吉暉，稍長於予，其夫人姜金桂，予之族姑也，故自幼以吉丈呼之。問業國立北京大學七年，民國十一年夏學成，羈留都門，常以「明後」「永觀」等筆名，為上海《民國日報》撰政情通訊。觀察論事，卓著才華，因受知於其時主編、黨中先進葉公楚傖。時蘇省某名女校慕名聘為教席，不就。十三年夏，南下至粵，入廣州市黨部為秘書。北伐軍底定武漢，北上任中央政治會議、國民政府委員會聯席會議秘書，一度代理中央政治會議書記長。定都南京後，任中央宣傳部秘書十餘年。抗戰在渝，轉任國防最高委員會秘書、組長、國民政府秘書，兼政務官懲戒委員會主任秘書。行憲肇始，改任總統府第一局副局長。明年，赤匪渡江，奉親在籍，遭匪拘辱幾殆。又明年春，病故滬濱，得年五十有六。予與雲光，自十四年秋始，迄勝利還都以後，二十餘年間，交最密，情最篤，相知亦最深，其瞭解主義之透澈，朋儕中無出其右者。居恆兢兢業業，忠於所職，不求顯達。凡與處者，無事不可忍讓，獨於主義之說，不容有微詞。間或聞之，嚴詞駁斥，不留餘地，必至令人信服而後已。予嘗竊議，世之自稱為主義信徒者眾矣，能如雲光，庶乎當之。雲光去世十五年矣，老友知予撰《我生一抹》，有人鳳、雨農之記述，而不及雲光，頗不謂然。因略述其平生，並贅舊稿〈記亡友朱君雲光二三事〉及〈與毛君以亨辨正朱雲光行誼書〉二文於此，以示予固未嘗有忘於雲光也。

記亡友朱君雲光二三事

民國紀元二十年夏，南京特別市黨部謀改組，時雲光任中央黨部秘書六年矣。

相習同志，竊議首善之區，黨委人選，應以對黨有歷史、有信仰、有熱忱如雲光者為宜。其時市區黨員，為數未眾，競選黨委，僅須數百票已足，默計聯合若干知好同志，優可為力。因詣雲光徵同意，詎未待詞畢，正色峻拒。曰，舉世滔滔，惟爭是騖，果為革命，湯火弗辭。爭名則不欲，爭位則不屑，爭功則不敢。吾既厠身中央，唯知貢我心力於所事，他無求也。君子愛人以德，願勿相強。遂作罷。

洎二十五年，訓政垂成，憲政將啟，中央定期召開國民大會，各地紛紛籌選代表。時方盛暑，予與鄉友朱子爽、朱君毅、朱希成、何繼存、戴夏民諸君子集議，為憲政樹楷模，為桑梓謀福利，為同志爭光榮，應選雲光為代表。議既定，以告，雲光峻拒，一如往歲之不欲為南京市黨委者。予曰，我等有選舉之自由，君且勿問可也。於是諸鄉友相約，各就所宜，分道進行。緣此次選舉，合若干縣為一選區，區若干額，初選複選後，報由中央圈選之。予則偕子爽犯暑行旅，游揚雲光於各地，先至本籍江山，次及鄰邑衢、龍游、常山等縣。或訪父老作懇談，或臨稠眾宣來意，初選既竣，雲光得票十七萬餘，在同區數十人中名列前茅。此時感余等不惜資斧，不辭跋涉，而非為己謀，憤然謂，身為黨員，自應為憲政而致力，義之所在，成敗非所計，遂出而參與複選，後即充任制憲代表焉。代表總額，號稱三千，其如雲光之憑道義而出者，究有幾人。

昔予居京時，鄉親故舊，常有問通有無者，遇無力以應，則乞於人而應之。雲光戒予曰，周人之急，德也，通財，義也，但不可不知其道焉。凡助人者，貴量力，貴得其宜。苟與之，即應視為贈，或譬如遺，則其還也如拾，不還分也。果爾，彼此怨尤無由生，情誼亦如故。否則，與之，而嚴約還期，幸而信，固有得，不信，人將懷慚而見疏，則吾並失其友矣。若夫已無力而乞於人，一時感德誠有之，終致凶終隙末者，往往而是，此則應引為切戒者也。雲光之處世率如此，其見解之不猶人率如此。（本文載民國五十二年元旦《中央日報》副刊）

與毛君以亨辨正朱雲光行誼書

比讀上月三十日香港《天文台報》所載大作〈記畢生盡瘁於國民黨的朱雲光之死〉一文，為社會倡氣節，為亡友揚忠藎，賢者言行，大足風世。惟文中敘其生前行誼，有「覺得其牢騷太多」之語，雖出無心，易惑觀聽。不有辨正，曷以對亡友。

弟與雲光，自北伐前一年起，在廣州，在武漢，在南京，在重慶，相交逾二十年。勝利而後，又在樞府，同官，同室，且聯席，朝夕共處，幾乎形影不離。自信所知於雲光者，或較為深切。雲光之篤信主義，恬淡名利，同輩中難得第二人。平素行誼，深合老氏「知足之足常足」之說，以求官為恥，慕榮為辱，於得失窮達，一無容心。但有時鑑於主義未行，或人謀不臧，偶發憤慨而已，從不聞牢騷語。有之，必為他人之誤揣，以為憑其資履，而未致通顯，胸懷牢騷，情所難免。是猶以色鏡視人，人之變色，非其真面目也。如先生所引「革命革命，把酒都革淡了。」一語，弟亦嘗聞之，蓋當年抗戰情勢，漸趨艱苦，百物告匱，不獨酒淡為然。此乃嘆生活日苦之風趣話，因好酒，故言酒，非如熱中人物不滿所欲之牢騷也。綜雲光一生，在黨為信徒，在官為廉吏，在家為孝子，在社會為正人。關於請願褒揚，此閒雅故，何嘗無心。奈其死事，未便依一二不根傳聞以為辭，先生能舉其足徵者否。不然，且待之他日矣。

又文中敘其去職經過，亦似是而非。雲光原任國民政府秘書，總統府成立，調第一局副局長，局長許靜芝。李宗仁代總統前後，政府大事疏散，時雲光省親鄉里，弟則在廣州，處局勢震盪，人心浮動之秋，以區區秘書之職，於部署遷府事，負責獨重。及和談失敗，中樞南遷，播越倥傯中，弟與代秘書長兼局長之許靜芝氏，曾聯電雲光速其回府。旋得復婉謝，於是當事乃明令以弟承乏。弟曾詢何以處雲光，答以來則另有安排，故對雲光免職令，遲遲未發。先生所云「李宗仁代總統後，其局長與秘書之缺盡被開去，他亦因此負氣而不願來。」並無其事。李氏雖不德，不可以此誣之也。雲光之不出，有其不得已者在，亦不可以想當然負氣度之也，況無負氣事之足言乎。所知如此，詎不能不辯。率情而道，意在求真，惟賢者亮之。民國四十五年四月五日臺北。（此書已編入《實用書簡》論辯類）

一六六　日　記

予之日記，始自民國九年。是年暑間，南京高等師範創設國語講習所，專以造就中小學國語教員者。予以母校省立第八師範之選送，負笈而往，髦士雲集，見聞新異，日記自此始。時年二十有三，尚未婚，距今四十餘年矣。其間三十五至三十八年四年間，因患手戰，致有斷續外，餘則一日無闕。初時有恆之習未成，或強而行。一二年後，將寢則記之，遂如飢渴之思飲食者。記冊采用商務印行袖珍本，蠅頭細楷，少則數行，多則十數行，毛筆書寫，行列井井。惜舊時存冊，盡喪於變亂，思之黯然。所記內容，在執教歲月，重教學之心得，所以便研究也。于役軍政後，則重時事與見聞，所以備應對也。三十八年改用左腕作書以來，記冊加大，所記僅供備忘與磨鍊左腕之運用而已。積年體驗，日記一事，持之以恆，真實是求，有裨於進德修業者至鉅。養有恆之習，作存養省察之資，其餘事耳。冥想一息尚存，能視，能執筆，吾之日記不輟也。

一六七　三　六

三者，三句話也。六者，六個字也。自惟生平，能不改本色，能不患得患失，皆此三六之力。三句話者，不牢騷，不自高，不自卑也。涉世以來，獻身社會，效勞國家，社會國家所以待我者不薄，尚何牢騷之可言耶。學問之道，絕無止境，吾以為知，必有更知者，尤知者。吾以為能，必有更能者，尤能者。自高，即自畫也，亦即自棄也。事無難易，繫乎立志。一朝得有為之地，人之所能所成者，我志所之，無不能，無不成。其不能不成者，天也。故吾人萬不可自卑，自卑之所致，與自高同。六個字者，存在，健康，著落也。世逢變亂，浩劫頻仍，吾親吾友吾軍民同胞，其不幸而犧牲者，以千萬計。而吾幸而為孑遺，此存在之說也。存在者眾矣，或為病魔所纏，或為意外所殃，醫藥痛苦，不離其身。而吾視息依舊，豪情不減，此健康之說也。舉目芸芸，健康者亦眾矣，非困於家累，即苦於無業。入則啼飢號寒擾其心，出則東奔西走折其志。而吾以犬馬之資，託庇於廟堂之下。居有室，食有給，雖無頤指氣使之奉，而有安居樂業之樂，此著落之說也。總此三六之精要，一言以蔽之，知足而已。老氏云「知足之足常足」，吾常足矣，得失於我何有哉，本色又何改之有。

一六八　象　冊

此予貼存歷年影象之冊子也，置於民國十八年于役舊都時。所搜影象，有攝於北伐前後者。抗日之役，家藏圖籍，盡毀於戰亂，此冊以奇緣而獨存。三十八年政府南遷，內子素梅恖遽離鄉時，亦於無意中夾置行篋以俱出。來臺後寄居景美山下之溝子口，四十八年至五十一年間，疊遭山洪之禍，潦深齊簷，室鮮完物，此冊又因別存而獨倖無恙。念世變頻仍，當年舊物，今獲存者，可謂絕無僅有。爰選其中最足資紀念者，先後刊之於《大陸陳迹》及本書，且略述經歷於此。所以示凡事盡心而止，其存其亡，有非人力所可及者也。

一六九　白　髮

予生之有白髮，自四十八歲悼亡後始，時猶備位侍三處組長也。一日，整容於處中，髮工知予悼情未已，溫語相慰曰，望長官珍重，腦後白髮繁生矣。予唯唯，亦知憂能傷人，然莫如之何。淒苦數月，偶爾對鏡，兩鬢又斑矣。私忖臨艾之年，理所必至，漠然聽之。洎勝利還都，良緣重締，琴瑟復調，門庭之內，怡怡融融，予之作息寧處，漸復其舊，不踰歲，而髮之白者黑矣。大陸變色以還，倏爾十數載，其間旋白旋黑，年或數變，有時親友且以不見華髮為疑。其變也，大抵隨處境之歡戚而異。丁茲滄桑，歲時令節，俯仰身世，未免有情，故變則多在此前後，歷年不爽。知者咸嘖嘖稱奇。因嘗自喻，髮之於予，無異一心情憂樂之測驗器也。惟年來則見其白，不見其變，足徵前之變者，年雖垂暮，而血氣猶壯也。以今視昔，不勝遲暮之感。昔東坡自錢塘移守膠西，期年，貌加豐，髮反黑，其情或與予往歲同。是知攝生之道，駐顏之方，養心為上，求之藥石，抑末矣。

一七〇　情　文

予不學，而未嘗刻意為文。偶有所作，皆原於情，一時興至，意往筆隨，辭達而止。惟言情不離乎事，言事己必與焉。渡海以還，親故長老，屢以文事相責。信手拈來，莫非攄情。如堂表兄李守愚、老友許靜芝、邵月如、周靜齋，長老張善與、沈之萬、莫柳忱、陳伯稼諸先生七十、八十序，舊從遊胡子思良大衍序，及題贈蕭公化之〈記花谿佳話〉諸作，名則壽人，中多自白，讀之亦可覘平生。雖慚無文，差具情致，即係緣情而生之文也。錄之以實吾說。

江山李守愚先生七十壽序

民國紀元前後，吾江山青年之名噪士林，而與予有通家戚串之誼者二人焉。曰楊先生德中，曰李先生守愚。楊先生以興學見稱，李先生幼而岐嶷，長而以瑰意琦行著於時。於清末就學浙江杭府中學堂，以畢業全省會試第一，一時有才人之目。

先生名直，字守愚，其尊堂，予之堂姑也，故自幼以表兄事之。及長，同執教於衢州，知其寢饋儒佛，而更能文，又師事之。國民政府奠都南京後，予廁身樞府，先生則供職於中央黨部。自是至抗戰勝利，十餘年間，過從不絕。予所得於先生之薰陶者，凡所云為，以「戒貪」「戒造因」為上。一切盡其在我，坦坦蕩蕩，無愧於己，無愧於人，無愧於天。

當抗戰之初興也，敵機肆虐都門，無間晝夜。予與先生，暨舊好朱雲光、戴夏民、何繼存、姜次烈諸君子作郊居，同室共爨，親逾骨肉。斯時也，於其長女若南，與通州金君陽鎬之結縭，竟一無所悉。事後，質以兒女大事何秘為。則曰，流俗鋪張，無非虛榮，於己固多糜費，更未免累及親友。世逢承平，尚不宜為，今何時，此何地，縱不惜糜費，而徒累親友，於心何安。其生平之克己恤人，往往類是。予嘗謂，處茲澆漓之世，滔滔者知有己，而不知有人，恕道不行，滋為亂階。如先生者，可以壽人，亦可以壽世矣。

赤匪竊國，先生陷居大陸垂八載。今秋九月，其女若南來告曰，吾父七十矣，以彼仁厚，意當健在。吾父一生，所以為兒女者無不至，海天遙隔，時深陟岵之思，請為吾父述其行誼，以張諸室，以紀其壽。他日勝利言歸，將以獻諸老人，以示若女，若壻，若外孫輩，固未嘗一日忘之也。予既忝居戚末，曷敢以不文辭，遂退而書之如右。中華民國四十五年丙申九月穀日臺北。（本文載《暢流》半月刊四十五年十二月一日出版）

壽許靜芝先生七十之慶

吾與嘉興許靜芝兄交且三十餘年，其奉公之勤，待人之厚，處事之密，吾知之審矣。而最令吾欽折不能忘焉者，厥為十五年前，流寓香江時，接兄《論行止》之一書。其言曰，弟自處極為堅決，無論成敗利鈍，決與臺灣共存亡，絕無二志。時我總統復行視事未久，內外局勢，雲譎波詭，正危疑震撼之秋，兄居總統府副秘書長之位，耿耿精忠，而作此決心，武侯之二表，信國之遺歌，何以異是。此乃兩間正氣之所寄，亦我國家民族復興之所繫也。兄固從不表襮於眾，而吾則未嘗一日忘。今逢兄七十之誕，愧吾山野素性，不慣為世俗岡陵之頌，率書吾所不能忘焉者以為壽。他日耄耋大慶，詎當鄭重為文以祝難老也。中華民國五十三年甲辰三月穀旦臺北。（本文載《中國一周》第七三二期五十三年四月二十七日出版）

邵月如先生七十壽言

浙東衢邑，宋名臣趙抃之故鄉，舊名西安，為府屬首縣，民國以來之道尹，及其後行政專員公署皆駐此，世所稱文物之邦者也。昔予學於此，教於此，先後垂十載。當地知名之士，其投身革命，教子成名，而享頤養之福者，惟吾友邵本恆月如先生一人而已。

先生專攻申韓之學，深造於東瀛，得與湯恩伯、趙韻逸、胡次威諸志士為友。學成歸，值軍閥當道，嘗為發展黨務而致力。北伐完成後，則用其所學，任法曹於鄭州、開封、洛陽等地，皆著廉平聲。洎民國三十年，中樞添設糧食部，新政也，簡先生為參事，於規章法令之創訂，建白獨多。抗戰告終，出長貴州田糧處。邊徼貧瘠，復當國家積年用兵之餘，而於西南軍糈民食之擘畫調度，綽乎有餘裕，一時聲績爛然。自大局逆轉，隨政府渡海來臺，嗣君德潤，已有所樹立。先生襟度豁如，不汲汲於生事，不戚戚於俗慮，詩酒自娛，超然物外。踰數年，德潤周遊歐美歸，總攬《中央日報》編輯事，求新求實，日進不已，聲譽鵲起。中央銀行復業後不久，當事遴為秘書處處長，如日之昇，方興未艾。而先生泰然晏然如平昔，凡鄉親故舊晉接言笑間，未嘗有矜色。或以嗣君之顯相讚譽，則謂且覘其後日之報國，當今區區，未足道也。視流俗之見兒曹略致小成，即沾沾自喜，且以衒人者，其相去何遠哉。

今歲乙巳夏正某月某日，先生七十初度。念先哲「莫為之後，雖盛不傳。」之義，於父子天倫間亦同然。因至羨先生之有賢嗣，並得頤養之清福，特書平昔行誼所異於流俗者以為壽。中華民國五十四年乙巳三月穀日臺北。（本文載《中國一周》第七八〇期五十四年四月五日出版）

壽周雍能靜齋先生

鄱陽周先生靜齋，革命先進，行憲後之立法委員也。當北伐之初，予與先生共事於國民革命軍總司令部。先生秘書，予上尉書記耳。橐筆從軍，跋涉山川，同行歷數省。軍中雖重名分之尊卑，而先生恂恂雍容，不易其常，竊心儀之。厥後，人事卒卒，踰二十年，而始一晤於首都。先生風采依然，至羨其養心養性養生之有道也。

歲丙午，我政府渡海之十八年，國曆十二月九日，又晤先生於行都北郊天母之蔣邸。默計其年，已邁古稀，而風采猶是當年。自初識至此，四十寒暑矣，如許歲月而不變，為人世所難能。殆莊子所謂遊心乎德之和，而與物為春者耶。抑以八千歲為春八千歲為秋者耶。循今以推，他日耄耋期頤之壽，其不老也，當如今無疑。

蔣邸者，老友蔣先生堅忍之所居。是日敘集於此計六人，主人及予與先生外，有陳立夫、陳舜耕、何志浩三先生。吾六人者，皆當年隨總司令今總統蔣公北伐之青年也。序齒，先生居長。衆以其七十之誕，未獲所以賀者，相約撰辭補壽。予愧無文，不善頌禱，特述識先生之因緣，並祝難老為人瑞，俾革命同志中，添一佳話也。

中華民國五十五年行憲紀念日姜超嶽拜書。（本文載《建設》月刊五十六年二月出版）

河南新鄉張先生八十壽序

革命先進張先生善與，豫中耆宿也。超之得聞先生名，在抗戰時與先生之三郎之單共事元戎幕下始。厥後凡遇豫籍時賢，舉先生名，靡弗知者，亦靡弗樂道其為人者。蓋先生一生，以革命為事業，為桑梓興教育，創風氣，無論矣。締造民國與焉，剷除軍閥與焉，重奠黨基與焉，抗戰制憲亦與焉。故當世元老鉅公，多與先生有舊。易以恆人，豈不自負而自高，豈不求貴求顯而自榮。不得，或行險徼倖以洩其私憤，或有更甚焉者，比比如也。然而先生用則行，舍則藏，廓然，泰然，澹然，恬然，與世無忤，與人無爭，數十年如一日。東來而後，窮居陋巷，以正義濟貧之律師自樂。民間有善舉，力之所及，皆樂為之。當地人士，感其德義，因以模範國民表揚於國中，政府崇獎有加，此則近年間事也。先生之為人如此，殆古之所謂知足為富，求退為貴者歟。噫嘻，可以風矣，可以壽世矣。孔子曰，仁者靜。又曰，仁者壽。先生春秋八十，耳目聰明，步履如壯年，豈非孔子所謂仁者歟。其誕辰在今歲國曆五月二十八日，往昔共事元戎幕下之知先生者，堅囑超一言以為壽，爰略述先生行誼，及區區因仰止之餘而有所感如右。並願與先生約，他日期頤稱觴，為吾等後生一述所以靜所以壽之道。中華民國五十年五月穀日江山姜超嶽拜譔。（本文載《暢流》五十年六月十六日出版）

吳江沈鵬之萬先生八十壽序

先生江南名士，吳江望族，早歲志懷革命，與先進朱瑞、夏尊武、胡景翼、宋教仁、陳其美、黃郛、葉楚傖諸公有舊。今總統府秘書長張公岳軍，亦久共患難。自弱冠畢業浙江武備學堂後，執教從政，足跡徧大江南北。袁氏當國時，一度亡命海外，備嘗艱苦。癸丑之役，任討袁軍總司令部軍械處處長，發難前，密運械彈於各軍，出入生死間，其行誼尤有足多者。

超嶽初識先生，在民國二十六年蘆溝橋事變前之二月，時先生任四川省第三區行政督察專員，駐節永川。超嶽任樞府秘書，以于役西南，道過其地，行色悤悤，僅瞻丰采而已。越七年，抗戰方酣，先生以著聲循吏，遷省政府委員，嘗出其餘緒，致力陪都勝蹟南溫泉地方之建設。時超嶽供職元戎幕下，居此六年矣。先生博諮周詢，采及芻蕘，彼此相審自茲始。勝利後，超嶽回任樞府，先生移主蘇之民政，人事要六，未嘗一晤。

洎三十九年十一月，超嶽自港挈家乘永生輪來臺，不期而與先生俱。浩劫餘生，海上邂逅，深感巧合。又四年，我總統蔣公，重膺大選，羅致先生參議府中，於是與先生同官，復奉命同主一事，朝夕相處，幾及二年。懇懇從公之誠，恂恂長者之度，中懷仰止，久而彌殷。自初識至此，屈指二十年，情誼由之而深，形迹由疏而密，若冥冥中別有主宰者。俗有凡事前定之說，其然豈其然歟。

先生以四十九年告老休致，頤養於行都南郊之景平村，遠隔塵囂，室雅地曠，高士所安，亦福人所居也。今歲農曆正月初七日，為先生八十覽揆之辰，特述相識因緣，以祝先生之難老。且期於奏凱賦歸之日，各返故里，長享田園之樂也。中華民國五十一年壬寅二月穀旦臺北。

莫公德惠柳忱八十華誕獻言

歲壬寅，當代大老，雙城莫公柳忱八十華誕，朝野名彥，壽以詩文，傑作如林。吾友王子大任，公之鄉後進，將輯專刊張之，屢謂予，與公有公誼，焉能無一言。予曰，苦不文，難以為辭。無已，其述二三瑣事表獻曝之忱乎。

公之初任考試院院長也，在民國四十三年之九月。蒞任後，例有召見所屬之舉。時予供事樞府，而仍兼院中法規委員職。既見，問興革，對以首須安撫人心，次則明定權責，條舉事例為證。公甚首肯，謂所言覈要而精闢。復問其他，亦舉所知以對。出，逾原定時刻竟倍蓰，知公虛懷若谷，能令言者畢其詞者也。

考試院在臺北景美山下之院舍，泰半建自前院長鈕公手。公蒞任時，距落成已三年，安全設施，尚付闕如。公至數日，即令執事者購備滅火彈若干，散置各舍，防萬一。逾歲，公養痾礁溪，其地塵囂不至，花木扶疏。院中執事往問疾者，嘗奉命翦良槿千百株，返貽各眷舍栽植之，為點綴庭院之助。病中且為所屬謀，知公推己及人，關心民瘼者也。

今歲九月，暴颱肆虐，山洪氾濫，考試院所在地，徧遭淹浸之禍。渠渠院舍，一時淪為澤國，潦深者沒簷及頂，牆敗壁毀，滿目瘡痍。公邸位山麓，亦未能免。事後將謀修葺，公曰，先眷舍而後及吾邸。今眷舍已復，而公邸殘跡猶在，夷然處之。居高位而能體下情，知公先天下之憂而憂，後天下之樂而樂者也。

予慚不學，罔聞大道，強顏識小，知無當大雅之一顧，請以飣餖視之可矣。中華民國五十一年十一月穀旦。

閩侯陳伯稼先生八十壽序

予幼年以兄為師，兄名時暘，長予十五，其督弟也，甚於嚴師，平生立身，實緣兄教。乃不永其年，而今予恆篤脊鴒之思，凡新舊知好之年侔於兄者，輒心焉兄之，其德業之足師也，輒兄焉事之而又師之。

廁身政壇以來，於新舊知好中，兄焉事之而又師之者，先後得二人焉。一為前樞府參事，西北耆賢王汝翼鷺洲先生，一即試院告老之首席參事八閩名宿，陳先生天錫伯稼也。予識先生，在渡海以後，時鈕公惕生長試院，謬采虛聲，溷迹專才，因得與先生同室從公者幾三年。後雖回調樞府，而院籍尚在，晉接不疏，時承其雅教者，十餘年於茲矣。

先生閩侯望族，詩書世家。當年試院之創始也，院長戴公倚之如左右手，凡所興作，靡弗參與，故歷歲施政沿革，皆歷歷在胸。自赤匪倡亂，政府播越，院中文案，不無殘失，院務之重振，有賴於先生者良多。嘗見先生之治文書矣，朝朝暮暮，身不離席，手不離筆，一文之未善，一字之未妥，一事之未確，廣翻故紙，累日不休。甚且跋涉遠郊，借觀其他有關之官卷，謄錄所得，細如蠅頭，連篇累牘，幾非常視所能辨。如新近面世之《考試院施政編年錄》，積年政務，千頭萬緒，秩然釐然，萃於一篇，搜遺拾墜，纖悉無遺。至前所編前故院長《戴季陶先生文存》一書，各體文字千四百餘首，都百五六十萬言。自四十三年始，搜集、謄錄、審選、銓次、校讎，以迄成編付梓，朝斯夕斯，綿歷四載，獨任其勞，尤為難能。其於當事之興革，有不可者，必齗齗以爭，寧冒剛方見憚，不以媚悅取容。其見人之善也，少者獎進之，僚輩則揄揚之。惟魯如予，無學而寡能，任性而禮疏，厚荷不棄，優容之不已，復時以文事相切磋。又知室人素梅之學王書也，覩王帖之佳者，輒購以相貽，所以鼓勵之者無不至。凡此皆古人之道，長者之風，故十餘年來，兄之師之而不替焉。

先生春秋，今八十矣，得於天者厚，康彊逢吉，期頤可幾。予忝居愛末，苦無以為壽，謹述所以兄之師之之由，聊作華堂稱觴之助云爾。中華民國五十三年甲辰清明臺北。（本文載《中國一周》第七三一期五十三年四月二十七日出版）

胡子思良大衍之慶序

對人對事，盡其在我。不求人知，不求人諒。
造次無渝，俯仰無愧。浩然之氣，在其中矣。

昔予執教三衢省立師範時，胡子思良，嘗問業於予，雖在少年，動靜舉止，若卓然有以自立者。北伐前一年，予有事於粵，自茲一別二十餘載，頻歷世變，各自東西。迨政府遷臺，始獲重逢。患難聚首，情同骨肉。於是知其學成於上海雷士德工學院，精攻電機，抗戰時，嘗任公職，致力工業行政有年。來臺後，結同道，籌巨資，創遠東公司，從事電器企業，冀展所學以報國。曾協助政府，選送通訊專材，分赴美、德、日諸名廠，實習深造，先後數十人。在臺灣經濟建設初期之工商領域，獨樹一幟，促進國家通訊事業之發展者至巨。且疏財仗義，雅好交遊，一時揚聲中外，遊踪徧歐美。中以意外挫折，積年經營，唐捐於一旦。然報國雄心，屹然不搖。藉宿昔聲華，遇有力因緣，既受任華勝電子公司總經理，又受任美國偉爾溥公司駐華技術合作代表，皆與國家工業科學息息相關。更得賢內助張夫人蘭影之刻苦共守，相勉相勵，乃不數年，其所銳志以求者，駸駸乎又重振矣。識者莫不羨其淑配之賢，服其持志之堅，敬其素行之誠。近且廣置典籍，力圖進修，吾知其藏器以待時，固不僅長葆書生本色已也。今歲癸卯，夏正某月某日，為胡子大行之慶，丐予一言，因錄素守信念弁於首，以互勉者以為壽。中華民國五十二年五月穀日臺北。（本文載《中國一周》第六八〇期五十二年五月六日出版）

記花谿佳話——奉題蕭公化之冊葉

禦倭軍興之三年，朝野力倡以抗戰建國，於是元戎幕下，有「人事處」之設，寄址渝郊南溫泉花谿別業。一時髦俊，萃而執業者百十人，即世所稱「侍三處」者也。時陳公果夫主其事，羅公良鑑、劉公詠堯副之。越三年，劉公別膺新命，蕭公贊育繼之，此一行一止，有足紀焉。

劉公字則之，蕭公字化之，二公以之為字同。一取義則天，一取義化育，其志同。生長三湘同，問業黃埔同。在初期同學中，序齒最幼而才識不凡同。器宇舉止之儒雅同。邃於修養，耽於翰墨同。為人之光風霽月同。待僚屬以誠以禮同。其精白貞幹，為儕輩所敬愛，當事所倚重，幾無不同。先後長官，而同者九，洵可謂佳話也已。

予以山邑野人，獲二公之薰沐者亙若干年。自識二公後，凡所云為，能自省疏慢之咎，自鑑躁急之失，胥食二公之賜。今垂老矣，猶耿耿在懷。適奉蕭公書，命追紀花谿舊事，以實其冊葉，因就久蓄於中者，率書如右，聊博一粲。時中華民國四十八年己亥冬也。（本文載四十九年二月八日《大華晚報》）

羅先生介夫九旬冥誕暨德配彭夫人八十壽序

前國民政府監察院，故監察委員瀏陽羅先生介夫，往予嘗聞名矣。年來識其鄉人楊君力行後，乃漸審其卓行。早歲追隨國父，翊贊革命，開國而後，致力桑梓黨政教育數十年。公爾忘私，口碑載道。固革命之先進，黨國之楨幹，三湘之俊傑也。卒以嚴正招忌，於民國二十七年八月，在長沙遭狙擊而亡。識者至今猶深惜之。

楊君，先生高足也。人如其名，有聲於時，而折節與予交。平居過從，談及先生，吾師吾師不絕口。於是而知先生德教感人之深，使霑其化者，歷久而不忘。於是而知德配彭夫人之賢。相夫教子，舉盡其事。容順慈厚，老而彌篤。於是而更知先生有後，子昭泂、昭漢、昭海、昭浚、女慧林，皆克承親志，學有所成。獨惜昭漢早年殉職於空軍，大陸淪胥，來臺者惟女與壻邵陽蕭君勁。女曾留美，壻留德，同以教授名飛士林。迎養夫人於此，孝心之所致也。

歲丙午夏正臘月令辰，為夫人大耋榮慶，又值先生九旬冥誕。朝野名公與有舊者，相約張會於行都之英雄館。競以詩文書畫，彰先生之潛德幽光，兼壽夫人康彊逢吉，克享遐齡。先生九原有知，雖含恨未申，而公道尚在，人情亦存，或可泯憾矣乎。國運方新，勝利在望，他日夫人還鄉，大可以此告慰先生之靈也。予既獲交高足，情等同門，謹序其略，以為稱觴助。中華民國五十六年元月吉日江山姜超嶽拜書。（本文載《建設》月刊五十六年四月出版）

姜氏宗親會攝影冊序

此吾姜氏宗親會會務實況之留影也。

夷考史籍，姜之為氏，肇始神農，而盛於周。自是繁衍南北，號稱望族。往古社會，多聚族而居，宗祠之制以興，有族必有祠。行宗法，崇追遠，胥賴乎是。吾姜氏在臺之有祠舊矣，而有宗親會者，則自民國五十五年始。夫宗親會之興，乃近世間事耳。凡名都巨邑，宗親叢集，不問支派，聯為一族，求聲氣之互通，彰親親之大義，意至良，法至善也。吾宗親會之發議人，為贛籍伯彰先生，魯籍佐周先生，浙籍紹祖、紹謨、梅英諸先生，皆有聲於時。既成議，官方且許可。宗親聞風，紛起贊助，而臺籍者尤眾，新竹振驤先生，桃園政先生，其首應者也。以是年十月二十三日，集大會於北市之寧波同鄉會。於是立規章，選執事，商會務之進行。遇事則會，會則留影焉，所以紀實也。其間服勞最力，並負責攝影者，則為浙籍宗親竹先生。

他日者，累積成集，傳之奕葉，所以示當年在臺之宗親，致力興復大業之餘，更能於聖哲「君子務本」「以親九族」之明教，身體力行，盡心焉而為之。是亦發揚我固有文化之一道耳。超忝列執事，爰序之以告來者。江山異生超嶽稿五十六年丁未清明。

一七一　碎　簡

日月其邁，違難以來，瞬將二十載。親故知好，書簡往還，無慮千數，道情說事，幾應有盡有。茲就積年留稿中，選其關乎行誼，及對人生之見解者，節錄數則於此。倘亦所以表生平之一斑乎。

其論處世者則曰：以知足為富，無辱為貴，不求為高，友誼為寶。清夜沉思，富、貴、高、寶，萃於一身，尚復何求。違難生涯能自得其樂，賴有此耳。故居處雖疊遭淹浸之災，在公雖有請濟之例，而吾行吾素，未嘗自貶，亦古人「爭而得財不取」之微意耳。至舍下補葺重整之需，可預支薪津，無虞匱乏。此五十一年九月，家遭淹浸後，辭謝二三親故之贈金者也。

其論黨政之革新者則曰：今日之事，不在空言，而在實行。賢能如何登庸，廉隅如何獎勵，效率如何增進，風氣如何整飭，非有移山超海之難，端視當事者有無決心與誠意以為斷。果能言出行隨，泯派系之念，袪徇私之習，一切為公，一切為黨，一切為國，凡所措施，示大信於天下，則黨政之革新立見，興復大業，指日可待。此五十一年一月值本黨八屆四中全會後，復遠方老友者也。

其論文章效力者則曰：讀所示大作〈大學釋義〉，具徵讀書有得，可佩可佩。惟此類文章，備同道之切磋則可，謂欲藉以警世移俗，恐無大效。如我總統年來之訓詞，不謂不多且切，而成效果何如。今日大病，不在不知，而在不行。相尚以言，自我陶醉，風氣如此，個人所能為力者，惟有盡其在我而已。此四十六年十月，覆花谿舊兩宗君者也。

其論著作《我生一抹》者則曰：舉世滔滔，非夸即偽，掛羊頭，賣狗肉，幾成風氣，而恬不為怪。區區鄙懷，實具現身說法之義。明知未必有裨於世，而義所當為，聊盡我心。且其中所載有關人物，大多尚存，及時公之於眾，可示徵信。此五十五年五月，答文字神交林治渭先生者也。又曰，拙作成書，得力於長老故舊之鼓勵與指教，屬稿要旨，不真實者不取，迹近誇耀者不取，易惹是非者不取，妨人聲譽者不取，雖有其事，而不能見信於人者亦不取。此同年四月，答神交齊振興先生者也。

其論著作之行銷者則曰：著書之志，初不在牟利，故定價可高而不高。至行銷之道，以聽其自然為上。年來有以覆瓿之作，強售善本之價。其間事跡，無異抽豐。士固窮，窮而濫，斯文掃地矣。言乎利，縱有所得，而無形之失，豈可以數量計乎。此五十五年五月致知友曾定一先生者也。

其論人生遭際者則曰：鄉讀賜書，知兄慨歎於生平志業，未得用其所學為惜。默數歷年政要中，用非所學者，比比皆是，兄乃顯焉者耳。就教育言，誠為人才之浪費，就效率言，果用其所學矣，而影響於國家社會者，未必彼善於此也。弟鄙陋無學，深信人生一切，其能自主者甚有限，所期之必然率更有限。成敗、榮枯、顯晦、否泰、吉凶、壽夭，莫非偶然。偶然，不可知者也。不可知者，即命也。聖如孔子，栖栖皇皇，終其身而道不行，沒世以後，則又為萬世師表，非命而何。《易．繫》有言，樂天知命故不憂。

命乎，命乎，不可強也。兄以為迂否。此五十五年五月，復旅美畏友陳先生者也。

一七二　新　居

總統府新建眷舍，在臺北市西郊新莊鎮中港里，落成於民國五十三年六月杪。秘書長張公岳軍，以總統近年揭守法、守信、守時、守分、守密之訓，錫名曰五守新村，所以惕僚屬之互勉也。予以是年七月十二日遷入。計前此居木柵考試院眷舍，閱十二年有七月，定居之久，生平為最。新村位當地中正路北側數百武，占地五千坪，廣狹袤長，築垣設關，自成區落。內建水泥鋼筋平頂樓房六十幢，幢分左右二戶，八戶或四戶為列，全村區前後，隔以廣場，前五列四十戶，後倍之。水電衛生，諸事俱備。且閒若干戶，置電話一二台。前後四院，溝深道寬，花木成行，草坪處處，並設兒童玩樂之具。司事有人，閒雜不入。其前區前列，戶號三十有七者，即予所居也。杜門享幽靜之趣，張戶得園林之觀。視昔木柵居時，身受種種，不可同日語。在當年隨遇而安，泰然自若，而故舊見憐，或有以窮途相惜者。猶憶其時同院同道朱君選青，篤學君子也。擅子平術，論列予之未來，有「時坐文昌，晚境安吉，文譽益隆。」之語。竊揣安吉云云，期之勝利還鄉後，故園復，天倫敘，事或可能。循今以往，則賴奇蹟。至言文譽，自惟椎魯無文，何有於隆，更何有於益。此四十五年十一月間事也。距今將十載，豈料自拙作《我生一抹》之問世，竟獲不虞之譽。又豈料瀕於休致之年，而能享今日之新居，星命之說，殆有不可思議者矣。

一七三 祝　壽

總統蔣公八十大壽，予嘗獻言以祝矣。初，本黨中央，為宣揚總統救世濟民之功業，設有文徵編輯委員會，廣徵鉅公名流之述作，備輯《蔣總統與中華民族同壽》一書，所以資傳世也。總統府秘書長張公岳軍，以府中同仁，多沐總統之薰陶，飭各條舉所感以進，類列八目，綜合題曰「我們對於總統言行的體認」，而別命三數幕僚，撰專文往。予備位參事，謬蒙垂青，忝與其列。竊思總統自民國紀元二十五年大衍之慶始，歷歲華誕，海內外岡陵之頌，不乏碩彥通儒之作，大有足以傳者，似予不學，曷敢贊一詞。第既受命，不能無報，相習僚好，又多方鼓勵，乃奮情構思，舉總統平生之犖犖大節，敘其略，而表其所以壽世，所以偉大不可及者。文成，得千餘言，純抒區區仰止之至誠，而岡陵之頌，隻字不與焉。見者咸謬許質樸而清新，簡要而得體，華誕既臨，中央文徵編輯委員會所輯之《蔣總統與中華民族同壽》，及《中央日報》之「祝壽特刊」登載外，他如《中國一周》、《新動力》、《遠東問題》、《附中青年》諸刊物，皆轉載之。且聞中上學校，有選為讀物者，譾陋之作，竟獲不虞之譽，亦異數哉。錄文如后。

總統蔣公八十大慶獻言

民國紀元五十有五年十月穀旦，總統蔣公壽登八十矣。總統功業蓋世，如日月經天，人皆仰之。大慶欣逢，歡聲震宇，甚盛事也。吾以恲懞下士，請略述積年之闚測，一申仰止之忱，兼以為壽。

我總統自國民革命軍北伐興軍始，一身繫黨國之重，中曾三度引退，三度順輿情而出。其退也，所以示天下為公，大道是從。堯舜之揖讓，亦當年國父讓位袁氏之志也。其出也，所以示以天下為己任，當仁則不讓。湯武之征誅，亦國父就任非常大總統之意也。一身行藏，悉以國父為師，主義為本，革命為志，黨國為重。世之言出處者，當仰止於此矣。

孔子曰，小不忍則亂大謀。總統平生之謀國也，極堅忍卓絕之能事。北伐當年，大軍銳進，而濟南慘案作。日軍恃強逞暴，無可理喻，我以求國家之統一為先，則忍痛撤軍，間道北進。東北事變，純出敵方預謀，藉端尋釁，步步進逼。我以國力未充，戰備待完，則且戰且退，全師而保華北。上海一二八之役，橫遭淞滬停戰之辱。華北冀察之分治，復有「塘沽協定」之恥。當斯時也，天下之謗，集於總統之一身，而總統壹是忍之。及臨最後關頭，與全面長期之抗戰，卒獲最後勝利，而躋國家於五強之列，積恥湔雪，民族揚眉。故知能忍人所不能忍，始能為人所不能為。世之言大謀者，當仰止於此矣。

海通以來，我國家之多難，迄近半世紀而極。列強之侵凌，軍閥官僚之荼毒無論矣。共產匪徒，肺腸別具，冒天下之不韙，甘為俄共之傀儡，興亂禍國，愈演愈烈。其懷野心者，則陰謀百出，伺隙而逞，肘腋之患，隨時而有。總統身當其衝，所歷困阨、劇變、驚險之境，不一而足。皆在不惑、不憂、不懼中，從容施措，化險為夷。夫臨急難而不惑、不憂、不懼，惟具精誠者能之。如往歲西安之事變，大陸撤退時李氏之棄位，舉國皇皇，不可終日。卒賴總統精誠之感召與領導，而有叛將悔悟以待罪，而有臺灣重建以奠興復之根基。《中庸》曰，惟天下至誠為能化。又曰，至誠如神。至誠者，精誠也。世之言精誠者，當仰止於此矣。

國父生前，抱救世之志，凡所揭櫫，恆以博愛大同為天下倡，三民主義之極致，即以此為鵠的者也。故我總統於對日抗戰之役，仰體國父救世之遺志，一朝勝利，宣示天下，不念舊惡，以德報怨。受降後，遣返國境內之降軍及僑民百萬數，既力主存其天皇制於前，復舍棄賠償之要求於後，創古今中外寬洪待敵之先例。其所以促日人之感悟，與影響國際政治潮流者無限。致人類於博愛，導世界於大同，此其嚆矢也，國父遺志之見諸實事，是其著焉者也。世之言救世者，當仰止於此矣。

總統戎馬一生，力行自強。於主義、思想、哲學、軍事、國際情勢，靡弗慎思明辨，洞澈幾微。造次顛沛，不忘於學，躋大耋之年，而猶精進不已。萬幾之餘，且諄諄誨人而不倦。自黃埔建軍始，以迄國防研究院之創立，四十餘年來，國之楨榦，多飫沐仁德之薰陶，詔世嘉言，寧止千萬。先後手著《中國之命運》、《民生主義育樂兩篇補述》、《蘇俄在中國》三書，或經天緯地，或發蒙啟聵，令人有仰之彌高之感。尤以對共黨演變之趨勢，及其赤化世界之陰謀，探賾索隱，燭照數計，為舉世反共之明燈，我之所以得多助者，此亦一道也。《易》曰，天行健，君子以自強不息，總統有之。世之言自強者，當仰止於此矣。

凡上所述，出處也，大謀也，精誠也，救世也，自強也，皆吾聖哲所謂大智、大仁、大勇者之所為。智以知仁，勇以行仁。仁，我中國四千餘年傳統文化之結晶也。孔子曰，仁者壽。我總統一生而力行之。繼絕世，開太平，微斯人而誰與歸。他日九旬期頤之慶，我復與後之中華民國，富強康樂，必稱雄於五洲。則海內外億萬同胞之歡忭鼓舞，當更千百於今也。

一七四　墮　水

曩有術者，論予命造，謂一生得力於「長生」，逢凶化吉。予於斯道，一無所知，惟衡以身歷，殊令人不可思議。壯歲以來，世途險遇，歷歷可指，而終告無恙。其間瀕生死者，則為三十餘年前海輪之失事，前文「雙險」曾詳之。（見本書七一則）邇者，暮夜墮水，去死幾希，不可不一述焉。予遷居新莊之三年，某晚，攜杖散步，念密邇公園，朝夕途過，而未嘗涉迹，曷往一賞其夜景。既入，風靜燈闇，寂無人聲。園中鑿池，值積雨之後，水滿萍密，遠燈掩映，儼然綠地也。悠悠舉步，竟踏空倒仆池中，水雜萍藻自口鼻同入，呼叫無從。驚惶掙扎，以萍藻厚附，衣重，起而復仆者屢。頓念往歲不死於海，而今豈死於此。幸杖在握，猛力撐拄，得再起。於是登岸，狼狽而歸。萍藻滿身，耳鼻幾塞，其不死者一間耳。此一間者，一杖之力，無杖死矣。時民國五十六年三月二十七日也。違難歲月，親故寒暄，多感遲暮。而見予之頑健不衰，恆以永壽見許。予則謂世事無常，禍變莫測。健之與壽，截然殊途。健者未必壽，壽則不必健。健可以道求，壽乃聽乎天。言道，厥惟攝生。言天，不可知也，不可知者即命也。予遭此意外，深歎術者所創命造之奧妙，而益信孔門「死生有命」之說之足徵。世之論壽者，可深長思矣。

一七五　祈　願

予來臺之明年，民國四十年也。二月間，一度接吾兒炎龍被清算之報，自是音訊遂絕。五十二年五月初，忽有竹報至，謂睽違以來，兒女已成行。男三，安東十三歲，安慧九，安里七。女二，安娜已十五，安妞三。予追其詳，而音訊又絕。日月逾邁，離家將二十載，俯仰今昔，恍同隔世。溯念先父為獨子，冠而母氏來歸，生子女六人，入晚年，僅半存，長姊愛桂早適毛，膝下惟予及幼弟時檀而已。民國二十五年八十稱觴時，予兄弟各有婦。子炎龍十歲，姪炎雲三，養姪女秀珍九。另有弟之側室張氏，暨依予堂兄時元時昌，同堂三代，十有二人。家中丁口之盛，向所未有。奈世事靡常，逾年喪母，三十三年喪父，於是寒門僅二代矣。繼而先室楊夫人素亭去世，中饋告虛矣。家祚不振，憂心忡忡。洎勝利還都，巧遇奇緣，琴瑟復調。堂兄二人，亦各得配，仍居予家。子與義子培桐，深造上庠，且將成材。門庭復盛，駸駸可期。不謂浩劫頻仍，赤匪禍國，吾弟、吾子、吾親屬，天涯離散，莫知所終。人孰無情，讀〈黍離〉之什，益深〈蒹葭〉之思。至祈河山重光，天倫再敘，憂患餘生，於願足矣。

捌、補續作殿

此予七十以後，即民國五十六至六十年間之所筆也。往迹近歷，兼而有之。原可就其事先後，分插本書已有各目中，為示篇章之終止，且免原列次第之更易，故另立一目，曰補續作殿。

一七六　黃　埔

黃埔，國民革命軍之發祥地也。位珠江下游之西岸，距廣州四十里，一島嶼市鎮耳，自我國父創設陸軍軍官學校後，名震天下，凡言黃埔者，地名校稱，皆混而一之。予嘗年棲遲於此，雖不足十月，而所歷印象，猶依稀可追。

予以民國十四年秋，應吾師毛公思誠之召，棄教而入黃埔，明年五月，調國民革命軍總司令部。在黃埔期間，先後歷教育長四人，初為王柏齡，次鄧演達。中山艦案作，易以何應欽。北伐將興師，何出任第一軍軍長，方鼎英繼之。四人中，王瀟灑、鄧嚴肅、何雍容、方老成。當方氏首次參與紀念周時，校長蔣公致介詞，有「方教育長為予所尊敬之人，予將督師北伐，望諸生嗣後以事予者事之。」之語。方蓄短髭，為校中所僅有。時各級執事官佐，號稱八百人，予能憶其職銜姓名者，不過數十而已。秘書長邵力子，秘書吾師中校毛思誠，少校袁同疇、沈玉仲。校長隨從秘書中校陳立夫，上尉陳舜耕。監印沈紹洙、沈開寰，書記劉世英，速記林春華。特別黨部秘書中校曾養甫，政治部藝術員梁鼎銘，校長辦公廳科長中校季方，書記上尉蕭吉珊、參謀潘佑強、謝齊家。副官處處長楊鷹謂，經理處處長俞飛鵬，軍醫處處長孫洞環。學生總隊長上校嚴重，區隊長之一少校李園。軍事教官劉峙、金佛莊、陳步雲、姜水紋。政治總教官上校高語罕，教官韓麟符、惲代英、李合林、楊效春、楊賢江。高氏以次，皆為共產黨人，因時讀其文，或聽其政治演講，故印象較深。此關於當時之人物者也。

校地濱江岸，門對滾滾巨流，令人意遠。前闢廣坪，中為入門甬道，可數百步。廣坪半就灘岸支木舖板延伸而成，船舶過此，旅客可在此上下，無異小型碼頭也。校門規模尋常，不見雄壯威嚴之象。內部房舍，為西式木造二樓，約共七八幢，排比而進，前後相望，不辨人影。幢與幢閒，隔以廣院，聯以迴廊。上供辦公或充職員宿舍，下則為營房，學生朝暮集散於院中，樓上宿者，多熟聞區隊長喝令或訓誡之辭焉。校外操場空曠平坦，方位已恍惚，衹憶自校門遠望，若廣袤無際，可容數萬人之馳騁。每有集會，官佐學生六七千人，聚合其閒，僅占場中心之一方耳。珠江由此入海，江面遼闊，三五小洲環校而列，彼此交通，惟小舟是賴，當地稱艇子，業此者曰蜑戶，每渡一處，索酬僅小銀幣數角耳。中有名星洲者，市肆林立，茶樓酒館，亦具規模，休沐假日，買醉於此者不少。又有名長洲者，名洲而實非洲，距校密邇，要塞礮設於此，司令部亦在焉。此關於當時之環境者也。

予入黃埔後，身歷種種，改服戎裝外，似與通常學校無大殊。迨東江戰事告終，校長蔣公凱旋，數日之閒，空氣為之一變，緊張嚴肅，迴異往日。首次恭聆校長訓話，寒暄數語後，正色揚聲曰：「今日站吾前者，皆為英雄豪傑，因黃埔乃革命犧牲之地，而非競逐利祿之場，非英雄豪傑，決不來此。」云云。時聞此語，興奮無已，自惟一介草茅，而躋英豪之列，竊幸不虛此行矣。校之某側門，正對海關所在地，時關務尚為英人所把持，我宣傳人員，於其貼鄰牆頭，大書標語云，「橫在我們眼前的，不是帝國主義嗎。」

字徑二尺，觸目驚心。此可見其時士氣之高昂，英人亦莫可奈何。校中對官佐有政治演講之例，每週一二次，於晚間行之。王柏齡講軍事，嚴重講革命哲學、或孔子之道，鄧演達講國民革命、世界革命、或農工政策，高語罕等所講者，則多與國際潮流有關。此關於當時之軼事者也。

黃埔所屬人員，大都散居近地，遇會則聚集，故對校地所在曰校本部。凡曾居本部者，於食廁二事，恆資為談助。其食也，設官長餐廳於某樓，約可容百人，中尉以上職員與焉。席位仿西餐格式，接枱縱橫成行，橫短縱長，橫行一，縱行二。校長居橫行正中，餘依官階左右列。縱行則按單位順序而下。每六人為一組，四菜一湯，米飯饅頭同備。屆時入席坐定後，雅雀無聲，校長舉箸，則眾手齊動，埋頭嚥嚼，孔子食不語之訓，唯此力行無愧。及見校長食畢端坐，則彼此加速了事。有時校長或教育長藉此叮囑二三語，一聲口令，各依次退，三餐皆如是。其廁也，就校側適當灘岸，構葵葉篷為之，篷高大如巨室，內隔若干格，格容一人，鋪板為地，而空其中縫，縱橫行列，約可七八十。故雖成群結隊而至，無虞不能容也。上無門窗，下臨岸灘，氣流通暢無阻，所留穢物，藉潮汐漲退以沖洗之，設想至妙。此關於當時之生活者也。

黃埔之顯於世，將半世紀矣，其在北伐前後種種，皆為革命之珍貴史料。予愚鈍而筆拙，所記祇此。甚望當年同志，記其更珍貴更有價值者，則獻醜之作，得拋磚引玉之效，豈非大幸歟。（本文載《建設》月刊五十九年十二月出版）

一七七　行　營

予，北伐時期之老兵也。國民革命軍總司令部初成立，即供職秘書處。橐筆從軍，展轉南北，越四年，乃調遷中樞。予以白屋書生，方逾而立，而能廁身樞要，備位元首之左右者，端賴北伐時受知於吳興陳公立夫，得贊襄軍機之職。先後任機要秘書、機要科長，主管行營機要文電與印信，有時兼理通常文書。其間濟南慘案作後，自魯南兗州而魯西，而冀南，而北平，而轉武漢。歷時三載，備嘗風雨馳驅，夙夜從公之苦。予於行營既有深切因緣，特就所憶略述其沿革，或亦可供治史者之參證歟。

原夫行營一辭，創自國民革命軍。初，國民革命軍將興師北伐，今總統蔣公為總司令，設總司令部於廣州河南士敏土廠，即國父護法時之大元帥府遺址也。民國十五年七月九日，革命軍自粵啟行，經湘入鄂，跋涉千里，凡總司令所駐地，概稱總司令部。其有不及隨行而稍後者，則曰後方，固無所謂行營也。迨陽夏告克，武昌垂下，總司令揮師攻南昌，乃設武漢行營於漢口，以其時總政部主任鄧演達為行營主任，發號施令，悉以總司令名義為之，行營之稱自此始。然稱號雖有武漢之名，而大印印文則無地區之別也。行營初設逆產魏聯芳宅，十月十日，武昌既下，即遷入舊督軍署。此時行營轄下，僅有秘書、副官、參謀、軍需數處，秘書處不分科，蕭吉珊主文書，予主總務。

其後南昌南京先後克復，東南底定，十六年四月初，總司令進駐南京，以舊督署為總司令部。即行憲前國民政府所在地也。時武漢共黨不逞，釀成寧漢分裂之局，總司令委曲求全，於八月中宣告下野。代之而起者，有軍事委員會之成立。斯時總司令部及武漢行營之名稱，遂亦不復存矣。

十七年歲首，總司令順應輿情，入京復職，設總部於中正街河海工程學校舊址。此時陳公立夫為機要科長，予為秘書。三月杪，重張北伐之師，總部隨總司令移駐徐州，前方既交鋒，敵軍節節潰退，總部節節推進，於五月二日午夜進駐濟南之舊督署。不謂喘息甫定，而濟南慘案作矣。以其日為三日，故又曰「五三慘案」。當慘案之作也，日軍殘暴無可理喻，總部乃於是日薄暮撤至南郊二十里之黨家莊，權假津浦列車為部址，各路將領雲集於此，部署大軍紆道北進，於是又有行營之設。以其時第五路總指揮朱培德為主任，由第一集團軍總參謀長楊杰代理。時陳科長立夫呈准總司令，派予負責前方機要事宜，予之主管機要自此時始。行營於五月十四日成立後，即由兗州出發，輾轉魯西之汶上、東平、東阿、陰平、茌平、高唐、恩縣、夏津、臨清諸地，駐日久暫，隨軍事行動而定。此時行營，殆真名實相符之行營也。

六月初，京津克復，行營於七月初進駐北京，時已改稱北平，代理主任楊杰奉命真除，假東城鐵獅子胡同顧維鈞宅為營址。時予亦真除上校機要科長。未幾，訓政開始，總司令任國民政府主席，南京國民革命軍總司令部，改稱陸海空軍總司令部。於是駐平之行營，隨而改稱陸海空軍總司令行營，簡稱行營或北平行營。又以總司令之兼主席也，行營門前，又加揭「國民政府駐平辦事處」之新牌焉。明春，國軍將實施編遣，主任楊氏窮於肆應，懇辭返京，何成濬以國府參軍長名義，權攝行營事。秋後，何氏南調，方本仁繼之。中以駐軍謀不軌，嘗率行營人員，撤至瀋陽，一時又有遼寧行營之稱。然為時甚暫，事定回平，局勢既非，而北平行營與駐平辦事處遂於十九年二月以告撤聞。

無何，閻馮抗命，武漢復有行營之設。主任初為何成濬，時予調此為機要科長。隴海大戰將作，主任易以何應欽，調予為秘書。戰事告終，何成濬復為主任，兼湖北省主席，辦理善後事宜。時予中途辭科長返京。洎「九一八」事變後不久，總司令蔣公，為求團結各方，應付國難，又一度告退，而軍事委員會又以此再度成立。軍事最高統帥，稱曰委員長。於是往日陸海空軍總司令部與總司令行營之稱，乃成為歷史之陳迹矣。至剿匪時期之南昌行營，係軍事委員會委員長行營，而非總司令行營也。

行營沿革，大略如此。顧有一事不可不述者，即當年機要業務之領導人陳公立夫勉僚屬之名言也。其言曰，身居機要，貴多用耳，少用口，蓋防洩密耳。又曰，軍訊傳遞，攸關勝敗，吾人延誤瞬息，或致戰陣多死千百人，蓋恐誤戎機耳。濟濟群僚，精誠相與，時懷惕厲，故能夙夜從公，不負使命，每日工作，恆達十五六小時，廢寢忘食，勞而無怨。吾筆至此，不禁神往。（本文載《建設》月刊五十九年十二月出版）

一七八　長　城

少讀地理，而知我國北部有名馳世界之古蹟，曰萬里長城焉。其工程之鉅，氣勢之雄，與埃及金字塔齊名，嚮往非一日矣。洎我國民革命軍統一全國之次年，即民國十有八年。時予供職總司令北平行營，嘗於中秋後某假日，偕僚友一攬其勝。當時所歷所見，猶約略在憶。是日晨，秋高氣爽，搭乘平綏火車往。自平北發，經沙河南口，而止於八達嶺之居庸關。車之行也，盤旋於崇巒疊嶺間，因首尾皆為機車，登則前挽後推，輪聲聒耳，下則順勢滑降，如人之躡足而趨，悄然響寂。

居庸關長城要隘也，亦平綏路之大站也。築路首功詹天佑銅象建於此，僚友紛紛集象下攝影留念。出關，即昔時所謂塞外者。當地鄉民，驅騾集關下，候遊客雇騎代步。客至，爭相兜攬，索價奇廉，來往若干小時，彷彿小銀幣七八角耳。騎時，驅者尾隨且導遊。騾體小，高纔齊腹，項下繫小鈴，成群結隊，緩緩而行，前後左右，鈴聲琅琅，別饒逸趣。

城高數丈，厚稱之，循長嶺危峰而築，一里一堡壘，半里一烽台，蜿蜒天際，渺無盡處，雉堞完整，堊色猶存。漫步其上，騁目四矚，岡陵起伏，一片蕭索。惟關外曠野，三五駱駝，蹒跚道途，荒煙蔓草間，一二羊群，點綴風光，想見當年胡人南侵之禍，與先民興築此城之勞。其間可歌可泣之事，不知幾何，而今皆成陳迹，徒供憑吊而已，人世滄桑，感慨係之。日西傾，搭南下車歸，車發自綏遠之歸綏，旅者坐臥，皆擁厚裘，而予等則裌衣在身，全副秋裝，寒暖之差，顯成對比。幼讀唐詩「胡天八月即飛雪」之句，觀此可徵實矣。

是役也，去今將四十年，當時同遊十數人。其姓名在憶者，王君昶宙、周君一匡、毛君世才、邊君清辰、周君運鎬、吳君光韶、伍女士家襲，及予先室楊夫人素亭，餘則依稀髣髴而已。（本文載《建設》月刊五十七年二月出版）

一七九 客卿

抗戰軍興之次年，予以樞府疏散待命之命官，嘗入教育部為客卿者達九月，其間從事戰區教育督導工作逾半載。以係當時教育部長陳公立夫特約，故自命客卿，相習僚友，亦以客卿視予。追溯當年，不無可述，而以逞氣抗命某學者次長，與破例簽改審定書二事最難忘。前者已見本書「逞氣」一則，且述其後者。

教育部對學校用書之審定，向由所屬編譯館負責，一書審定後，報部備案而已。時有某種師範歷史教科書四冊，由館審定呈部。值部長公出，主任秘書張君廷休，志切求善，不遑顧及舊貫，請予複審，予未加思索，遽予簽改，文字編法，抉其可議者，計全書得數十則，批示發還重審。於是館中諸執事譁然，責簽者為狂妄，批者為無知，聲言將作嚴正表示。旋經某幹員之解釋，事遂寢。靜焉自省，貿然從事，實嫌孟浪。先哲三思而後行之言，涉世未深者，不可不致意也。

另有一事，與此相類，而得不虞之譽焉。二十七年秋，陪都將開川全省運動大會，教部之體育委員會，代部長擬一文告呈核，文長千餘言，聞出自專家手。主秘張君閱後，商予重擬。予辭以媿非行家，不敢代庖。張曰，試就高見為之可也。予乃以「當前體育問題」為題，草就短文以報。闢首句曰：「建國之道，千頭萬緒，吾今且言體育。」首闡定義，次述國家民族與體育之關係，末以國難方殷，當以抗戰為體育，以全民之體育為體育作結論，文長不足五百字。見者皆讚謂有見解有氣魄之應時佳作。大會門前，豎方丈巨牌揭此文，署名陳立夫，一時各報刊皆競載之。中上學校有揭此全文作標語者。雖非予名，亦良自慰也。時教部體育委員會主任委員為郝更生先生，予之得友先生自此始。

一八〇　瓜　豆

對日抗戰之次年，民國二十七年也。予家兩童，隨予入川後，初肄業川東師範初中部。明年秋，慕南渝中學名，而報考新生。時南渝校長張伯苓，教務主任喻傳鑑，宏構新啟，堂宇矞皇，名聲籍甚。故凡有子弟入其門牆者，皆引為幸事。

此次報名考生逾千，考時，曾習英文者列甲組，餘乙組。予家兩童，一甲一乙，榜發，竟佔榜首。事後查知乃作文成績優異所致。緣平昔所詔作文之道，切題為上，冗詞蕪字，可省則省，篇章句法，貴能引人入勝，最忌平淡無味。按其考題為「談談你的家庭」，吾兒炎龍起句曰：「我是生長在一個不大不小的公務員家裏……」接敘丁口，次述生活。友之寄子王培桐起句曰：「你要問我的家嗎，我有兩個家，一個在蘭州，一個在這裏……」，下文分敘兩家近情。時兩童年均十三，出語清新可喜，其能名列榜首者，殆即在此。

諺云，種瓜得瓜，種豆得豆，予既得之矣，故一時喜悅，有不可勝言者。屈指已逾三十寒暑，當時兩童，今已中年，異日得讀此文，能無人生滄桑之慼乎。

一八一　犯　難

予生無所長，而為所當為時，往往祇求盡心，罔顧利害。其攸關人生急難者，恆為相識所樂道。前載「救囚」是一事，今茲所述又一事也。

有浙西某君者，性豪邁，抗戰在渝，嘗與予共事元戎幕。時予為上司，知其精幹不羈，屢加督策。卒以不耐予嚴正之約束，退而他就。竊思其才可造，懷怨於予，情所難免。偶而洄溯，不無歉歉。洎東來重聚，竟歡然道故，以尊長待予，誠摯感人。因而過從頻頻，歷歲不替。且時有請益，勉力向上。蓋一可與為善之有為人也。往嘗從事雜誌新聞之經理，旋以獨資創營有關文化之某種新興事業。六載苦幹，基礎漸固，信譽漸立，已有聲於同行矣。

乃事有不可測者，一日，忽遭管訓之阨，報章喧載，頗聳聽聞。友生故舊，驚疑相告，僉謂無妄之災。予知其時近賭友則有之，遇事任性使氣亦有之，若謂如何惡行敗德，則未免莫須有之感。究其癥結，行為失檢，固授人以柄。而交遊中嫌怨之作祟，實為其主因。於是呼籲有力故舊，如蕭、劉、馬、曹、羅、王、左諸先生，分頭為之緩頰，冀受薄懲而止，俾有為之才，早日重獲自由。非有阿好，亦見義勇為而已。

其時予之親故中，聞予所為，均力尼之。謂此時此地此事，以不聞問為上。否則徒惹嫌忌，無裨實際。關切之情誠可感，然自問無他，惟義所在，何忍坐視契交，橫遭挫折，任其所慘淡經營之事業，以萎以敗，盡棄前功。更何忍其愛妻嬌女，驟失所依，哭訴無門。因而不辭勞怨，苦心焦慮，奔走於有力故舊之門，謀所以援手之道。幸蒙有關當局之明察，卒於半年後，允由予負責保釋而出。歲月如流，去今已八稔矣。識者知予犯難救友，咸以古道相許。實則秉區區不忍人之心，行不忍人之政已耳，古道云乎哉。

特錄往來函稿於此，以明彼此道義之相契，亦當時出自至性至情之作也。所謂血淚文章，差近似之。聞官家檔卷，亦有此存案云。

作者與某君

某某如弟：君此次事故，實出人意外。舊日長官同僚，見報章所載，多以為同姓名之人。及詢知為君，無不駭然。何為而遭此阨，迄莫究其竟，意君往日，行有失檢，與人口實。又適逢政府決心整飭不良風氣，空穴來風，挾嫌者遂乘隙而入乎。欲加之罪，何患無辭，自昔已然，原無足怪，所怪者，誇張過甚，故入人罪，不求證，不待辯而即罰，未免令人寒心耳。

十數年來，君固伯我、叔我、師我者，平昔對君之關切，君當深知之。此次事故之發也，我之驚疑沮喪，無言可喻。因而寢食不安者累日，事已至此，對政府威信，不能不顧。惟望靜心自省、自責、自勵，以決心表之於行為，以行為表之於工作，能得管訓當事之同情，早復自由，重新為人，君方中年，前程尚無量也。

蕭、劉、馬、曹、羅、王、左諸公，我已先後晤及，均極同情於君，均願為君事而盡力。目前縱受委屈，而以君之故，使社會不飭於行者知所警惕，使政府整飭風氣，獲「殺一儆百」之效。一身之犧牲誠可惜，而無形中貢獻國家，不可謂無代價。況禍福無門，焉知今日之禍，非來日之福之所伏耶。特以此相慰，並望以此自慰也。君之家與事業，得賢妻支持，良友為助，可勿慮。如有需我者，當視力所及，以盡我心。專此致意，順頌修養猛晉。（本稿已編入拙著《實用書簡》肆慰問類）

某君覆

異公賜鑒：手示拜悉。公愛我也深矣，字字真切，語重心長。某非草木，能不感激而涕零也。長官之厚我，同僚之憫我，妻女之愛我，社會之諒我，百感交集，痛不欲生。惟念及事實真象，政府威信，長官恩情，妻女將來，公司前途，雖不欲偷生，而責任未了也。此處受管訓之人，如某者不多。茲以半百之年，體軀肥胖，行動遲鈍，朝夕勞力磨練，因而腰酸背痛，耳鳴眼花，右胸腔作痛。幸團體生活，要求一致，一切當遵鈞命，力行自責，反省檢討，以贖前愆。惟長夜茫茫，如何承受，是否能承受耳。夢寐以求者，冀馬公之大力營救，捨此必須多延時日矣。公關愛我如子，我尊敬公如父。某不德，累公憂，令公恨。惟有公愛我之深，始有此至誠也。午夜夢回，我此生將不知何以報公。臨池懷念，不盡依依。謹此叩聞，恭頌鈞安。

作者再與某君

某某如弟：接讀來書，感慨萬千。孰料當年花谿同仁中，竟有受管訓之人在耶。我於君事，誼無可辭。所云夢寐以求者，何嘗不知。顧世事豈能單憑一己之理想耶。又豈能盡如理想之簡單耶。彼此之立場不同，見解自異。我以為重，人或輕之。我以為急，人或緩之。我以為不難，人或以為非易。情理不變，易地則皆然。君當鄭重思之。舊日長官，既願保證君之自新，如無意外，理當生效。今所欲告君者，千言萬語，惟望一切忍耐，加強自責。藉磨練之機，作補過之舉，徒急無益。尤有進者，先哲有「言出患入語失身亡」之訓，此謂一語之微，其關係之切，影響之遠，不可思議。故望君時加警惕，要慎言、寡言，以至無言。親故通訊，可省則省。一切忍耐下去，在目前為修養，在未來為修福，勉之勉之。（本稿已編入拙著《實用書簡》柒箴勉類）

一八二　歡　敘

民國紀元五十六年二月十七日，即夏正丁未正月初九，是夕，我花谿同仁，舉行春節宴敘於行都之實踐大樓。此為渡海後第十五度也。樓新張，堂室富麗，喜氣迎人。集者之眾，為歷歲最。同仁六十，眷屬二十餘。有居臺南、臺中如劉哂之、李叢雲、郭鐸諸君，皆專程而來。予於席間致詞，一陳願望焉。

一、古以三十年為一世，回溯我同仁結緣之始，在民國二十八年七月八日，距今將一世矣。賦驪於三十四年九月杪，亦已二十有三年矣。其間先後同仁渡海者百餘，彼此星散，各事其事，而當年共難情誼，歷如許歲月而不渝，重道尚義，難能可貴。實亦我固有文化精神之所寄也。故第一願望，此種精神，永葆勿替。

二、關於同仁春節宴敘，或其他公宴紀念諸事，原由梅君嶙高主持，自梅君別負重任後，十餘年來，此事之規畫執行，乃由黃君翰章任之，本人聊備顧問而已。所有民國五十年起，同仁預納宴敘金之運用孳息，統由陳君奮獨立承擔。兩君所司，事雖不繁，肩責匪輕，以本人之故，而致其長此偏勞，終懷歉歉。故第二願望，此事之司理，接替有人。

三、抗戰勝利以還，此種春節宴敘，在首都舉行二度。初度在民國三十六年舊曆元宵節，第二度為三十七年一月十四日，係假洪武路政校同學所籌建之介壽館行之。來臺後自四十二年始，年舉一度，並前首都十有七度矣。今國運方新，勝利可期，我同仁亦俱慶無恙。故第三願望，明年十八度春節之宴敘，在首都大狂歡。

一八三　半　環

此遊記名也。予以軨才從政，民國五十六年十月，虛度七十矣。行將懸車，而志業無聞。承親故厚愛，頻頻有以壽言者。自惟素志，不喜隨俗，時際艱虞，尤須革新是務。於是於母難日前，藉休假作環島遊。妻素梅、女水雅、挈四齡幼外孫女佳好隨行。先南下，擬自南而東，遵橫貫公路而西，登阿里山後，折而北返。值「解拉颱風」挾豪雨猛襲中部，崩山毀路，橫貫之旅，僅止天祥。聞修復期渺，乃由花蓮乘航機返。依原定遊程，才半環耳。為時七日，日有記，因名所記曰半環。景物人事，兩具梗概。文長八千言，初揭之《暢流》，旋又轉載於《建設》，蓋記實之作也。

第一日，十月十六日，天晴，自臺北乘光華號火車赴高雄。　七時啟程，十二時抵達。光華號者，鐵路新猷也，速度獨高，票價百有八十元五角。不需機車，裝引擎於車廂下，藉電力發動。首輛車廂，前闢明窗，可直望遠景。車上免費供應點心茶水報刊，服務甚周。出站時，有詢予姓名者，則鋁業公司董事會秘書劉君啟坤也。謂接政院楊明祿兄電告，特來奉迎。即乘其座車，下榻於前鎮區鋁業公司招待所。門牌高雄市成功二路復興一巷二號，實即鋁業公司宿舍公誠一村五號也。招待所備午餐，劉君作陪。君皖籍，待人熱誠，一見如故。行前蓄念，旅途諸事，弗擾親友，而初程所至，即承此盛情，意外殊遇，不無慚慚。

二時半，劉君陪遊澄清湖，舊名大貝湖。光復以還，政府注力整建，已成本省觀光名區。及門，牌樓雄峙，頗為壯觀。購門券後，座車逕駛入內，遍觀九曲橋、眾樂樓、中興塔、得月樓、招待所諸勝蹟，皆近年興建者。自來水廠亦設於此。橋也，樓也，塔也，誠足為山水增色，惜文物陳設，尚付闕如，未免美中不足耳。過水廠，晤及廠長陳君廉泉，招待所主任邱君適毅。招待所瀕湖，總統南下時嘗居此，尋常遊客不得入。小築一楹，疊石為牆，環以花木，幽雅宜人。室門邊牆，鐫「澂清樓」三字，于右老書，金色燦然。歸途過市區，停車一覽當地首屈一指之大新公司，高八層，六層以上，設兒童玩樂場，下則陳列百貨，皆裝自動電梯，其規模似勝於臺北第一百貨公司。

晚赴圓山飯店王鈐玉冊先生伉儷之招宴。此店專備西餐，顧客多外人。王先生為鋁業公司總經理，素以堅毅苦幹名。夫人周詠裳女士，湘籍，溫文爾雅，雖中年而若三十許人。陪宴者皆公司執事，秘書劉君啟坤，總務處長唐君書第孟高，課長鄭君鳳巢。入席，有巨型蛋糕焉。主人言，聞予生日，具此為壽。其實尚未至，予自來力持矯俗之志，尤堅不言壽。乃親故中仍有以洩之遠友者，其盛情誠可感，然以此擾人，大違初衷，心滋不安也。宴畢，與宴諸君子同登壽山公園，謁忠烈祠，眺覽夜景。市區華燈，雖不足比擬港九，而燦爛景色之引人入勝，則相彷彿也。觸景生情，回首東來，彈指將二十年矣。下山，再過大新公司，燈光奇耀，恍同白晝。

第二日，十月十七日，終日陰沉，時飄疏雨，留高雄遊覽近郊。氣象報告，強烈颱風將壓境。早膳時，與劉君共議，乘隙續作郊遊。九時半，公賣局李君永生御吉甫過訪，君主持調查業務，為吾友徐松青兄之舊同事，遂同往左營，參觀海軍基地。以予事前得國防部馬副部長紀壯之函介，至則由軍區副司令楊廣英少將另派專車導觀。承告，司令關世傑中將往與海軍官校校慶，奉命代為招待。區中行政單位，以數十計。房舍歷落，道路縱橫，周可十數里。花木園地，部署井然，儼若別成市區者。出基地，遊春秋閣。閣為二，式同，一名春，一名秋，距邇，對話可聞。駢峙湖畔，通以橋，遠望似雙塔。時風寒欲雨，不及登覽，僅於閣前百步，藉雙閣為背景，攝影以留念。

午後三時，劉君陪觀鋁廠，此國營事業中名廠之一也，密邇招待所，大小廠房，一望無際，規模宏偉，遠越意表。藉機器之力，冶礦而成錠，軋之，延之，鍛之，條焉，片焉，箔焉，產品日繁，日用器物取材於此者日多。今得一睹其生產實況，深感科學萬能，與從事工業生產者對於國計民生之重要。劉君稱，為應經建之需求，正從事擴建，未來規模，益為可觀云。辭廠出，訪公賣局，局長許君煒明，文質彬彬，似曾相識，亦吾友徐松青兄之舊同事也。談少頃，告辭，往遊西子灣總統別墅。四周樹高葉密，涉迹其間，如入山林。管事董君裕昌，招待殷懃，彌感親切。回寓，過體育館，晤鄉人姜如川，悤悤數語而別。因妻女欲購紀念物品，重至大新公司，並訪王玉冊劉啟坤二先生之家。皆公司舊式宿舍，陳設簡樸，亦為自奉甚儉者也。

晚應李君永生伉儷之邀，敘於厚德福，名菜館也。席間亦備蛋糕為壽，並邀劉君啟坤作陪。予為求心所安，不肯言壽，而對舊雨新知之厚愛，實有難以為情者。具饌精而豐，主人伉儷殷殷勸食，親切感人。隨侍掌珠名兆華，小學五年生，對客簽名，書法可觀。李君豫籍，北人南相，丰度作風，酷肖吾江山人，亦巧遇也。其夫人黃逸群女士，生長南京，嫻靜樸素，不愧為賢妻良母。

第三日，十月十八日，仍留高雄。　連日惴惴於颱風之誤遊程，而倏忽夜過，竟未聞風雨之驚夢。晨興，天開霽色，遂作鵝鑾鼻之遊。借乘中華工程公司旅行車，司機譚生元，八時自寓所南發。劉君啟坤李君永生陪行。沿途乍晴乍雨，景色多幻，別饒逸趣。十一時二十分抵達，其初觸眼廉者，燈塔矗然，總統銅象巍然。時雲散日出，先至遊客，正紛紛攝影。予等下車後，逕入燈塔管理處少憩，得管理人許君考文之引導，登塔遠眺，胸襟頓豁。塔高五層，純以鋼板構成，外髹堊色，內塗綠漆，纖塵不染。頂層為塔燈所在，畫圍以幔，登者至四層而止。詢知建自清季巡撫劉銘傳之手，距今已八十有六年，完固猶新。夜放光芒，數百里外可見，造福航海者無量。前賢遺徽，景仰曷已。此地轄於屏東，位本省最南端，巖石墳起成丘，其名鼻者，或以其形似而然。幼讀地理，即知其名，詎料五十餘年後之今日，以違難流人而身歷，凡事果真緣定歟。總統銅象建於燈塔之右前方，戎裝肅容，西向而視，似切望收復大陸者，遊客至此，多攝影留念。予等徘徊少時，亦留影焉。

南部勝蹟與鵝鑾鼻齊名者，曰墾丁公園，相距汽車行程纔刻許耳。往時逕過，歸程乃入遊。園口牌樓，顏曰恆春熱帶樹木園，內有茶寮數家，蝨居林中，遊客座車，皆息於此。時方午，陣雨驟至，予等假茶寮且憩且進野餐。雨止，有村民三五，兜攬導遊，索酬二十元。園地遼廓，蓄木成林，以值颱風之後，枝葉滿地。予等隨導遊人穿巖越嶺，足不停趾，幾歷二小時，僅得觀其大概。所謂石筍寶穴、北嶺奇巖（珊瑚積成）、望海亭、觀日峰、銀龍洞、仙洞等，皆涉迹一探。或取其奇幽，或取其狀似，或取其形勝，觀者多侈言之。若以視大陸南北之名蹟，則小巫見大巫耳。惟林木中之旅人蕉，鑽之能出水供飲。南洋杉，一榦筆立，枝椏環榦平出，層疊似塔，又宛似盆景。銀葉板根樹，葉色白，根部四出外露，若叢板側列地面。酒瓶樹，為椰子之別種，榦身碩大酷類酒瓶。造物奇妙，不可思議。尤有名貝殼杉者，榦圓而直，高可五六丈，表皮銀色斑斑似貝殼，聞西樂器中之吉他，以此為製材，每株值臺幣數十萬，園丁為便點查，編號其上，此皆前所未睹者也。當遊至中途時，忽聞沙沙之聲起自林中，方驚疑間，而雨驟至，始知雨擊樹葉，自遠而近，聲響如風。深林逢雨，為此行添逸趣，亦意外妙遇也。二時四十分，出園，循原道行。過屏東停半小時，一嘗當地名產之木瓜，每斤二元半，味平平，價與臺北等。回寓，已六時矣。

七時，宴於老正興，主人許君煒明伉儷。陪客劉君啟坤、李君永生、屏東公賣局長黃君舌堯、臺北總局職員李君惟敘。杯酒歡談，各見性情。雖新交，知皆誠篤有為之士。女主人宜瑞珠夫人，蘇州籍，談笑風趣而豪爽，巾幗中之丈夫也。席間談及為人處世之道，予就拙著《我生一抹》中關予此義者，擷其精要以就正焉。九時盡歡而散。

今為夏正九月望，即予母難日也。不知大陸至親中，孑遺者尚有幾人，其能憶及予之年事者尚有幾人。興念及此，不禁百感叢生。言壽一舉，益有所不忍矣。

第四日，十月十九日，晴朗，自高雄乘公路局金馬號汽車赴臺東。　七時半，王玉冊先生伉儷，暨劉君啟坤，集招待所與予家人共餐話別。得知王夫人擅丹青，亦多才多藝人也。餐後，劉君啟坤、唐君孟高、鄭君鳳巢，同車至車站，李君永生已先至。連日在高遊宴，驚擾於諸君者良多，今復承其盛情送別，真有桃花潭水之感。八時啟行，過楓港，過大武，均停十分鐘。一路盤旋山谷間，或陟或降，如履坦途。獨怪所見行人與村落則奇少，殆食息斯土者，以生計日裕，交通日利，行必以車，居必城市乎。上車時，聞同車人言，臺東連朝大雨，午後一時半抵達，果雨。公賣局長戴君鵬飛在站相迎，戴君亦吾友徐松青兄之舊同事，原欲館予於其所屬招待所，乃以橫貫路斷，所中客滿，遂改住和平街台電招待所焉。略事安頓，即由戴君派其局用座車，送予遊覽當地名勝鯉魚山，密邇市區，車行僅片刻耳。雖以山名，實似高丘，新建一塔，顏曰龍鳳寶玉塔，高七層，結鋼筋水泥為之。登望市區，全景如畫。山之勝在塔，惟遠觀猶可，逼視則門壁圖繪，紅綠斑斑，匠氣襲人。名山勝跡，為之遜色。當地雅士，不識有鑑於此否。便道訪縣政府，執事安詳，似呈政簡刑清之象。縣長公出，晤主秘李君潤榮。自言與府中陳君長賡為政大同學。訪公賣局，正鳩工從事修葺，少坐即出。

晚，戴君鵬飛邀酌於當地名餐館維揚樓，規模可觀，然顧客不若臺北之家家滿座也。席間，予一家大小四人外，有主人之童年文郎伯慶，及其同事解君朗天。主人東北籍，魁梧健碩，居家臺北，僅攜一子在任所，數年前，曾相晤於吾友徐松青兄之家，言及吾友，輒盛致其佩仰之忱，蓋亦忠誠念舊者也。

第五日，十月二十日，在臺東，探溫泉，觀榮家，午後赴花蓮。　早興，天朗氣清，在戴寓進膳。八時，仍借乘公賣局座車，遊知本溫泉，行程半小時。原為窮鄉僻壤之山村，以溫泉而知名。四面環山，鬱為盤谷。原有旅社數家，近又新建一大飯店，名曰知本。負茂林，面廣場，鑿圓池，中塑男婦裸像並二童，叢立石上，與門前巨壁之新式圖案，兩相輝映，殆以表現代化之美術者歟。店宇起樓，規模設備，頡頏觀光飯店。房金懸格，休息二小時二十二元，二人五十，越宿百餘。房內引泉為池，水色清澈，或謂可飲。出店，前橫小溪，跨吊橋，通村莊，民家數十，陳售當地土產木耳、茶菊、當歸、薜荔子等。橋亦名溫泉，長二百步，寬僅四尺。十時，在歸途中，聞司機張君之財言，太平村有榮民之家，居榮民千餘，別成世界，遂紆道一觀。適主任他往，由秘書潘君佑良接待引導，得知當年汗馬功勞之人，老者殘者，皆有所安，誠政府之德政也。園林房舍，部署井井，多成自榮民手，起居飲食諸事，率仍團體生活之舊貫。曰百壽堂者，七十以上老人居焉。中有盲翁年九十七，行動如常，聞客至，尚能起立示禮。曰仁愛堂者，聾盲殘疾居焉。曰育幼院者，專收養榮民之子女，有導師，有保姆，建築設備，俱有可觀。榮民子女，亦幸運矣哉。曰家祠者，榮民喪祭之事，假此為之，設牌位，供香火，猶尋常民間之宗祠也。潘君，湘人，自言一生行伍，年逾六十，尚未婚。並言供事於此歷九載，總統府官員之蒞此者，予為第一人云。

午膳仍在戴寓，主人情意良厚，又具精饌，並仍邀解君作陪。膳後，就室內合攝小影留別。予以二時，乘光華號火車離臺東赴花蓮，戴解二君，同至車站送行，其殷殷之情，令人難忘。車票每人八十五元，普通票僅半之。執事言，東線此車，國慶日方始啟用，外觀與縱貫線光華號同，惟車廂因窄軌而略縮耳。引擎為美造，輪軸為日製，車廂則國產。一車之行，三國之勞，所以為光華歟，一笑。同車乘客，似多鄉民，不斤斤於票價之多寡，是乃農村富裕之徵。民生享受如此，實非往昔夢想所及。五時十三分抵花蓮，因承楊明祿兄事先妥洽，逕往自由街一三八號台電招待所下榻。此為台電東部發電區管理處所管轄者也。日式房舍，西化牀几。內外整潔，予人以舒適之感。安頓既畢，管理處總務組長張君清火，代表其處長楊君金欉，延予與家人往金龍大餐廳進餐。餐後，並導觀近郊某村阿美族之山地舞。舞場係草寮之改良者，場地作圓形，環場座位可二百，票價十元，對號入座。附場院地，展覽山胞居室及日用器物，並出售手工藝品。舞女十餘，跣足盛裝，出演外，兼司招待。是夕雨，觀眾僅五六十，大都異地人。舞場、舞藝、舞裝，皆較往時在烏來日月潭所見者為佳。惟所演節目，無非山野生活之縮影，難掩粗獷之氣，歌調音樂，殊少變化，一度觀後，便不思再矣。

第六日，十月二十一日，晴朗，在花蓮遊橫貫公路。　早起，知招待所為予破格備早餐，深感厚意。餐竟，管理處執事陳君池永，以處用旅行車來，陪遊橫貫公路，司機張君慶忠。出市區後，沿蘇花公路行。至錦文橋，旁出一道，即為橫貫公路。橋係通蘇澳者，與橫貫分道而馳。橋端懸巖，鑿洞成路，洞口如門，建牌樓於前，額曰東西橫貫公路。蓋所以示橫貫公路之發端，亦猶宮室園囿之大門也。盤桓移時，並攝數影。自此而太魯閣、長春橋、燕子口、九曲洞、慈母橋、以達天祥，峰迴路轉，車轍所歷，皆循深澗沿岸，鑿巖闢崖而成。深淺隧道，可百十計。陷地則培之，隔壑則橋之，非履其境，無從想象其工程之艱鉅。吾人憑雙手之勞，組織之力，竟與造物爭巧。堅者摧之，險者夷之，往時獸蹄鳥迹所不及，今乃一變而為容與遊樂之鄉。是知人定勝天，移山填海，不在難不難，而在為不為耳。此路勝景，太魯閣之名最早著。而今親歷，可以崇山峻嶺一語盡之。值豪雨後，騁目所之，萬綠叢中，瀉瀑如帶，益添景色。其名閣者，殿宇一楹，高踞岡巒叢林間，若隱若現。以徑滑時促，望而未即。閣下岐巖，建長春祠，以祀築路時殉職之員工，紅牆綠瓦，古香古色。祠側數百步，築橋曰長春。橋祠間，穿懸巖通道，一面傍山，一面俯壑，雖植欄柵，舉步其上，不無惴惴。祠門瀑流封路，予等跣足而過，祠內供牌位二百餘，蓋所以示報功者也。惜龕地窄蹙，牌位叢立，無法清列成行，因而難睹姓名。竊疑司事者何以為德不卒，既祀之於祠矣，曷設法顯其名而彰之，著於四壁可，勒之碑石亦可，庶使瞻拜者一覽而得。被祀諸員工，靈而有知，亦庶稍慰於地下乎。長春橋端設車站，駛車過此，須納公路受益費十元。有山地美女數人，著山地盛裝鵠候道旁，陪客攝影，每次五元。遊者好奇，多攝一二影以去，是亦生財之一道也。自此深入，過燕子口、九曲洞，皆停車周覽，望名而知其勝，奇絕，險絕，幽絕。深歎造物奇妙，同一山也，而萬變其形，更歎吾人智慧無限，雖宇宙之奧秘，亦能發掘而享用之。所歷諸橋，大抵以鋼鐵水泥構築，惟名慈母橋者，兩旁護欄，及橋頭雄獅，純以白色大理石雕砌而成。是橋之功能，不僅渡人，且饒欣賞之價值矣。旁有慈母亭，亦以同石構成。一橋一亭，皆名慈母，盤桓於此，不禁興無母何恃之感。亭面高峰，其上又有所謂蘭亭者，未及登覽，遙望而已。自慈母橋西進，不數里而抵天祥，此為盤谷之地，崇山環列。新近竣工之文天祥塑像位山麓，高於地面可百尺，朝谷口而立。仰登層階，恍似往歲瞻謁國父靈寢時也，像負高岡，闢之成崖壁，面以碑石，上鐫「正氣歌」，字大如碗。像後建遊廊，作半環形。內置石檯石凳多具，供遊人憩息，予等即就此進野餐焉。文天祥為我民族正氣之象徵，此地有靈，因橫貫公路之闢，而建像於此，豈僅為山川增色已哉。像右千步遙，一塔矗然，以峰為基，顏曰天峰塔。高七層，似亦新近落成者。攀其巔，天祥全景，盡收眼底。時強風撼身，若將飄空飛去，亦難逢妙趣也。塔下方亭，梁桷藻井，彩繪爛然，一如故都園林之所見。孟母，古來賢母之典型也。今我朝野正盛倡文化復興，斯亭之建，意在斯乎。聞橫貫勝蹟萃於天祥，故流連良久，攝影多幀。並得睹一興建中之廟宇，似為供如來佛之大雄寶殿者。廟去塔亦不逾千步，純為鋼筋水泥建築。全部工程，已成十之八九，廟貌規模，視大陸之叢林名刹無多讓，他日落成，美輪美奐，必為遊客所爭趨。惜當時寂無一人，莫由詢其詳，不悉果何自來，及其廟稱為何也。下山左轉，至另一盤谷，天祥發電廠設於此，乃利用水力發電者。其時電機寂然無聲，以悤悤走觀，未及詳其究竟。司事古君木村，為臺籍青年，出留名冊請題，留名多顯者，予今得附驥矣。廠地傍山，仰其巔際，若接雲霄，隱隱似見人家。同行者指謂，其上即自天祥再進之橫貫公路也。如前程無梗，本可履其地，攬其勝，而今止於此，仰止之餘，徒呼負負矣。

天祥回程，天色尚早，遂一觀榮民大理石工廠。龐然塊石，高與人齊，大數倍之。或片焉，或條焉，製以成器，磨以發光，莫非機械，莫非電力。然終不離人工，因而榮民之資以為生者日眾，是亦本省之新興工藝也。

台電管理處處長楊君金欉，聞予明日折回臺北，晚間過招待所長談。知其若干年來，均在窮山深谷中，從事發展電力之工作。享樂榮華，不足縈其心。是一踐履篤實徇志於事業之君子也。予出所攜三民版《我生一抹》贈之，意在嚶鳴而已。寢前，有吾友徐松青之舊同事謝君仲山者過訪，聽其談論，叩其往履，亦幹才也。

第七日，十月二十二日，天晴。自花蓮乘航機飛返臺北。晨方興，謝君仲山，又過訪話別。中華航機日開若干班。予之機票，在上午十時。行前再與楊君晤談，承告昨夜讀予贈書之觀感。又知其雖為工程專材，於文學修養亦有可觀者。行時，互道珍重而別。航機票價二百四十六元，眷屬半之，孩童又半之。按時起飛，抵臺北僅需半小時耳。歸後，聞親故知予出遊遇颱，多以旅途為慮，幸南部非當其衝，倏忽而逝，予得按日遊觀，若無其事。幸則幸矣，而親故關懷之情，至可感也。惟以橫貫路梗，半環未至，祇有待諸來日矣。

是役也，原以矯俗而出遊，終承好友逾情之厚愛，雖不言壽，仍有擾於人，中懷歉歉，其曷能已。（本文載《暢流》月刊五十七年三月出版）

一八四　抒　感

三十餘年前，有英工黨鉅子陶納氏其人，嘗訪問我國，著書曰《中國之農工》。中有論及政治者，謂「外人所感奇異事，相識華人，於本國事最茫然無知。」又謂「凡有所舉，會議又會議，報告後仍為報告。」論及教育，則謂「僅助少數人，成為人上人為能事，未嘗改善人民之生活。」寥寥數語，隻眼獨具，類此精闢之見，不一而足。民國五十六年，我總統蔣公，以其所論，仍可鍼砭時弊也，飭有關當事，譯發所屬研讀之。其為主管者，且令撰心得或建議，以為從事革新之張本。時予備位樞府，忝為主管，讀後有不能已於言者，嘗抒所感以獻。

讀英人陶納氏《對中國政治與教育之觀感》書後

立國之必賴乎政治與教育，由來尚矣。其道萬千，要旨則一，曰重本務實而已。重本，不數典忘祖也。務實，不虛張欺世也。陶氏當年對我之譏評，其語誠謔，其要旨莫非在是，如出之國人之口，豈不謂痛乎言之，豈不謂苦口婆心也哉。

回首三十餘年矣，縱觀我國之政治與教育果如何。凡百措施，不能不謂今勝於昔。濟濟群僚，高見卓犖之才，踐履篤實之士，不能謂其蔑有。乃號稱在莒，而忠憤耿耿，不以因循為得計者幾何。不以欺矇為能事者幾何。不求榮己而公爾忘私者幾何。訓誥政令不淪於具文者又幾何。杜絕奔競以正風氣，崇法務實以求績效，習聞其言矣，而見於事者果如何。究其癥結，大信不立，紀綱不張，人心不變，積重難返，能不令志士痛心得乎。

閒嘗讀史矣，有徙木之賞，而商君成變法。有駿骨之求，而燕王得千里。蓋居上者之所貴，不在其能令，而在令出而必行，行，信也，亦誠也。當事諸公，誠能立下決心，言奮發圖強，言興革求治，必以至誠多舉實事，言出而行隨，示大信於天下。信立則威生，威生則民從，立竿見影，所謂重本務實，道在其中矣。不然，相尚以言，徒務其表，彼以是求，此以是應，其不蹈陶氏當年之所譏評者鮮矣。（本文載《建設》月刊六十年九月出版）

一八五　心　印

佛有「心印」之說。俗以至親暱友間，對某事蓄意所注，其不期然而然者，名之曰心心相印。涉世以來，人事紛紜，歷之數矣。而巧合之妙，則以羅母九十華誕為顯，羅母者，吾友南昌羅時實兄北堂曾太夫人也。誕期在民國紀元五十七年六月二十一日，夏正五月二十六日，風聲既颺，朝野間與有舊者，紛紛爭賀。岡陵之頌，名作如林。鄉籍人士，及當年花谿舊雨，多饋金為壽。朋好欣欣相告，僉謂壽母鴻福，當代盛事云。

予獲交羅兄，自北伐元戎幕始，今且四十載。肝膽相照，知無不言，一時興至，悤悤具書，有所建議。書曰：「欣逢令堂伯母九秩大慶，聞各方致賀者甚盛。此固緣於德門之積善，伯母之鴻福，而亦我兄志業物望見重於世之徵也。忝居愛末，豈不霑光自喜。竊思兄在今日，勢位富厚，識者所公認。且偉論卓行，不倫於凡夫。如乘時益發好善之心，移親故所饋壽金，慷慨倡一義舉，為薄俗樹矜式，以壽世者壽人，則所以壽伯母者更無量。而兄之志業與物望，當更見重於世也。知兄明達，或早有成算，今復言之，亦區區獻曝之誠而已。」乃事有奇巧者，書將發而羅兄之德音至。電話交談，承告所為。其言曰，吾人對於人事之酬應，其本義因時因事而歧。同一喜慶也，婚嫁與祝壽有殊。前者為樂助，所以成人之美也。後者為盡禮，能表達情意已足。吾之壽母，冀能盡人子之道而止。倘以此而享人之饋，豈素志哉。故決移親友之所饋，盡以為親友壽。其來自鄉籍者，捐諸當地之萬壽宮。其來自花谿因緣者，則儲為花谿舊雨之聯誼基金。嗣後視力所及，當續效綿薄。情辭懇懇，聞其語而肅然，洵無愧明達君子。所異者，彼此蓄意，不謀而合。心心相印，予之人事歷程，又獲一明證矣。（本文載《建設》月刊五十七年七月出版）

一八六　書　簡

此予渡海後之函稿也。因當年京居，嘗自號累廬主人，故以「累廬書簡」名之。予寒士，苦學未成，涉世以來，人事酬應，偶有塗抹，終感強顏。乃自拙作本書《我生一抹》問世後，竟獲不虞之譽。於是知心雅故，屢促出書簡與本書相輔而行。遂由三民書局仍編入其三民文庫。以書中盡為實情實事，正名曰「實用書簡」。吾友仲肇湘、曹翼遠二先生為之序。一則讚為「當代書簡的範本」，一則斷言「大有裨於砭俗」。梓行未幾，書局當事，聞口碑彌隆，復以續為請，因又有《應用書簡》之出。名稱雖殊，實為篇次之前後而已。序端者有名家高明、方豪、邵德潤三先生，各抒所見，不同凡響。此民國五十七、五十八年事也。自惟不學，而厚荷諸大君子之謬愛，精心傑構，獎勉有加，亦異數哉。今且節錄先後諸序中之精粹於此，藉資惕厲，而志大德。

仲序第三段云：「此書所輯的書簡，事類不一，對象不一，大之陳國家安危之計，小之談人倫日用之常。其所以一以貫之者，就是寫出來的東西，確實代表作者心底裏所要說的話，而又確實反映出作者有諸己而後求諸人的性格。坦坦白白，無半點虛假。謇謇諤諤，無絲毫保留。一個正直君子人的人生觀與生命力，及其立身處事之道，一一湧現於字裏行間。這是這本書簡的價值所在，亦是不同於坊間印行的其他書簡之所在。」

曹序末段云：「異生性情中人也，以隨世會之運轉，而與功名為緣，顧硜硜自守，志業長才，竟嘆數奇，未能一展其素抱，不得不藉筌蹄以自異。固非吾家子建以翰墨為勛績，詞賦為君子之流也。予交異生久，深知其所自異者，大有裨於砭俗，故樂為之序。」

高序第三、四段云：「先生之文，直抒胸臆，獨闢蹊徑，信筆所之，無不中道。文中但見異生，而不見古人，面目則異生之面目也，精神則異生之精神也。磊磊落落，自成一家。」又云：「先生之文，吐辭如纍珠，出語若振玉，韻度如出水之芙蓉，風骨乃傲霜之秋菊。雖偶作家常語，亦不同凡響，淵淵懿懿，自成高格。」

方序第二段云：「始予讀其《我生一抹》，典雅簡練，真切質直，文如其人。嗣又讀《累廬書簡》，一如前書。良以質直之人，無往而不出之以誠，有誠斯有物，有物而發為文，宜乎真摯動人，為世所稱也。」

邵序第三段云：「先生儒行士也，特立獨行，卓然自異，博學而不窮，篤行而不倦，不隕穫於貧賤，不充詘於富貴。其處世也，以直以誠，其治文也，求真求信。不阿世之所好，而世益稱道之。先生非習於操觚者，然偶有所作，即為人所傳誦。如先生者，可謂善於立言矣。」

一八七　紀　念

予自民國十四年投身黃埔後，四十餘年來，在軍門，在樞府，皆效犬馬之勞。迨五十八年，依法告老，仍返初服，乃人生可紀念事也。顧予是年之尤可紀念者，則為編刊《花谿結緣三十年》一書。以其不易為而為之，幸能不負眾望，差足自慰，爰述其巔末焉。

前軍事委員會委員長侍從室第三處，設於陪都南溫泉花谿別業，在臺之當年僚友，因相稱曰花谿同仁。五十八年春節歡敘時，談今溯往，感於歲月易邁，距創始已三十載。飲水懷源，難忘果公生前陶冶之德。有倡議撰刊專集以作紀念者，當推王君大任董其事，原定七月八日本處成立紀念日為出書期，旋以王君綢繆出國，分身無從，乃由予承乏。時方盛暑，予深惟同仁屬望之殷，奔走謀畫，逾月而得眉目。集名「花谿結緣三十年」。自徵文、索稿、纂輯、醵資、洽印、排校，以迄成書，卜晝卜夜，先後歷三月，都十餘萬言。陳公立夫，賜題扉葉曰「佳作出自真情，良緣結於花谿。」蓋記實也。

書既出，見者同聲歎為難得。左君曙萍，嘗寓書於予曰：「太公為花谿感情之中心，亦為花谿精神之中心。果公一代完人，有朋友有部屬如太公者，亦足以含笑於地下矣。」並寄示其友查良鑑、劉修如二先生對此書之讚語，謂大有啟發作用。劉且評為「近半世紀我國政壇中僅有之現象，可貴之至，實有可傳價值。」云云。名史家方豪教授，居然揚之於學府，示其可則。當今學者所重視之《書目季刊》，亦闢專欄載其事，以為極有價值史料云。又聞《中央日報》國際版，及泰國《華文報》，且選載其中佳作，以餉海外讀者。區區紀念篇冊，而能見重於世，殊非初料所及也。

予秉性剛毅，凡事盡心，於此不虞之譽，無動於中，獨對同仁中深契諸君子，因予之奔走，而益激其念舊之情，撥冗揮汗，撰寫至情至性之文字，累千累萬，以顯紀念之義，而增篇幅之光，俾得告無罪於同仁，則令予不能忘焉者。書首「前言」，與書尾「編後話」，即感此而作。平生結習，喜用文言，一時興會所之，語體成文，亦予生可紀念事也。錄其一於此。

《花谿結緣三十年》前言

對日抗戰軍興之第三年，即民國紀元二十八年七月八日，是我們同仁當年在陪都南郊花谿別業，直接為領袖效忠的開始。日月其邁，今已整整三十年了。當年領導我們的主任果公，逝世已十八年了。

同仁們！請設想一下：假使我們沒有花谿的因緣，於今果如何？再過十年，我們同仁的光景又如何？再請設想一下：假使我們一旦回了大陸，對那些浩劫餘生的當年同仁，將何以相慰？想到這，就顯出這次舉行紀念並編印刊物的意義，何等重要啊。

我花谿同仁，結緣於三十年以前，幾經患難，而能維持同仁之誼於不墜，這樣情篤念舊，實即固有文化精神之所寄。復興文化，不在空言，而貴實踐，我們同仁這次紀念的舉動，何嘗不是實踐復興文化呢。

可敬的同仁們，在這大熱天，揮汗寫稿，寫得那麼親切，那麼美妙，又那麼長篇。其中所談共難期間實際的體驗，娓娓道來，引人入勝。不但為寶貴史料，且可作從政處世之借鑑。還有好幾篇溯述當年生活實況的，連各家住處的環境，孩提子女的名字，服役工人的姓名，及同仁間瑣碎的趣聞，記得清清楚楚，恍惚昨日事。

這十足表現我同仁為人的親切、多情、念舊、仁厚，一面是彼此情感的交流，一面是道義精神的發揚，此時此地，真難能可貴極了。以此示後昆，是無上身教，也就是本刊物另一意義所在呢。

綜觀各稿，大概可別為二類。凡專為這次紀念而作的，多述念舊之情，可名之曰「花谿留痕」。其錄現成之作而有花谿因緣，且足以表現同仁之風義的，名曰「花谿精神」。

第一類所佔篇幅較多，為求閱讀之便，其內容關乎整體同仁，而屬於綜合性的，編在前面，屬於局部性的次之，其單敘自身經歷的又次之。詩詞集編「專葉」。各篇文字，文責自負。但或因限於篇幅無法容納全文時，則由編者酌予節略。特此聲明，並致歉意。末後「特載」三篇，其一宣揚領袖之功業，餘則所以紀念果公者。編者五八、八、三一、行都。

一八八　題　贈

予自惟椎魯，文也書也，初非所長，書則以改習左腕，尤無足觀。乃承雅故之不棄，往往以此相囑，為求藏拙，未嘗輕諾獻醜。有之，其情不可卻者，則率抒胸臆，由室人素梅代書之。然為數寥寥，其文俱錄入本書「情文」中。二十年來，凡予親筆題贈之作，僅有老友周念行兄所繪之家鄉風光，名學者方豪神父紀念母氏之冊葉，暨契交南通劉振強經理之條屏。前者已見本書「題畫」，後二者題辭，分錄於次，所以志見囑之盛情耳。

題贈方杰人神父

名神父杭州方豪杰人先生，念其幼年體弱，北堂劬勞特甚，而悟母難日不曾有何紀念為非是。因於花甲之歲，梓行所著《中國天主教史人物傳》一書以贖過，並廣徵交遊為之題。風木哀思，乃孝心之見於事者。慨自西風東漸，功利是騖，蚩蚩編氓，言孝、知孝、能孝者日希。先生負當世重望，此時此舉，空谷足音，大足以奮人心，振末俗，書之有裨於世，其餘事耳。而賢母黃太夫人在天之靈，亦庶乎慶有子矣。五十九年雙十節江山異生姜超嶽拜題於臺北新莊。

題贈劉君振強經理

余生交遊之有商人，自南通劉君振強始。君之識余，乃緣拙著《我生一抹》為之媒。因初見拙著，以其情文兩至，遂懇商充其所編之三民文庫。既刊行，口碑不惡，復以書簡為請。兩書問世後，三數年間，藉結文字緣者，實繁有徒。而深契如宿好，君其一耳。由於時讀余書，得習知余之為人。於是相見以誠，於是而知其所經營之三民書局，宗旨正，管理善。出一書，舉一事，在在不離正道，在在以造福社會為歸，蓋君係踐履篤實，愛國家，重文化，尚道義之商人也。以視一般夸言欺世，惟利是圖者，迥異其趣。故樂與交，久而敬之。近以見余為友好題冊葉，喜左筆世所希，亦乞書數行備觀摩。乘一時興會，率塗本箋，聊答雅意。然終自慼厚顏可哂也。哈哈。江山姜超嶽五十九年冬行都。

一八九　回　味

前塵種種，無慮萬千，歲月遄邁，消逝幾許，乃有固留憶中，足資回味者。

民國紀元之初，吾江山唯一縣立高等小學校曰文溪，俗稱書院，蓋就原有書院改制者也。學生近二百，皆春季始業，泰半住校。校長教員，多出身科舉，又經兩級師範或優級師範者。如周邦英、毛鴻機、毛英、周仲英、朱斌全、姜履淄、徐鷟卿（後改名志澄）、汪作霖、姜元豪、毛舉鵬、戴鴻澤、徐鴻文諸先生是。予讀二年級時，為民國三年。是年端陽假日，校中曾舉燈謎之戲，謎題率由國文教員為之，張貼校長室門首，以筆墨摺扇毛巾簿冊懸獎。中有數則，具巧思而趣。其一、謎面詩四句，「上無片瓦遮身，下無立錐之地，腰邊掛一葫蘆，走徧南北東西。」射字一，為高年級同學射「卜」字而中。其一、謎面「廟」字，射日本地名一，予射「神戶」而中，得鉛筆二枝。又其一、成語「禮賢下士」，射同學一，終日無中者。及揭謎底，則為生長禮賢鄉之同學某君也，甫以去冬以榜尾畢業，故如是云云。竊案此謎，以動詞作名詞，巧則巧矣，施之於此，未免謔而虐，殊非忠厚之道也。

文溪小學毛鴻機先生，教全校理科者也，病故時，尚在英年，校中為開大會追悼，輓聯滿壁，佳作如林。予於當年名士毛雲鵠先生一聯，獨能永永在憶。其聯曰「同學同鄉又同宗，最相親也。無福無壽並無子，其亦命夫。」白描寫實，真切有情，一時相習同學，幾皆脫口而出。又衢城北五里之浮石潭，勝境也，潭中有昂石，遠望如浮。俗傳明太祖未顯時，嘗敗逃至此，追兵將及，石濟之以免。既能浮升，潭漲不淹，故名。民國十一年，暑假將臨，當地省立第八師範附屬小學某生，結伴泳於此，竟獨溺焉。生故世家子，年十五六，俊秀可人。校當事為慰其親屬，於校中張盛會以悼之。時予以教席與會，見首聯文曰，「玉折蘭摧，樹人百年空一旦。石浮人沒，潭深千尺恨無窮。」此為附屬小學主任徐霖雨亭先生所輓，情境兩切，印象彌深。足徵尋常酬世文字，力求貼切自然，自能令人過目不忘。若徒事雕斲，典雅或有之，以言傳之久遠則僅矣。

某歲，約在民國五六年間，夏曆五月，邑中城隍廟演劇酬神，於戲台前簷，高懸布匾，榜書「五月落梅花」五字，傳為「勸學所」人所題。觀者皆不知所云，予亦不曉何義，遑論出典。請益於所諗，亦莫究其竟，悶悶於懷者久之。旋讀唐詩，見李白〈與史郎中欽聽黃鶴樓上吹笛〉句云：「一為遷客去長沙，西望長安不見家，黃鶴樓中吹玉笛，江城五月落梅花。」乃恍然向所悶悶者，蓋出典於此。細繹其意，暗含「江城」二字外，似別無妙義。深感文人結習，於贈題之作，往往故弄玄虛，以示淵博。其實就文字效用言，與其令人莫名其妙，何如婦豎能解之為愈。舊時文人之結習，不足為訓也。

昔予居禮賢故鄉時，因長兄既亡，寒暑假間，嘗從里中知醫秀才鄭錫海先生補習國文，某次，命題「義利辨」，予文中有「世道日微，士大夫寡廉鮮恥，惟利是求……」語，先生於文末批曰，「該生將來，不為良相，必為良醫。」時予年僅十六七耳。自惟平生，碌碌依人，一無建白，愧對良師之期許深矣。所奇者，後此五六載，奉化韓華先生對予之訓誡，竟與此批異曲而同工。先生為予肄業師範時之校長，因平日鑑於予之傲岸自負，目無餘子，嘗嚴詞數予之不如人者，以挫其氣，以儆來茲。畢業前夕，復召予至其私室，正色訓曰：「察爾才學，觀爾行徑，異日置身鄉黨，非造福者，必造禍者，何去何從，君其勉之。」當時聞訓，為之悚然，退而自省，人之視我，竟如是耶。屈指五十餘載，偶爾回首，言猶在耳。今垂老而幸免隕越，未始非得力於此。是知教育之道，貴能知人，尤貴能因材。世之為父兄師長者，遇有如予少時之子弟，若不知所以折其角，導其向善，不獨有負天之生才，貽患未來，可勝言哉。

上述諸端，回味無窮，信筆所之，皆由聯想而來。吾人有時偶記一事，往往旋得旋失，此則久歷星霜而不忘，腦之於憶，亦奇妙也已。（本文載《建設》月刊六十年五月出版）

一九〇 佳訊

此乃年來最可喜之佳訊也，聞而喜者累日，是烏可不記。

予生長寒門，幼而苦學。及長，茶、煙、酒、賭之好，一無所染，暱友恆以虛此一生相謔。予則深感幼時無書之苦，獨厚愛於書。故自京居累廬告成後，祿食有羨，斤斤以求者，廣置圖書而已。六七載間，糜資數千金。其新出巨籍，初有商務之《萬有文庫》二千冊，附編參考書精裝巨帙若干冊，及《文庫》第二集之附編精裝十通，《佩文韻府》等數十冊，又中華之《四部備要》二千四百餘冊。繼而預約商務之《叢書集成》全部，又繼而預約中華之《圖書集成》全部。皆分期出書，皆以抗戰而中斷。至其他名著，如大學用書之文史諸書，及有關工具書之各種大辭典等，均先後搜購無遺。尋常學子之所需，差已齊備。累廬闢專室以貯之，儼然書城，三餘無事，輒依此自樂焉。嗣以抗日戰作，悤遽離京，委而去之，此本書前文「泣書」之由來也。

洎勝利還都，累廬雖在，四壁蕭然。當年書城，片紙無有，半生心血，付諸刦灰，未免有情，難忘舊物。居恆冥想，如許卷帙，未必澌滅殆盡，倘遇同好，或尚有存於今者。第人世茫茫，果落誰家，此生將無緣重睹。不謂建國之六十年，去予泣書累廬，(見本書八五則)已逾一世矣，竟有來自海外之佳訊，謂紐約州立圖書館中，所藏《十三經索引》一書，赫然為予當年累廬之舊物。因首頁目錄，鈐有圖章四，書眉橢圓形，宋體字，文曰，「浙江江山異生姜超嶽藏書之章」。書根方形篆文，連鈐三章，曰「累廬主人」，曰「異生」，曰「姜印超嶽」，均名家手筆。患難舊物，一朝知其下落，並得睹原書目錄之複印真蹟，爛然在目，恍如久別故人，天涯重聚，驚喜之情，莫可言喻。其書縱不復為吾有，而藉以留故主之鴻爪於天壤，豈非人生之大幸歟。

此佳訊之見告者，吾亡友嶺南方少雲兄之三郎漢平也。漢平留美，深造於紐約之羅赤特大學。近以攻修博士，日常問津圖書館，既見予舊物，訝為異數，即函報其臺居之寡母林君璧夫人。又因予之託，並究書所自來。謂若干年前，當此圖書館初成立時，密歇根大學，曾以藏書之複存者相贈，此書或為其複存之一云云。果爾，則密歇根大學藏書中，《十三經索引》外，或尚有其他予之舊物，亦未可知。所異者，當年日軍之據南京，歷時八載，衡以常理，流落東土為當然，而何以遠渡重洋，入美人之手，其間曲折，真匪夷所思矣。尤足異者，我國旅美人士，奚止萬千，其無相知因緣者，即睹予舊物，而等閒視之，予亦無從得知。獨幸巧遇方郎，而令予患難餘生，獲無窮之慰藉，冥冥中似定數焉者。俗有凡事在數之說，然耶否耶。（本文載《建設》月刊六十年十月出版）

一九一 叢稿

人生因緣，時有不可解者。似予椎魯，本不足言文，乃承親故謬愛，對予之率性塗抹，恆以自成面目見許，因而忘其固陋，頻有強顏之作。或勒阡表，或張屏軸，或載卷籍，騰諸口說者亦若干。竊嘗自惟，雖慚濫竽，實感榮寵。歷歲所作，已見本書前文「情文」外，特錄其親故所樂道者，藉資省覽焉。

壽吳興陳勉之如弟大衍之慶

予生多忘年交，陳君勉之其一也。獲識於對日抗戰時，共事統帥幕，去今二十有六年矣。序齒為後生，予固弟視之，勉之伉儷，則待予尊長，彌久彌親。彼此長幼雖殊，而身世行實，乃有類焉者五。

勉之名奮，予名超嶽，皆涉世以後事，皆以奮鬬為人生之義，盡其在我，不屈不撓，此志趣之類也。勉之為人，尚義重然諾，性尤剛直，是是非非，任性使氣，鮮所顧忌。予則凡遇依違，真理是從，枉尺直尋，亦不肯為，間有示於人，一言未踐，寢饋難安，此賦性之類也。勉之商人子，在學之年，國難正亟，顛沛流離，不及深造，遽為抗戰而致力。予生寒家，苦學待成，即衣食謀。弱冠執教，未三十而橐筆從軍，應世之學，得之自修，此出身之類也。勉之富精力，好自強，事之不知者求其知，不能者求其能。電影字幕之製作，專技也，勉之非素習，經營從事，不數年而精其術，著聲譽於影業。予平生最畏求人，學問而外，多能鄙事，壹志自立，凡須依人者，能免則免，可免則免，此處事之類也。當年共事統帥幕時，予長一組，勉之為屬僚，予嚴正重紀律，嘗以故迫之退。旋致予長書，一片自怨自艾自訟之辭，懇懇動人，印象至深。予性躁，言多尤，行多悔，然勇於改過，尤勇於認過，因而不乏道義師友之漸摩，浮湛半生，差免隕越，此立己之類也。

勉之今慶大衍矣，民國紀元五十有六年某月某日，為其初度令辰，予適挈妻女環島遊。歸來始以告，並乞言。予不慣為岡陵頌，率書彼此之類焉者博一粲，且以為壽。（本文載《建設》月刊五十六年□月出版）

舒城黃伯度先生八十大慶獻言

歲庚戌之仲夏，舒城黃先生伯度，壽登八十矣。不肖如超，謬承厚愛，敬具佐觴之辭曰。時賢之稱老者至繁，而先生獨以老字顯。凡識先生而與有舊者，無論尊卑，言及先生，輒稱伯老而不名。稠眾之會，先生至，伯老伯老之聲盈耳，其成專稱，已歷年所矣。

予知伯老，在抗戰還都後。時伯老方官社會部，予則備位樞府，其文郎昌漢世兄，因與吾兒炎龍同卒業南渝高中，數相晤於寒舍，乃略聞伯老之身世。蓋亦簪纓子弟，以革命書生而從政者也。洎政府渡海，予以犬馬之資，重入樞府，值伯老典掌文書，尋又襄佐華陽綜理府務，得晨夕承教者十五六載。至佩神思敏捷，一如盛年。周旋肆應，接者翕然稱服。知其所以靖獻於國家，與夫獎掖朋從者，纍纍難盡。

今日述其往歲達和時之所歷，以見一斑。

當前歲達和時，年已七十有七，偶以積勞罹肺炎，就療榮民總院，綿歷三閱月。中嘗以垂危聞矣，而趨院探視者紛紛。一時冠蓋載道，如赴盛會。總統蔣公，亦屢遣左右致關切之忱。旋得華陽之啟導，至誠信神，乃轉危為安。計先後問疾留名者盈千，院中執事，習知其情，歎為得未曾有。如是者，莫之為而為，莫之致而致。是則伯老之所以為伯老，觀此不已思過半乎。其能永壽，其能不老如盛年，亦可於此得消息矣。中華民國五十九年六月穀旦江山異生姜超嶽敬獻。

江山姜母王夫人墓表

夫人王氏，諱愛月，浙江江山善士一林先生之長女，吾宗兄今立法委員紹謨次烈之德配也，以中華民國五十九年三月二日病逝，享壽七十有二，喪祭之盛，人稱榮哀。同年五月十七日，卜葬臺北樹林佛教樂山公墓。將葬，次烈泣謂予曰，吾妻生前雖無震耀人世之節行，而來歸五十六載，親屬戚友，皆爭譽其賢。君論人素不虛美，特請書其一二庸言庸行，足資矜式者，以表其墓，用示後昆。予因就所審懿行，略述其最焉。

夫女子之德，相夫外，有三難。奉事翁姑難，教養子女難，善處妯娌尤難。夫人於此，靡弗盡心焉以赴，於是翁姑悅其孝，子女感其恩，妯娌敬其和，戶庭內外，未嘗有間言。則其容順慈厚之德可知矣。生長豐厚之家，來歸次烈，又為富室婦。且次烈從事黨政四十餘年，多居有為之地，相隨內助，每涉繁華。易以恆人，尚華飾，耽逸豫，或習摴博諸戲以遣日，乃常事耳。而夫人淡素自甘，一無所近。中饋瑣屑，視為常經，垂老而不渝。則其特立獨行之性可知矣。抗戰時，寇嘗竄擾我衢江，時次烈適省親在籍，辟地深山，突遭寇擄。夫人毅然挾子女拚力挽之，示共生死。寇揮刀相脅，無懼色，竭蹶崇嶺，緊隨不捨。寇終為動，乃得歸。平居接物，溫溫藹藹，從無疾言劇色，識者僉謂嫺靜柔婉，巾幗中所罕覯。而一朝臨難，竟不屈威武，不顧性命，一如忠烈壯士之所為。則其明大節具大勇之行可知矣。

予與次烈自幼同窗，而相處時暫。來臺二十年，則過從頻頻。夫人視予如昆季，喚二叔而不名。每見輒娓娓話家常，因知次烈之能齊家，能致力於所事，內助為多。夫人儀態雍容，而富福壽徵。晚年奉佛彌篤，慈光照人。其得享榮哀以終宜也。生男子子四，文錦配宗之珍，文銘配毛元玫，文釗陷大陸，文鉞配施維嫚，皆各自樹立，散居國內外。女子子三，文鈞適李心培，僑美。文錙適張建邦，長淡江文理學院。文銖適孫嗣文，空軍英雄。孫正安、正定、正同，孫女正和、正音、正善、有成學士者。外孫孫家京、孫家倛、李勱，外孫女張家宜、李美安、張室宜、李美琳、李美楠。（本文載《建設》月刊五十九年六月出版）

通縣金君陽鎬墓表

烏乎，此我國農業專家金君陽鎬長眠之地也。君字翼豐，籍河北通縣，民國元年九月十七日生，五十九年六月八日凌晨，以急公駕車，殞命行都陽明山之岡。越一月有六日，卜葬於此焉。君之殞，朝野無論識否，莫不驚歎悼惜，僉謂今日政壇中失一造福國家之播種者云。

君早歲習農於金陵大學，三十四年公費赴美，先後入堪薩斯州大學及康乃爾大學，專攻農業工程，越三年，學成歸。自是勞瘁半生，不離所學。以專才而致通顯，恆人處之，難免氣揚，而君依然本色，未嘗崖岸自高。於人於事，於公於私，一秉至情至性，行乎其所不得不行，止乎其所不得不止。凡與接者，皆感其和易、爽朗、熱誠、公正之盛德，而敬愛有加焉。時方聽訓於國防研究院，同學集刊追思之文，句句字字，若自肺腑中出，其行誼感人之深多類是。此其攸關為人者也。

君從事農業之改進與推廣，困心衡慮，不遺餘力。當其長臺省農林廳也，任勞怨，務遠圖，於作物之增產，漁牧之拓殖，以及山林海洋資源之開發，靡弗兼籌並顧，日進有功。昔之所乏者使其有，所絀者致其豐。養工業，裕民生，懋績昭昭，口碑載道。邇歲以中國農村復興聯合委員會顧問，兼任秘書長之重，於農政之興革，夙夜匪懈，規畫實多。尤難能者，胸懷蕩蕩，不斤斤於名位之得失，而壹以靖獻為職志。因而當軸重其才，僚佐服其勤，庶民懷其惠。在朝在野，咸留去思。此其攸關從政者也。

我國自古以農立國，而以農功廣被恩澤於異域，君實導其先河。越南及非洲諸國，或草萊未闢，或戰亂相尋，談者多色變。君本其以農業為事業之素志，嘗先後秉承國策，率領農耕隊遠征其地，作技術之援助。蹈危履險，沐雨櫛風，親耒耜，創奇蹟，不逾數稔，化瘠土為良田，易歉收為豐登。當地為之慶功，舉世為之矚目。年來致力中非技術合作，及訓練非洲農業人才，尤多貢獻。其優異技術與犧牲精神，所以影響於並世生靈者，將無紀極。開展國民外交，促進友邦合作，乃餘事耳。觀君所為所志，殆以增進人類全體之生活為目的者歟。此其攸關創業者也。

君明德之後，父基貞公，生前以仁術濟世聞。母金太夫人，迎養在臺，年已大耋。昆季六人，君居仲，妹一，適蘇雨辰。德配李若南，浙江江山名宿吾姻兄守愚先生之長女，幼承庭訓，持家有則。生女子子四，安美、適江蘇王惟一，海軍。安娜、適河北翟乾瑞，從政。安慧、適浙江陳錫鐸，執教。安麗、留美習家政。烏乎，君往矣，而所播種者，將永垂不朽。今總統蔣公，賜誄曰忠勤著績，亦可謂人世之哀榮矣。爰表其生平厓略，以告來者。（本文載《建設》月刊五十九年十一月出版）

張氏贈書記

北投中學之有二十五史，乃吾江山同鄉張君傳璥教授，為志其喪子之痛所購贈者也。子名介，行居長，生而聰穎，小學時，多位乘除，能心算不訛，在中學，同輩有數學難題，率多解答無遺。體壯健，喜運動，擅籃球，屢充校隊代表。課餘在家，治雜務，教弟妹，深得父母歡。又知家計之艱，數欲工讀成其學，一片孝心，出自天性。

臺灣光復後，張君即給事長官公署教育處。三十六年秋，介才週齡耳，由乃母自籍襁負來父所，十餘年間，轉徙於臺北南投諸地。五十二年畢業北投初中，隨即考入新莊中學高中肄業，慕班超終軍之壯志，于明春投身陸軍官校預備學生班，詎未閱月，竟以勞動服務，斃於崩土，時民國五十三年三月二十二日也。距生於三十五年七月二日，得年僅十有九耳。烏乎，惜哉。壯志少年，遭此意外，張門之不幸，亦國家之損失也。官校當局，憫其齎志以歿，卜葬于高雄澄清湖軍人公墓，入祀忠烈祠，並奉總統頒給旌忠狀。少年之殤，得此殊榮，亦異數哉。

乃母周咏雅女士，系出名門，持家教子，戚串交譽。乃父杏壇名士，抱道自甘，其教子嚴，望子切，愛子深，一朝告殤，情所難堪。於茲周年，特致此巨籍，贈其子之母校，以嘉惠後學者，以申其痛思。子魂有知，得父母為此義舉，或可稍慰于地下乎。

所望學校師生諸君子，共體此書之致，實為慈孝之徵，珍護勿替，累葉相傳，俾世之遇有骨肉生死之痛者，知所以痛之之道，則張氏賢伉儷此舉，庶獲風世之益矣。（本文載五十四年四月二十二日《中央日報》副刊）

與方杰人神父書

杰人神父先生道席：月前所惠《方豪六十自定稿》拜領後，首尾翻徧，竟費三朝，而云翻者，對此數百萬言之巨著，不敢誇謂讀也。原擬即陳所感，藉申敬仰，適別有所羈，今始略布一二以聞。

昔有「讀書破萬卷」與「學富五車」之說，終嫌辭誇，未必實有其事。茲觀大著內涵涉及事類之廣，與引用書目之繁，想見先生治學讀書，奚止破萬卷，奚止五車。昔人之言，不能不信矣。此書論質論量，洵乎皇皇巨著，自來私人著述中所罕覯。處動亂之世，趁短暫之時，而成於一人之手，視唐玄奘之譯「三藏」不是過也，難能可貴，微先生而誰與歸。

綜觀全書，在在不離史學，不離考據。敘一書也，於版本之別，文句之異，字數之多寡，皆一一表而出之。其於某一人某一事之史實，孰誤孰否，孰真孰訛，亦靡弗繁徵博引，窮源竟委，求證其所以。此於有關群籍，非細讀精思不為功，又非一目十行，強記不忘不為力，更非神充志毅不為濟，先生一身而三者具，亦奇人也哉。

書中所揭篇目，誠多冷僻之學，然內容往往引人入勝，或關掌故，或關義理，其能道人所未道，發人所未發者，俯拾即是。以言治學，固為考據之瓌寶，以言修養，亦益智之良書也。尤足稱者，於先儒之潛德幽光，彰之發之，不遺餘力。如明季傳介西方科學之王徵，其功績，其巧思，不在徐光啟、李之藻下，而名不著於世，先生則探賾索隱以彰之。又如清初首纂《臺灣志》之王喜其人，數百年來，知其事者殊鮮，先生則考其埋沒之因緣，使後之談臺灣志者，知王氏實為先河，此皆關乎我民族文化之重要文獻也，今日侈言復興，能致意於此者幾人。

竊觀先生歷歲行藏，遊學、傳道、授業、酬世，幾如孔席之不暖，墨突之不黔，而書中有關考據者，不僅纖屑靡遺，且所據圖書，徧及古今中外。或取證於洋籍，或搜集於異邦，動輒百十則，萬千言，瀏覽謄錄，非一蹴可幾，果何由致之，百思莫解，先生有以語我乎。弟平素雖不諱言讀書甚少，然猶靦然居於讀書人之列，而今徧翻大著後，直不敢自認讀書人矣。蓋涉世以來，衣食四方，荏苒歲月，從不曾精讀一書。視先生之博學而深入，尚何顏長此僭稱乎。年來又以淺薄之作，獻醜於世，兩兩相形，惶汗無地。所感如此，又將勞神一覽，罪過罪過。悤此，順頌著安。

弟姜超嶽敬啟五十八年八月十一日臺北新莊。（此書載五十八年九月《中外雜誌》外復

編入《方氏六十自定稿補編》）

論學文之道

我國固有文化之精華，曰道德，曰文章。文章與道德並重，由來舊矣。生當斯世，雖不必視為經國之大業，而攻求其道，則為復興文化所必需。然自來論者，或修言載道，或競尚流派，或重義理，或主詞章。究其所以攄意，且有性靈、氣韻、陰陽、剛柔諸說，玄妙空濛，初學者往往難究其竟，語於今日，豈得謂宜。欲求明效，其惟切實易曉之道乎。請先言學文之步驟，則有四焉。

一曰出。求表達之能也。所聞所見所思所歷之事，盡情表而出之，不問其他，惟求意顯辭豁，見者共喻而止。二曰巧。求結構之當也。一文之成，如營堂室，區位布局，貴具匠心，孰前孰後，孰隱孰顯，要能引人入勝為上。三曰妙。求辭采之美也。遣辭造句，力避俚俗。蓋尋常應對，聞雅言則悅耳，出鄙語則人厭。行文之道尤然。故狀物抒情，能致意辭采，妙在其中矣。四曰精。求篇章之粹也。累字成句，疊句成章，綴章成文，以不支不蔓，至精至當為貴，加一語則見贅，損一字則嫌澀，雖不易致，不可不以此自期。

次言為文之要素，則有三焉。一曰真。即須切事實，吐由衷之謂，最忌偽言臆說，自欺欺人，蓋求質之可信也。二曰美。即須煉字句，暢文氣之謂。最忌詰屈聱牙，妄擬於古。蓋求聲之動聽也。三曰善。即須富情致，多含蓄之謂，最忌陳言濫調，冗蔓示博。蓋求色之悅目也。

予幼而苦學。垂老而不敢自逸。區區膚見，莫非緣自積年之體驗。學者由是而之焉，則為文之能事殆庶幾乎。然欲臻斯境，端賴多讀以充其識，多作以嫺其能，多與師友問難切磋以廣其益。有志學文，厥道在此。鍥而不捨，固有造文化之復興，亦吾人修養之要道也。莘莘學子，曷興乎來。

〔附言〕本文原為答友人論文書，曾編入拙著《應用書簡》。文友多激賞之，以為從事學文者所必讀，屢請改體論文，便學子之誦習，予乃略施添削，而正名如今題。並聞某學府教授，曾以選充精讀之教材云。

一九二　拾　遺

昔予之拜命主持行營機要也，蓋在「濟南慘案」以後。時方盛暑，倉卒組合官佐兵伕數十人，由予以秘書名義率領，於民國十七年五月十四日發自津浦線之兗州。櫜筆裏糧，犯暑跋涉，輾轉魯西冀南而抵平，以迄十九年二月行營告撤後，復調武漢行營，計供職行營，先後歷三載。馳驅南北，憂患頻經。其間日常職司外，以私人名義商洽公務之往來文電，幾無日無之。積年累計，無慮百十數。而世逢變亂，竟無片紙隻字之留。歲月悠悠，久亦漠然置之矣。乃有意外因緣，獲睹當年北伐時總部行營之遺牘。中有予之電文九則，計十七年七則，十八年一則，十九年一則，又其時總部機要科長陳公立夫覆電二則，屈指四十餘年矣，一時喜不自禁，如獲至寶。亟錄其原文留念。為昭真實，一字不遺。雖屬零簡殘卷，不足誇稱史蹟，而其可供身歷者之回味，則無疑也。電文依序列次，並贅按語以說明之。

一、在魯南兗州發（十七年五月十一日）

泰安總部機要科李股長鑒：口密。奉科長諭，本科職員留二譯電在泰安，餘均火速來兗。密本諸事，商同參謀處酌定之，盼復。姜超嶽真。

按此時我撤出濟南後，大軍正雲集津浦路沿線待命，總部大部人員，尚留駐泰安。總司令與侍從人員，則駐列車上，或進或退者匝旬。李股長殆即李秘書濬三。此時行營機要科，方在組合中。

二、在魯西恩縣發（十七年五月二十一日）

南京總部機要科陳科長勛鑒：口密。職等今晚抵恩縣，八日苦行，本科官兵病者五人，特聞。職姜超嶽馬酉。

按此次行軍，自兗州西發，歷汶上、東平、東阿、茌平、高唐諸邑而至恩縣，皆取道舊有驛道。雨則泥濘沒踝，晴則灰沙蔽目，行李病人，悉賴牛車馱運，蹣跚而行。故雖披星戴月，終日行程難踰五六十里。又本科兼辦文書，職員共十三人。顧耕野、王澤湘、吳光韶、蔣錦田、周一匡、王祖宙、鄒文、邊竹軒、姜輔臣、張希疇。另有二人，忘其姓名。又無線電台官兵七人，傳令班及勤務二十人，臨時伕役十餘人，合共約五十人。

三、在恩縣發（十七年五月二十二日）

徐州總部機要科轉陳科長：口密。新密本於今午託方振武主任秘書帶往德州，由方就近代為分發，計二三軍團各四本，四軍團二本，有（廿五）日以後諒可啟用。一切均遵參座之諭而行。惟查第十軍楊軍長尚未渡河，寄遞不便，請由徐送發，盼復。職姜超嶽養。

按北伐時所有各方與總部通訊之密電，概由機要科統一編發。文中參座，係指代行營主任楊杰氏，因其本職原為第一集團軍總參謀長，日常坐鎮總部，故僚屬習以參座稱之。

四、在恩縣發（十七年五月二十七日）

南京總部機要科陳科長勛鑒：口密。㈠此間來去電日多，今達八十餘件，職員病者更番而起，工作進行，困難萬分。欲實行尊札所示，則為事實所不許。祈即速加派明敏穩實者二三人來此幫忙。㈡各項用品將罄，請來員酌帶若干。㈢自兗州到此，有兵站車可搭，但須持有命令。㈣來員行李須少帶，常備藥品不妨多帶。㈤洋燭奇缺，多帶數十封來。職姜超嶽感。

按自兗州啟行，日行夜宿，抵達恩縣後始稍頓。旋以營地狹隘，及軍事情勢之需要，奉命再度行軍，經夏津而往臨清。

五、在臨清發（十七年六月九日）

南京總部機要科陳科長鈞鑒：口密。張程二君魚（六）日到臨，軍事告頓，工作陡減，以後進止，渴望見示。職超嶽佳午。

按平津以六月六日克復，軍事既告停頓，工作遂爾陡減。張程二君名已失憶。

六、在臨清發（十七年六月二十七日）

南京總部機要科陳科長鈞鑒：口密。漾（廿三）電諒達，朱於今晨離清北上，隨從甚簡。蕪津定後，各處工作大閒特閒，閒為醜惡之蘖，其實情可想象得之。但本科無恙，請釋懷。職意前方既無軍事，本科絕無留此必要。即有普通文電，儘可歸併參處辦理。日來本科同志，屢次集議，或進或退，無所不可，坐食枯守，終覺不安，特電瀝陳，敬乞鈞示。職超嶽感巳。

按此時去平津克復已兼旬，行營各處，大有政簡刑清之概。當軍事進展時，工作逼人而來，無上無下，皆日不暇給。一朝戰事告停，往往有乘時行樂，踰閑蕩檢者。雖為逢場作戲，終非為救國救民而革命之道。本科同志，守身自愛，不能不視為幸事。北上之朱，係參謀處長名傳經合肥人。

七、在北平發（十七年七月□日）

南京總部陳科長立夫吾兄尊鑒：口密。㈠前電諒達，此間近狀，全無生氣。㈡日來參處去電，歸併本科辦理。㈢本科現有職員十一人，多能忍勞負責，可告慰。㈣弟六月薪餉，擬在後方由廷鈞代領轉舍下。弟超。

按此電約七月初發。北平行營設鐵獅子胡同，此時行營各處人員漸集，機要科工作如常，其他各處，似覺意態闌珊者。當年之廁身總部或行營也，耳聞目接，無非蓬勃之氣，令人奮發。自抵平後，別是一番景象，迴念我領袖「要將革命精神帶至北方」之訓，難免興今昔之感云。

八、在北平發（十八年十二月十二日）

南京總部機要科長陳：口密。閻變事，乞示一二。異侵。

按自大局統一，國軍實施編遣後，因其中人事種種，難得其平，不逞之徒，野心勃勃，互相勾結。此時僭擬藉殘餘勢力，另立局面，各方謠言繁興，人心皇皇，故發此電。後得陳科長先後覆電如次。

北平行營姜秘書異生兄：口密。閻變不至釀大，主張謬誤，已由主座（其時總司令兼國府主席）發表言論糾正，已去電北平。機要科須鎮靜，並將文件密移或焚化。立夫刪。

北平行營姜秘書異生兄：口密。蒸午來電悉。機要科文電稿，宜陸續密運，藏友人家，或臨時租一小屋，每日運出小包，甚秘，切勿使人知而生謠為要。經費即在經常費中先墊，或向友人借用，以後歸還可也。立夫。

按行營為北方軍政要聞之樞紐，其時野心分子，蠢蠢欲動。行營為其最矚目之機關，一朝有事，勢所不免。為防機要文電之被攫，不得不及時早為之計。事後印證，幸有此一著耳。

九、在南京發（十九年二月□日）

北平行營電台轉機要科士模光韶二兄鑒：口密。各電均悉。患難無我，憂勞可念。弟行止未定，一切請慎重行之。兄等對白某不與同流之主張，甚是甚是。弟異。

按是年年初，予對陳科長上年十二月所電示者，一切部署定妥後，挈眷南下省親。北平曾於其間突發幾危大局之事變，行營一度撤至遼瀋，（請參閱上文一七七「行營」第五節後段）故云「患難無我」。時行營主任為方本仁氏，所有機要科事，均由中校監印謝士模少校處員吳光韶二兄共同處理。故云「請慎重行之」。文中白某，係行營副官處長，名恭甫，旗人。此電約在二月下旬發。

典藏人生智慧

楊肇嘉回憶錄（三民叢刊273）　楊肇嘉 著

在臺灣近代史上，楊肇嘉先生是一位顯眼的知識分子，他愛臺灣的方式令人欽仰。本書對日據時代臺灣人的和平抗日活動描寫詳盡，從中可觸摸到當時知識分子為土地人民奮鬥的心跳。在作者的自述中，我們聽見他正以慷慨的熱情與臺灣時空演奏出真摯悅耳的旋律。

溥言雜憶（三民叢刊261）　裴溥言 著

亦師亦友、夫唱婦隨的糜文開與裴溥言（裴普賢）教授，共創《詩經》研究和譯介印度文學的錦天繡地，他們是如何相識相知？多彩生涯的點滴回憶，且聽裴教授娓娓道來，一同感受其中的甘苦溫馨。

時還讀我書（三民叢刊257）　孫　震 著

「既耕亦已種，時還讀我書」，本書或談人生點滴，或敘還鄉情怯，或言師友交誼，以髮上青春的墨色，留下扉間歲月的字跡。所見的不只是天地悠悠，更有生命的尋思與豁然。

孤蓬寫真（三民叢刊245）　陳祖耀 著

作者生長於戰亂時代，從襁褓中即開始逃難。十幾歲離家，生命即如一枝孤蓬，到處飄泊，歷盡風霜，而終於平靜閒淡。本書即是作者自敘生平，將一生歷練及所聞所見娓娓道出，情隨筆現。而一生經歷之豐富亦可為歷史佐證，有志於現代史者此書必不可網漏。

劉真傳（三民叢刊182）　黃守誠 著

劉真先生歷任師範及教育體系要職，有「教師之友」及「臺灣師範教育之父」等美譽。作者以文學、史學之筆，深入傳主內心，在嚴謹的敘述中，顯現偉大教育家辛勤耕耘的身影。

滬上春秋——章太炎與上海（三民叢刊110）　章念馳 著

章太炎先生是中國近代重要的歷史人物。本書運用翔實資料，考證太炎先生寓滬的經歷，分析他變化的原因，論述他學術的著述，評說他的功過是非，力圖作出一個公正客觀的全面評價。

冰瑩憶往（三民叢刊29）　謝冰瑩 著

記憶裡可能儘是些牽牽絆絆的事物，然而它也可以成為我們面對生活的力量。作者以清逸的文章，追述往日的點點滴滴，在歲月的流逝中，更堅定了她對創作、對生命永不懈怠的信念。

浮生九四——雪林回憶錄（三民叢刊21）

蘇雪林 著

此書乃作者所寫之回憶錄，以大半年遍覽著作、檢查日記，更參考世局之滄桑、人事之遷變，自身文學創作之抒寫、研究問題之解決，一一記錄，條理分明，事跡翔實，足稱信史。

憶夢錄

呂佛庭 著

名書畫家呂佛庭先生打破自傳的成規，以分題法分別記敘人、事與物並用時間貫串而成體系，再綴以作者身世、思想、生活為經，教育、文化、藝術界學有專長之人物為緯，是一本深具歷史性的自傳，內容力求客觀真實，避免虛驕浮誇，使您在閱讀中能得到感動和啟發。

一代奇人戴笠將軍

王蒲臣 著

戴笠將軍從一九三二年奉令負責特種工作起直至殉職，對國家貢獻甚大。他以無名英雄自甘，任人造謠毀謗而不屈不撓，以致世人對他多所誤解。本書作者為傳主同學、朋友，亦為部屬，相交既久相知亦深，自覺有義務將真正的戴笠將軍呈顯於世人之前，使他在歷史上得一公正的評論。

果姑話飄泊——側寫中國百年

錢石英 著

一個家庭主婦，由推翻滿清帝制、掃蕩軍閥、八年抗戰、國共內戰到寶島偏安，經歷了中國近百年來最紛亂的時代。她九十三歲開始著手寫作，憑著驚人的記憶力，記錄下一生的重大遭遇與所見所聞。她在動盪荒亂的年代，如何領著一大家子生存下去？隨著時代浪潮四處飄泊的難民，又有多少故事？就讓果姑說給您聽。

國家圖書館出版品預行編目資料

我生一抹／姜超嶽著.－－三版一刷.－－臺北市：
三民，2004
面；　公分－－(三民叢刊:286)

ISBN 957-14-4057-4　(平裝)

1. 姜超嶽－傳記

782.886　　93007155

網路書店位址　http://www.sanmin.com.tw

© 我 生 一 抹

著作人　姜超嶽
發行人　劉振強
著作財產權人　三民書局股份有限公司
臺北市復興北路386號
發行所　三民書局股份有限公司
地址／臺北市復興北路386號
電話／(02)25006600
郵撥／0009998-5
印刷所　三民書局股份有限公司
門市部　復北店／臺北市復興北路386號
重南店／臺北市重慶南路一段61號
初版一刷　1967年7月
增訂二版一刷　1972年12月
增訂二版二刷　1983年8月
三版一刷　2004年7月
編　號　S 780270
基本定價　肆元陸角
行政院新聞局登記證局版臺業字第〇二〇〇號

有著作權・不准侵害

ISBN　957-14-4057-4　(平裝)

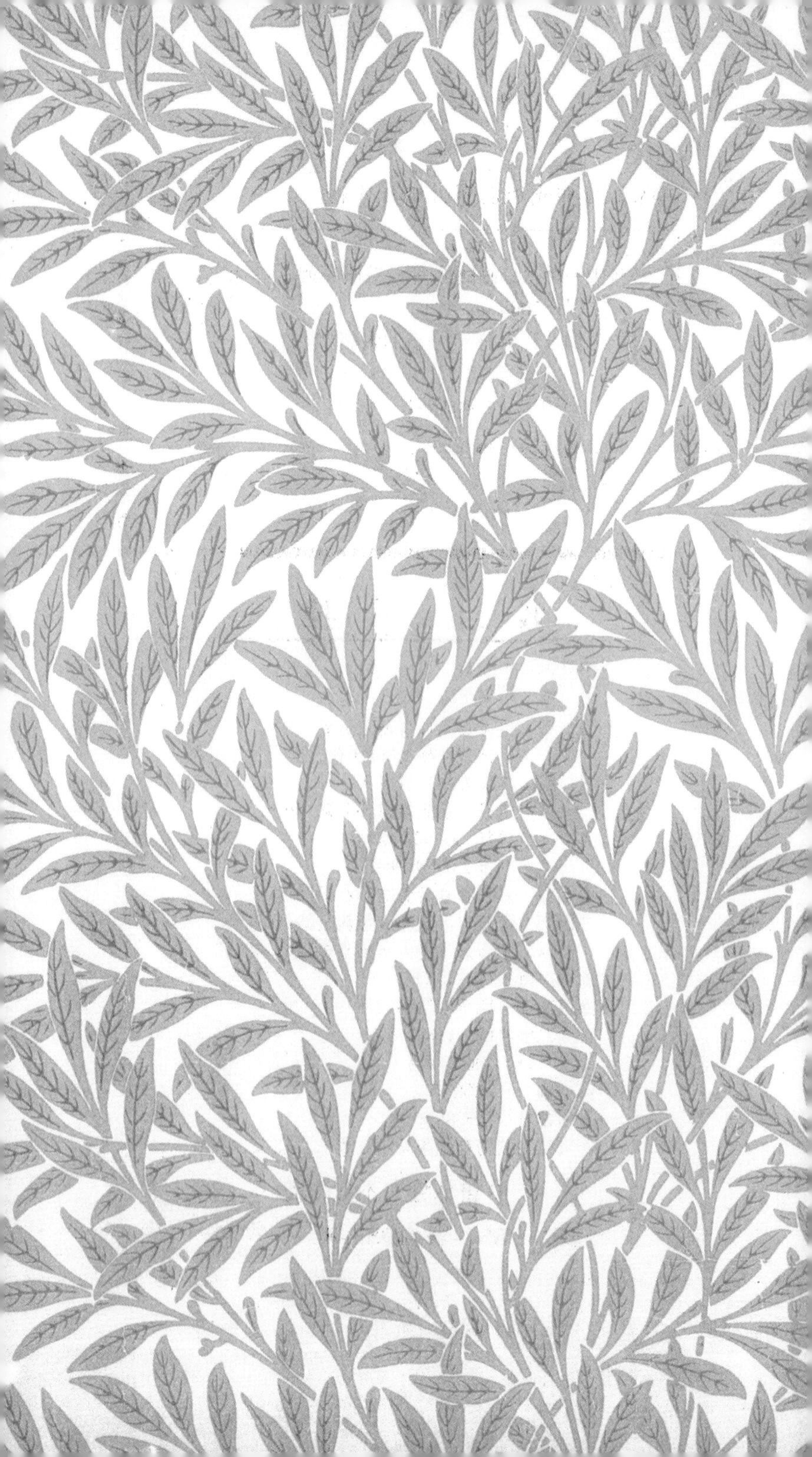

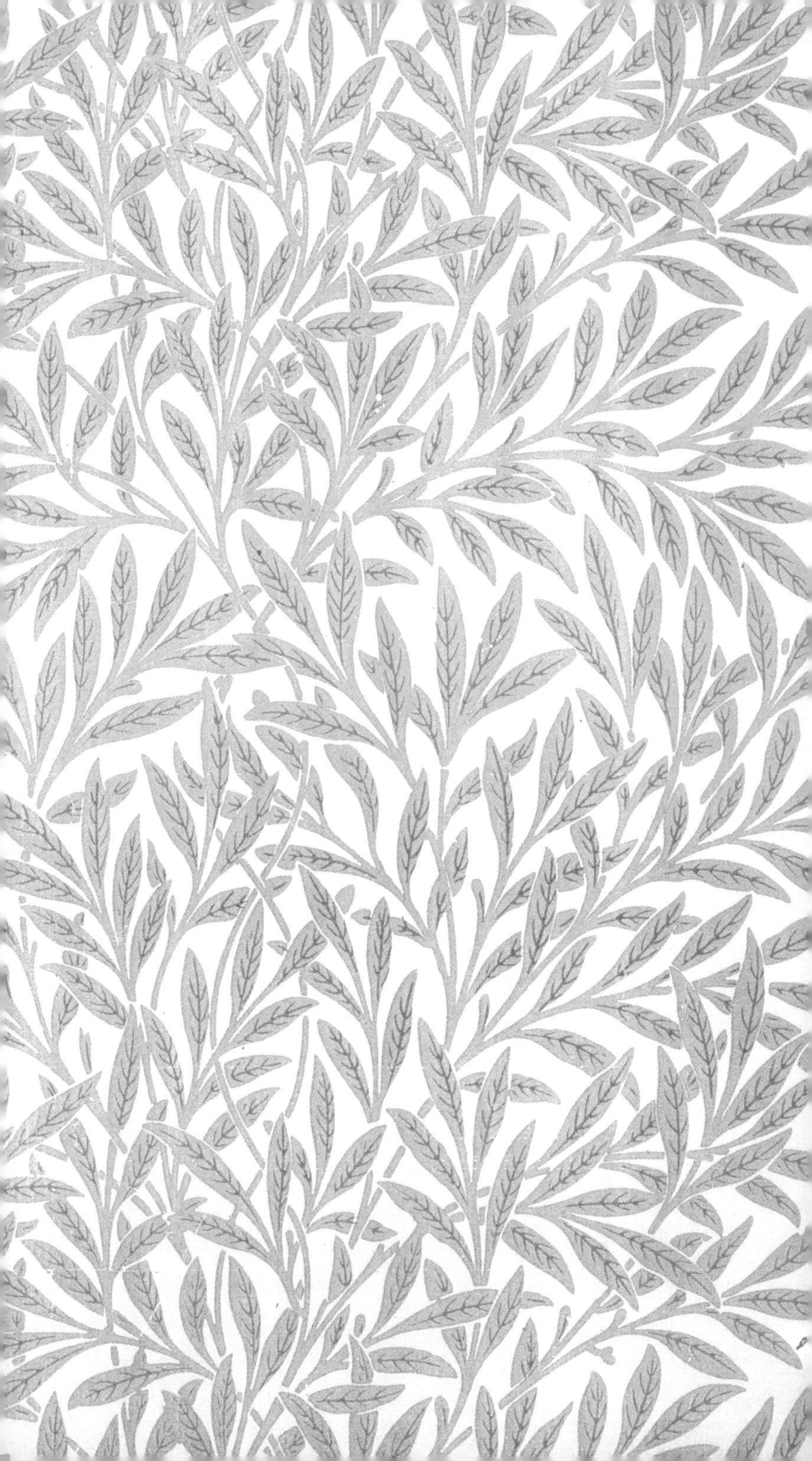